教育无痕，精彩有迹。

——徐斌

· 教育家成长丛书 ·

徐斌
与无痕教育

XUBIN YU WUHEN JIAOYU

中国教育报刊社 · 人民教育家研究院 组编

徐斌 著

北京师范大学出版集团
BEIJING NORMAL UNIVERSITY PUBLISHING GROUP
北京师范大学出版社

图书在版编目（CIP）数据

徐斌与无痕教育/徐斌著；中国教育报刊社人民教育家研究院组编.
—北京：北京师范大学出版社，2016.4（2024.8 重印）
（教育家成长丛书）
ISBN 978-7-303-20271-3

Ⅰ.①徐…　Ⅱ.①徐… ②中…　Ⅲ.①课堂教学-教学法-小学
Ⅳ.①G622.421

中国版本图书馆 CIP 数据核字（2016）第 079123 号

图 书 意 见 反 馈	gaozhifk@bnupg.com　010-58805079
营 销 中 心 电 话	010-58802135　010-58802786
北师大出版社教师教育分社微信公众号	京师教师教育

出版发行：北京师范大学出版社　www.bnup.com
　　　　　北京市西城区新街口外大街 12-3 号
　　　　　邮政编码：100088
印　　刷：北京虎彩文化传播有限公司
经　　销：全国新华书店
开　　本：787 mm×1092 mm　1/16
印　　张：24.25
字　　数：400 千字
版　　次：2016 年 4 月第 1 版
印　　次：2024 年 8 月第 3 次印刷
定　　价：79.00 元

策划编辑：伊师孟	责任编辑：戴　轶
美术编辑：焦　丽	装帧设计：焦　丽
责任校对：陈　民	责任印制：马　洁

教育家成长丛书

编委会名单

总　顾　问：柳　斌　顾明远

顾　　　问：叶　澜　田慧生　林崇德　陈玉琨

编委会主任：杨春茂

编　　　委：（按姓氏笔画为序）

于　漪　王瑜琨　方展画　田慧生

成尚荣　任　勇　刘可钦　齐林泉

孙双金　李吉林　杨九俊　杨春茂

吴正宪　汪瑞林　张志勇　张新洲

陈雨亭　郑国民　施久铭　徐启建

唐江澎　陶继新　龚春燕　程红兵

赖配根　鲍东明　窦桂梅　魏书生

主　　　编：张新洲

副　主　编：赖配根　王瑜琨　汪瑞林

总 序

　　教育是国家发展的基石，教师是基石的奠基者。古人云："国将兴，必贵师而重傅。"兴国必先强教，强教必先重师。党中央、国务院高度重视教师队伍建设。2013 年教师节，习近平总书记在给全国广大教师的慰问信中指出："百年大计，教育为本。教师是立教之本、兴教之源，承担着让每个孩子健康成长、办好人民满意教育的重任。"2014 年，在第 30 个教师节前夕，习总书记到北京师范大学视察并发表重要讲话，指出："一个人遇到好老师是人生的幸运，一个学校拥有好老师是学校的光荣，一个民族源源不断涌现出一批又一批好老师则是民族的希望。"《国家中长期教育改革和发展规划纲要（2010—2020 年)》也明确提出，"有好的教师，才有好的教育"，要"努力造就一支师德高尚、业务精湛、结构合理、充满活力的高素质专业化教师队伍"。"倡导教育家办学"，要创造有利条件，鼓励教师和校长在实践中大胆探索，创新教育思想、教育模式和教育方法，形成教学特色和办学风格，造就一批教育家。"两个一百年"奋斗目标的实现、中华民族伟大复兴中国梦的实现，归根结底要靠人才、靠教育，而支撑起教育光荣梦想的，是千百万的教师。

　　时代呼唤好老师。有一流的教师，才有一流的教育；有一流的教育，才有一流的国家。出名师、育英才、成伟业，是时代赋予我们教育战线的神圣使命。"所谓大学者，非谓有大楼之谓也，有大师之谓也。"好学校、好教育的最重要标准，就是要有好老师。一所学校、一个地区，乃至一个国家，如果教师有理想、有爱心、有学识、有高超的教育艺术，那么即使硬件设施有些简陋，家长、学生也会心向往之。教师是中国梦的奠基者。教师的重要使命，就是为每个孩子播种梦想、点燃梦想，并帮助他们实现梦想。每一间平凡的教室，每一节朴实的课，都不仅是知识的传递，而且是人类文明精神的接续、人生梦想的起航。正是有亿万个孩子梦想的放飞、绽放，中国梦才更加光彩夺目。如果说中国梦最坚实的土壤是学校，那么教师就是最伟大的"筑梦师"，他们用默默无闻、孜孜不倦的智慧劳动，让每一颗年轻的心灵都与中国梦激情相拥。

倡导教育家办学，造就一批好老师，首先要尊重、珍惜我们的本土智慧、本土创造。教育家不是凭空产生的，而是扎根于自己的民族文化土壤，同时吸收人类文明成果，从而创造出独特而生动的教育实践、教育智慧和教育文明。五千年源远流长的中华文明，不但形成了有我们民族特色的教育理论体系，而且涌现出了千千万万优秀的教育家，有被推崇为"大成至圣先师""万世师表"的孔子，有"匹夫而为百世师，一言而为天下法"的韩愈，有"捧着一颗心来，不带半根草去"的人民教育家陶行知，等等。改革开放40年来，随着教育改革的不断深入，教育战线涌现出了一大批杰出教师。他们痴情于教育事业，坚守理想信念和教育良知，在三尺讲台上默默耕耘、刻苦钻研，同时以敢为天下先的精神大胆创新，不断进取、不断超越，形成了各具特色的教育思想和教学风格。正是他们的成功探索和实践，创造了具有中国风格的教育经验，丰富了具有中国特色的教育理论宝库。原由教育部师范教育司组织编写，现由中国教育报刊社人民教育家研究院组织编写的"教育家成长丛书"，就是要向这些宝贵的本土创造性的教育经验致敬。

当前，教育领域综合改革正在深入推进，考试招生制度改革的大幕已经拉开，立德树人、培育和践行社会主义核心价值观成为大中小学教育的头等任务。可以预见，中国教育将发生深刻的变革，将从"中国制造"向"中国创造"转变。"没有革命的理论，就没有革命的运动。"没有适合中国土壤、具有中国智慧的教育理论，就不可能为未来的中国教育改革提供有效的指导。我们的教育要向"中国创造"飞跃，必然要首先创造属于我们自己的教育理论，而不是"言必称希腊"或者老是贩卖欧美的教育理论。170 多年前，美国思想家、诗人爱默生发表了著名演说《美国学者》，号召美国知识界："我们依赖旁人的日子，我们师从他国的长期学徒期时代即将结束。在我们周围，有成百上千万的青年正在走向生活，他们不能老是依赖外国学识的残余来获得营养。"由此，美国迈入精神立国阶段。

如今，我们也面临与爱默生同样的情形。随着我国 GDP 已从世界第二向第一迈进，我们要自觉养成强烈的"中国意识"，独立的中国文化品格，并由此去环视世界，去改造本土实践，去创造属于我们自己的精神养料——这在教育界显得尤为紧迫。"教育家成长丛书"，旨在把我们本土教育实践中蕴含的中国智慧提炼出来，从而形成具有时代意义的中国特色的教育话语体系，再以此去观照、引领、改造中国的教育实践，为伟大的教育改革提供经验、理论支持，也为未来的教育家提供丰富、可资借鉴的精神养料。

让我们为中国教育的伟大未来一起努力吧！

2018 年 3 月 9 日

前　言

　　见证着中国基础教育半个世纪的春华秋实，代表着中国基础教育教学成果的最高成就——"首届基础教育国家级教学成果奖"，闪耀着李吉林、窦桂梅、吴正宪、张思明、洪宗礼、唐江澎、邱学华、于永正、孙双金、薄俊生、龚春燕等一大批优秀教师的名字。而上述这些教师杰出代表恰恰都是《人民教育》"名师人生"栏目中最受读者喜爱的名师，都是"教育家成长丛书"的作者。

　　"教育家成长丛书"（以下简称"丛书"），是在第 20 个教师节前夕，为了研究、总结、宣传和推广我国众多优秀中小学教师的先进教育思想和鲜活宝贵的教育教学经验，培养造就一大批德才兼备的优秀教师和杰出的教育家，促进教师队伍整体素质的提高，根据教育部党组安排，由师范教育司组织编写的一套凝聚着一大批教育家成长智慧的大型教育丛书。

　　"丛书"自 2006 年问世以来，不但得到国务院和教育部领导同志的高度重视，而且先后印刷多次尚不能满足广大读者的需求。这其中的奥秘何在？

　　当你翻开"丛书"，每一部著作都讲述着一位教育家成长的故事。这些著作主要从"成长历程""思想概述""课堂实录"和"社会反响"等方面全景式反映其教育思想、教育智慧、专业精神和专业人格的形成过程与教学实践过程。这是教育家成长的基本素质所在。

　　当你沿着教育家成长的足迹走近他们的时候，你会融入这些带有"草根色彩"、扎根中华教育实践大地、充满田野芳香的真实感人的教育故事中。

当你从"丛书"中，从这些当年和自己一样的普通教师，成长为今天受人尊敬的教育家的成长过程中受到启迪，当你触摸着自己的心，把学生的成长和祖国的未来紧紧连在一起的时候，你会真切地感受到教育家离我们并不遥远。

当你用整个身心蘸着自己的生活积累去品味"丛书"中的每一部著作的"成长历程"时，在一位位名师不断学习、不断超越自我、不断超越学科教学的求索足迹中，你会读懂"教育是事业，其意义在于奉献"的丰富内涵。

当你研读"丛书"中的每一部著作的"思想概述"，和每一位名师展开心灵对话的时候，都会深深地感受到，一名教师对教育独立的理解与执着的追求有多么重要。从一名普通的教师成长为受人尊敬的教育家的过程中，你会读懂"教育是科学，其价值在于求真"的深刻含义。透过"丛书"，你会看到一代代教师用爱与智慧塑造民族未来的教育理想。

随着我们从"知识核心时代"走向"核心素养时代"，教师教育教学活动的视野已拓展到人的生存与发展的方方面面。教师要结合自己的教学实践去感悟"教育理念是指导教育行为的思想观念和精神追求"，应该把爱化为自己的教育行为，让爱充盈课堂，触摸到一个个灵动的生命，让爱产生智慧，让爱与智慧在学生心中留下岁月抹不去的美好回忆，让教育者和受教育者都感受到教育的幸福。这是"丛书"给我们的启示，也是每位教师应有的胸怀和视野。

时代呼唤教育家。为了进一步把我们本土教育实践中蕴含的中国智慧提炼出来，从而形成具有时代意义的中国特色的教育话语体系，以此去观照、引领、创新中国的教育实践并在更大范围加以推广，"丛书"将由中国教育报刊社人民教育家研究院继续组织编写，希望能够在更广大教师的心田中播种教育家成长的智慧，从而出更多的名师，育更多的英才，成就中华民族复兴的伟业。这是时代赋予广大教育工作者的神圣使命。如果广大教师能在每位教育家成长、探索教育智慧的过程中受到启迪，形成自己的教育智慧，则实现了我们编辑这套"丛书"的初衷。

"教育家成长丛书"
编委会
2018 年 3 月

序 言

徐斌的主张与风格

何炳章

要想对徐斌作一评述，很不易，因为，他很优秀，而且优秀得很全面。不过，徐斌不是没有特点，他有他的突出之处、过人之处。典型① 他是一个个性很鲜明的人，比如，他的直率，办事的干练，尤其是他的真诚与勇气。和他在一起，我更多的是倾听，因为他心中有许多潮流要涌进涌出，而听他的表达，你总能捕捉到他情志的脉动和思想的跃动。

徐斌最优秀的是他对教育，对小学教学教育的理解，以及改革、探索，形成自己的教学主张和教学风格。他已成为"苏派"新生代的代表人物，且在全国产生越来越大的影响。……

江苏教育出版社

徐斌的主张与风格

成尚荣（国家督学，原江苏省教科所所长）

要想对徐斌做一评述，很不易，因为他很优秀，而且优秀得很全面。不过，徐斌不是没有特点，他有他的突出之处、过人之处。他是一个个性很鲜明的人，比如，他的直率，办事的干练，尤其是他的真诚与勇气。和他在一起，我更多的是倾听，因为他心中有很多涌流要溢出，而听他的表述，你会触摸到他情感的脉动和思想的跃动。

徐斌最优秀的是他对教育、对小学数学教育的理解以及改革、探索，形成自己的教学主张和教学风格。他已成为"苏派"新生代的代表人物，且在全国产生越来越大的影响。我始终觉得，对徐斌这样优秀的教师，不是评述而是学习，是在自己面前竖起一根根青春的标杆，是对青春高度的一次次瞭望，于是，心中也会涌起青春的浪花。徐斌给我的，正是这种感觉。

一、徐斌把自己定位于"用心教师"。的确，他用心去教育，用心去研究，用心去提升。"用心教师"给青年教师的最大启示是：让青春放出光彩，必须对事业、对自己的成长要有追求。

"用心教师"是一个低调的定位，普通、平常，似乎人人都能达到。这恰恰是一个很严格的定位。陶行知"捧着一颗心来"，苏霍姆林斯基"把整个心灵献给孩子"，斯霞"童心母爱"……名师、教育专家、教育家都离不开"心"。心里想着什么，就是你在追求什么。徐斌的"用心教师"的含义是用心去做教师，用心做一个好教师。这是一个不断努力、追求的过程，正是在用心追求的过程中他形成了一些优秀的品质。

其一，好学刻苦的精神。不仅仅因为是乡镇的农村孩子天生吃得了苦，而是心里有进步的强烈的渴求，用孟德斯鸠的话来说："任何别人的建议和意见永远替代不了发自内心的呼唤。"徐斌带着这种呼唤去寻求导师。他忘不了盛大启老师对他的教导，忘不了从县城到乡镇去拜师的经历。数十公里的路，永久牌的自行车，每周都去，少则一两次，多则三五次，有问不完的问题，有讨论不完的话题。是啊，青春是一条路，人生是一支队伍。徐斌永远在路上，永远有前行感，永远有被追逐的感觉，追逐他的不是别人，而是他自己。

其二，经受磨炼的品格。徐斌有上公开课的愿望，因为他知道公开课是标尺，是高的平台。想不想上，能不能上好，的确是一种挑战。徐斌从来没有逃避和放弃。他喜欢说的话是："魔鬼式"的训练，但它是智慧的"产床"；每一次公开教学，或成功，或失败，都是阅历上的一笔不可多得的财富；"一朵具体的花胜过一千种关于它的描述"，重要的不是止于口头的描述，而是具体的实践与磨炼。

其三，坚守改进的勇气。反思自己、调整自己、改进自己需要勇气，同样，坚守也需要勇气，坚守与改进的结合才能有更完整和更快的进步。他记住了老子的话："知其白，守其黑，为天下式。"他还记住了朱光潜的话："入世需要执着，出世便得'破我执'。"这就不难理解，后来他无痕教育的"退"与"进"的策略是怎么产生又是怎么深化的。真的，教学真是人生经验的投射。

其四，深入研究的特质。徐斌是个研究者，他是在研究中成长起来的。研究是实实在在的行动。他做过精细的系列调查研究，在调查研究中找到了发展的起点，也找到了改革创新的生长点。他做过不同版本的教材研究，在教材研究中，他有了全局和整体的观念，有了贯通前后的结构意识，有了调整和创生教材的能力。他教过三轮"大循环"班。一年级至六年级，六年级至一年级，三轮，十八年，既是一种学习与成长，又是一种研究与试验，让他在小学阶段的数学教育中完整地走了三个来回。这是一笔更可贵的财富，建议徐斌好好总结一下。

青春在追求中，名师成长在追求中。追求的主题是什么？不是追求到了什么，而是你有没有追求。徐斌告诉我们的正是这样的主题。

二、徐斌不满足于一般的实践，他追求的是研究性实践中所提炼或提升的思想。由于深入的学习和深度的思考，他形成了自己的教学主张——无痕教育。

帕斯卡尔在《思想录》这本书中说："思想形成人的伟大。"如果"伟大"这一词显得过高过于神圣的话，那么他的另一句话倒是更贴切的："人是靠思想站立起来的。"如果再往领域里走，那么萧伯纳的话是相当精辟的："一个人要是没有什么主张，他就不会有风格，也不可能有。一个人的风格有多大力量，就看他对自己的主张感觉得有多么强烈，他的信念有多么坚定。"他的意思倒不在主张和风格哪个更重要，而是强调二者的关系。的确，没有主张就不会形成风格，即使有了所谓的"风格"也只是一句空壳而已，也会沦为无意义的炫技和表演。其实，风格有自己特有的内涵。福楼拜和别林斯基都这么认为："风格是思想的血液"，风格是"思想的雕塑"。可见，风格与思想、与主张的关系是绕不过的话题。

教学主张，我以为是具体化的教育思想，是个性化的核心理念，是学科化的教学见解。鲜明的独特性是教学主张的主要特征。它是共性中的个性，反映了共同的基本教育思想和观念。当然，作为教学主张也应当是稳定的，那就是萧伯纳所强调的"感觉的强烈"和"信念的坚定"。

在二十多年的教学实践和研究中，徐斌把对教育的理念聚焦在无痕教育上，这不是一时的心血来潮，不是某一个早上的突发奇想，更不是无中生有，而是对实践经验的反复思考和反复锤炼，是对教学心得的反复提炼和反复推敲，是沙里淘金，是各种想法的淘洗与升华。用徐斌的话来说，就是"追寻无痕的数学教育……是我不变的教学追求"。需要补充的是，这一"不变的教学追求"是从不自觉到逐步自觉的过程。提出一个什么主张当然不易，但相对于形成教学主张的体系来说，难度还算不大，而最为重要的是进行框架和体系的建构，其中少不了准确的定位和合理的解释。恰恰在这一点上，徐斌有了很大的进展，也给了我们诸多有益的启示。

一是关于无痕教育的定义。徐斌把无痕教育定义为，是"把教育意图与目的隐藏起来，通过间接、暗示或迂回的方式给学生以教育的一种教育方式"。接着，他用苏霍姆林斯基和杜威的论述作了解释，即教育的目的在学生面前不应以赤裸裸的形式进行；隐蔽教育意图是一种教育的艺术；教育应当是在不知不觉中进行的，等等。这种补充性的解释相当重要。我以为，无痕教育是让教育"看不见"，但一定要让学生的学习"看得见"，"看不见"的教育在"看得见"的学习中，"看得见"的学习在

"看不见"的教育中。这样的教育会更有魅力，这样的学习会更有效。

二是关于无痕教育的宗旨。徐斌把无痕教育的宗旨定义在为学生的数学学习和发展服务上。他说："将复杂知识教得简单些，将简单知识教得有内涵，让所有的教学活动都为学生的数学学习服务，为学生的全面和可持续发展服务。"不仅如此，他根据无痕教育的宗旨形成了三句话：做学生喜爱的教师；创造学生喜欢的课堂；让学生享受数学学习和成长的快乐。可见，无痕教育是无痕的，但最终是"有痕"的——在孩子的心灵深处，在孩子的数学思想和能力的发展中，而这一切都在"喜欢"和"快乐"的"无痕"中。所以，无痕教育是学生真正喜欢和快乐的教育。

三是关于无痕教育的价值追求。宗旨本身就是所追求的价值，但价值追求还应更具体一些。徐斌形成了四点认识：让学生更有效地获取知识技能，更有序地发展思维能力，更有机地提升数学思想，更有利地受到情感教育。初看"无痕教育"似乎缺少数学学科的特点，但是徐斌所阐释的这四点非常好地彰显了数学学科的性质和任务。尤其是"更"的表述。徐斌没有把无痕教育当作灵丹妙药，也没有让无痕教育独步天下，其优势是鲜明的，又是有限的，是在"更"上。这不仅说明徐斌的谦虚，也表明了他理性的成熟和自觉。

四是关于无痕教育的操作要义。首先是四个关注：关注学生学习内容有整体的把握，关注学生心理变化有深度的洞察，关注学生学习过程有精心的组织，关注教师课堂教学艺术有更高的追求。其次是四个策略：在不知不觉中开始，在潜移默化中理解，在循序渐进中掌握，在春风化雨中提升。概括提炼得好！既形成了无痕教育的路线图，又突出了无痕教育的特点——不知不觉、潜移默化、循序渐进、春风化雨。既简洁明了，又彰显了中华民族文化的元素；既表述得完整，又具有韵律感，朗朗上口。

五是关于无痕教育的理论支撑。徐斌的无痕教育充满着理论思维，他试图为无痕教育找到理论支撑，进行理论阐释。首先是哲学上的解释：中国老庄哲学的"大音希声""大象无形"以及"无为而治"的逍遥；其次是教育心理学的解释：激发学生的学习兴趣，陶冶学生的情感，以及教育情境的吸引力和召唤性；再次是数学教育尤其是小学数学教育的特性：由浅入深、由易到难、循序渐进、螺旋上升等。尤其可贵的是，徐斌对无痕教育进行了美学阐释，即艺术的方式、人性的关怀、智慧的映照以及审美的意蕴。

在进行理论阐释后，徐斌做了一个很好的总结："无痕教育不仅是一种教育方式，更是一种教育思想，是教育的美学和哲学境界，是一种对教育本源的追寻。"徐斌对无痕教育主张思考是深刻的，建构是完整的，操作要义是明晰的，教育境界是崇高的。

三、在教学主张的引领下，徐斌总结自己的教学特色，分析自己的个性特点，逐步提炼、形成了自己的教学风格——稳健厚实。

歌德说："风格是艺术家所企求的最高境界。"雨果指出："没有风格也可以成功，但那是一时的，有了风格才可能得到众多人的欢呼声，得到众多的花冠。"他还说："风格是打开未来之门的钥匙。"所以，一个成熟的教师，一个不断走向成功的教师应当追求并形成自己的教学风格，也正是风格的追求和形成才推动自己走得更高，走得更远和更好。因此，风格也成为名师的显著标志。

徐斌逐步形成了自己的教学风格，那就是《四川教育》编辑余小刚为其概括的：稳健厚实。这里需要说明的是，风格是由别人评说的，正如吴冠中所言：风格是人的背影。我认为，余小刚的概括是合适的（这里又需说明，风格无所谓好坏，合适就行了），问题是如何解释。我的理解有以下几点。

第一，稳健是教学的大度与从容。这不仅仅是人的个性使然，更为重要的是实力。有了实力，才可能从容镇定，不慌不忙，不急不躁，收放自如，疏密有致。也正是实力，才逐步指向一种风格的追求。

徐斌的教学是稳健的。路线图是那么清晰，行进是那么从容。教学需要有序，小学生需要教师的从容，他们才会有安全感，也才会有秩序感，这是心理的秩序，也是教学的秩序。这样的安全感和秩序感是具有美感的。不过，徐斌的稳健绝不意味着呆板，更不意味着刻板，相反的却是另一种智慧。比如，徐斌的稳健中充满着激情。课堂里，他的脸上始终洋溢着笑容，微微的，淡淡的。激情不只是外表的张扬，更重要的是内心的理智。从徐斌的脸上，学生可以读到安慰、鼓励、期待。比如，从容中的思维碰撞。数学是思维的体操，徐斌常常抛出有思维挑战性的问题，在学生的应答中梳理出有思维含量的问题，引起思维的碰撞，擦出思维的火花。无痕教育不是没有深度，深度不在知识，而在思维的深度，而思维的深度来自思维的挑战性。由此，可以得出这样的结论：稳健是另一种灵动，从容是另一种深度。

第二，厚实是内涵的丰厚与教学的扎实。厚实不是指知识量的多和大，而是在于教学内容的内涵，不是单一的，而是多向度的；不是浅薄的，而是浅近又有厚度的。所谓教学扎实，是不含糊，不走马观花，不浮光掠影。也许是南通人的作风与品质，徐斌的数学课上，讲每一句话，讨论每一个问题，都把话讲得十分清楚，把重点的话讲到位，好像是钉钉子，钉进去后还要敲打几下，让进去的钉子转个弯，扎扎实实。我一直以为，教学就是这样，尤其是数学，尤其是小学数学。徐斌真正做到了，做得那么好。

和稳健一样，厚实不只是"实"，不只是踏实，不只是扎实。徐斌做到了以下三点：一是思维的厚度。他常常让自己有冷静的反思，又让自己的反思带动学生的反思。讲课时，他常常以设问的方式提出问题，好像自己没有搞懂，陷入了沉思。这种作沉思状，实际上挑起了学生跃跃欲试的冲动。就在一问一答中，学生的思维水平逐步提高了。二是精致中的开放。厚实并不封闭，厚实也并非粗糙。苏南小学教学流派的基本风格就有"苏州园林的精致，太湖水的灵动，石头城的厚实"的概括，这些在徐斌身上得到生动的体现。他做得更好的是开放，向学生的生活开放，向学生的思维开放，向着未来开放。事实说明，开放并不影响精致，厚实恰恰是精致中求开放，开放中求丰富和思维的多元，使厚实立在丰富的支点之中。三是删繁就简。厚实不是内容的堆砌，恰恰是删繁就简后重点的突出和锤打，相反，如果面面俱到就必定不实。徐斌的数学课线条清楚、简洁，力度就在简洁之中。

第三，稳健厚实的风格与操作策略的结合。风格不是虚空的，既需要理论的支撑，又需要操作策略的支撑。徐斌为此做了很多的探索和很好的总结，除了上述的四条操作要义之外，他还创造了"退"与"进"的策略，现抄录如下："退"的策略——退到学生的生活经验，退到学生的已有旧知，退到学生的思维起点；"进"的策略——进到学生的认知结构，进到学生的思维深处，进到学生的实际应用。"退"是为了"进"，其实，"退"正是一种"进"；而"进"是一种拓展、深入，尤其是认知结构和思维深处的"进"，把稳健厚实提到了一个高度。如果只"进"不"退"，可能增加学生的负担；如果只"退"不"进"，那教学止于表层；既"进"又"退"，教学才会张弛有度，充满张力。徐斌是很有智慧的。

歌德在《歌德谈话录》中这么说："一个作家的风格是他的内心生活的准确标志。"徐斌，在自己的内心深处，始终涌动着一颗火热的心，他始终追求着教育的境界。是他的内心世界的坚定和丰厚，让他的数学教育稳健厚实。

与成尚荣先生在一起

目 录
CONTENTS
徐斌与无痕教育

[社会反响]

[附　录]

我的成长之路

一、聊聊关于我的故事

我，很普通。个子不高，肤色略黑，性格内向，不善言辞，甚至有些木讷，走在街上，是很容易淹没在人群中的。有人说我朴实得像个农民，或者渔人。我觉得挺有意思的，农民要对得起土地，渔人要对得住大海。而我，作为一个小学数学老师，学生、课堂、数学，就是我耕作的土地，我出航的大海。

我很幸运，刚到而立之年，就成了当时江苏省最年轻的小学数学特级教师。回顾自己一路走来的日子，清点着一串串或深或浅的脚印，默念着一个个熟悉的名字，涌动着的，是感念，是感恩，是感慨。

（一）我的童年

1969 年，我出生于江苏省南通市如东县的一个海边小镇——丰利镇。我的父母都是土生土长的农民，虽谈不上什么教育孩子的智慧，但却是异常的勤劳和朴实，这滋养了我幼小的心田。

人们常说，在农村长大的孩子是最自由的，我也毫不例外。我从来没有正式上过幼儿园，小时候，父母忙于田里的农活，我就常常和小伙伴们光着脚来到大海边拾贝壳、放风筝。每当我望着无垠的大海，心中总是充满了无穷的遐想……

虽然在我的生命里并没有所谓的学前教育，然而正是这样散养式的童年经历造就了我纯朴的本性和自由的性灵。

粉碎"四人帮"那年，我终于挎起军绿色的书包，扛着小板凳，正式开启了我的求学生涯。我读的学校是村小，学校距离我家也就几百米的路程，有时上课铃声响起，我从家中飞奔到学校也常常能赶得上进教室。我们的老师大多是代课老师，不过他们的教育方式一点都不粗暴，每个老师对学生都很关心和爱护。

由于我生性调皮，在学校属于老师既头疼又喜欢的学生。头疼是因为我上课总不守规矩，不是开小差、做小动作，就是看小人书、折纸工；讨喜的是每当老师叫到我回答问题时，我总能答准，而且常常比其他同学要完整，有时还很有创造性，老师也拿我没有办法。

印象最深的一件趣事——二年级的一节语文课上，我正在下面偷看小人书，看到乐处，竟然笑出了声音。突然，老师叫我，抬头一看，教室门口来了一位三年级同学，说让我到三年级教室去上课。我心想：犯了错误怎么还让我跳级？于是，我把小人书匆匆忙忙往胸前衣服里一塞，就跟着那个同学走进了三年级教室。原来是我们的数学李老师（他既教二年级也教三年级数学）在讲解一种比较难的应用题，大多数同学都不理解，老师急上火了。李老师也教我们数学，便与学生打赌："这题，二年级的学生都会做！"当时，李老师指着黑板上的那道应用题，问我怎么列式，我看了看题目，很轻松地列了两步算式解决了，全班学生都惊呆了。李老师赢了，乐呵呵地说道："你们看，这么简单的数学题，二年级学生也会做！"边说边得意地拍拍我的肩膀，表扬我是好孩子，拍着拍着我也自豪并激动起来，不知不觉，怀里的小人书就掉了出来，李老师和同学们见了都哈哈大笑起来……现在想来，我对数学应用题的理解能力比较强，可能得益于我读的小人书多。

参加新教育全国研讨会

（二）我的阅读史

我们那时代的农村孩子，由于条件限制，精神食粮都是贫乏的——我们乡村方圆 5 公里内连一个像样的书店都没有。

1981 年，12 岁的我上了初一，并且寄宿在校，一周才回家一次。这样，课余时间就明显多了。特别是晚上，高中生都去上晚自修了，我一个人孤零零地待在宿舍里，闲得无聊，就看起了他们留在床上的一些课外书籍（学校里初中生不寄宿，我是托人寄住在高中生的宿舍里）。

这期间，我看得最多的是很通俗的"演义"类小说。

那段时间，我还有一个心爱的小收音机，晚上常常陪我打发时间。收音机里面每天都播单田芳、袁阔成等人的评书，也是一些通俗类情节性小说，如《封神演义》《隋唐演义》《三国演义》《三侠五义》《小五义》《杨家将》《水浒传》《西游记》等。每天一到"长篇评书时间"我就准时打开收音机。渐渐地，我感觉听得很不过瘾，特别是当每次听到关键处总是那句"欲知后事如何，且听下回分解"时，真是急死人了！

于是，我就到镇上的新华书店去买书读。后来觉得太奢侈了，就宁可走很远的路，到街道小巷里专门出租图书的地方租借图书看。可我往往一借到手，就迫不及待地翻起来，边走边看，放慢脚步，等走到一半，就已把书中的新鲜东西都看遍了，于是再踅回去重新租借。

真是"书非借不能读也"，我如饥似渴地看书，非到入胜处不能罢休！宿舍熄灯后，我就打着手电筒躲在被窝里看（宿舍里不许点灯，有管理员老师查夜）。就这样，那时我仅有的一些零用钱大多都用来租书和买干电池了。那阶段有两大收获，一是读了一百多册书籍，二是迅速地变成了个近视眼。

三年时光不知不觉地过去了。到初中毕业时我才发现——尽管我读了不少课外书，但似乎对我的语文学习，特别是写作文并没有丝毫帮助。因为我读的都是一些情节类故事，我的兴奋点全都在情节和悬念上，对于遣词造句和谋篇布局从不在意。说来不怕难为情，中考时语文 120 分的满分，我才得了 70 多分，估计作文是全军覆没了。好在我的记忆力和逻辑思维能力还不错，除了语文，另外的六门学科加起来才扣了 5 分，数学、物理和生物都是满分。

1984 年，15 岁的我初中毕业，考进了江苏省南通师范学校，开始了猛读书的三年师范生活。

南通离我家有将近 100 公里路程，我只是在寒暑假才回家一趟。每个周末，宿舍里的同伴都回家了，我只有靠书籍来打发时间。

南通师范不愧是中国近代第一所中等师范学校，图书馆里的藏书非常丰富。我几乎每天都要到图书馆借书、还书，渐渐和图书管理员都混熟了，其中有一个管理员还是我的老乡，向他借书总是"近水楼台先得月"。每次别人只能借一本，而我常常能借两本甚至三本。寒暑假回老家，行李包里装的也全是书。

这三年的时间，由于没有升学和考试的压力，当然也没有谁为我指引读书的方向，读书完全凭自己的兴趣。我开始喜欢上了史书和人物传记，开始读一些世界名著，还读了不少宗教方面的书籍。

现在想来，师范三年读的书，竟然没有一本是我的教育教学专业书籍。但那时候读书已不单纯凭兴趣了，原因有两点：首先是时间真的很多，舍不得遗漏一本书；第二个原因是，那时候读书已蓄起一种经验，相信一本书能出版，其中必有有意义的地方，所以即使对题材缺少兴趣，我也会注意其中的妙处，这经验对于我的人生是极宝贵的。

1987 年，我中师毕业，被分配到离家 40 多公里的县城实验小学，又是住校。

宿舍左隔壁住的是一位美术老师，中国书法家协会会员，写得一手漂亮的书法；右隔壁住的是学校图书管理员，一个纯粹的武侠小说迷。也许正应了"近朱者赤，近墨者黑"这句古话，我很快就迷上了书法和武侠小说。

我除了每天早晚各练一个小时的书法（我练写过的毛边纸足足有一米多厚呢），还看了很多书法类书籍，如《书法原理》《古代书法史》《书道》等。

工作后的第二年，我参加了江苏省自学考试（汉语言文学专业）。四年时间，我读的全是文科类自考书籍。由于自学考试命题的特点常常是考非逻辑重点，也就是只要是教材中的都有可能考到，尤其是那些边边角角的地方，比如某个作家出生在哪里，某年某月发生了什么事件等。因此看这些书籍要每页都看，每个角落都不能放过。我看自考书籍常用的方法是一遍一遍地翻阅，多翻几遍，自然就记得了。所以在自学考试中我创下了四年考完专科和本科 20 门课程，并且全部一次性高分通过的记录，其中本科段英语还考出了全省难得的 80 分的高分。《江苏自学考试》杂志编辑部的主任记者专门从省城到我们海边小镇，采访了我整整两天，并在 2001 年第

3 期杂志做了长篇报道《博学　勤思　笃行》。

工作了五年左右的时候，我渐渐觉得，我的专业理论过于贫乏，并开始影响我的专业发展了。那时尽管我参加了一些上课比赛，也取得了很好的成绩（县级、市级、省级都是一等奖），但是，我觉得我只能上课，而且底气不足，别人教我怎么上我就怎么上，我也不知道为什么要这么上。

我开始调整我的阅读重点。我重新拾起师范里学过的教育学、心理学，觉得还是那么枯燥晦涩，读得晕头转向。我就向我的导师求助，在导师盛大启的指点下，我找来了朱智贤的《儿童心理学》，花了近半年的时间，细细地啃了一遍，做了很详细的读书笔记，但我总觉得书上讲的理论和实际教学很难紧密结合起来。后来我又在导师张兴华的指点下，找来了邵瑞珍主编的《学与教的心理学》，或许是有了前面那本书的基础，或许是这本书中举的例子很多是数学方面的，我读这本书，觉得特别畅快，在近乎一年的时间里，我把这本书翻了不知多少遍，有些章节还能背出来。至今，它仍然是我案头的常用书。

后来，由于教学研究的需要，我还读了《教育统计学》《教育科研方法和原理》《认知心理学》等专业书籍，但也主要是根据需要选读其中的一些章节，或者是套用一些计算公式，如方差、标准差、t 检验、χ^2 检验等。

这期间，我还读了大量数学课堂教学实录和小学数学教学名家的经验选编，还有就是自己感兴趣的一些教育教学类期刊，每期必看，从中探寻成功的路径。

不知从什么时候起，我渐渐觉得，要想成为一名研究型的数学老师，光读数学和教学类书籍似乎是远远不够的，"萝卜烧萝卜还是萝卜"。

我开始读一些教育随笔，比如李镇西的《风中芦苇在思索》，肖川的《教育的理想与信念》等，还有就是曾经十分畅销的《素质教育在美国》，我一口气用一个晚上读完，心情异常激动，后来我把黄全愈写的书《家庭教育在美国》《玩的教育在美国》等都找来看，甚至连他儿子矿矿写的《放飞美国》也找来翻阅。

我发现，数学老师写的教育随笔很少，我只好看语文老师写的，于永正的《教海漫记》我是看了又看，读了又读，爱不释手。我觉得读教育随笔轻松，没有负担，我甚至觉得好的教育随笔所蕴含的道理比一般教育理论书要鲜活得多。

回顾我的阅读经历，我觉得尽管读的书不少，甚至有些杂，但阅读面似乎还是比较窄。对于教育类理论书籍、专业类书籍，包括数学史、数学教育史、高等数学等缺乏系统的研究，对于文学作品特别是诗歌散文类更是缺少敏感。这也许是我职业的习惯，过分偏重逻辑思维所致。

夜深人静之时，正是读书享受之时。与大师们的对话，渐渐丰厚了我的底蕴，磨砺了我的底气。同时，利用网络快捷学习，促进了我对数学教育更深入的思考，读书与思考相结合成为我喜欢的学习方式之一。

（三）我的师范生活

在江苏省南通师范学校求学的三年里，留给我印象最深刻的是母校的老师

早年特写

们。班主任朱谦详老师，宽厚而睿智，教了我们三年时间，建立了深厚的师生情谊，从一年级到毕业，带着我们一群十五六岁的孩子学习、活动，教会了我们很多做人与治学的道理；数学老师顾志峰和徐汝成，严谨而可亲，不仅教会了我们数学思维的方式，更重要的是培养了我们的理性精神，使我至今对数学充满了深深的感情；教育学老师李庆明，博学而机敏，讲起课来贯古通今、如数家珍，使我们佩服得五体投地；还有物理老师陈健幽默而实在、化学老师蒋志仁平和而干练、语言老师夏莲严肃而细腻、美术老师罗国华慈祥而严格、音乐老师罗新民潇洒而风趣……从母校的老师身上，我不仅获得了丰富的知识经验，而且还懂得了分辨是非，懂得了关心别人，懂得了热爱生活，为自己的人生道路打下了坚实的基础。

在通师的三年里，我参加了很多丰富多彩的社团活动。还记得刚进通师的第一个月，就参加了阅读小组，参加了南通市"风华杯"庆祝新中国成立三十五周年读书知识竞赛。在朱谦详老师的悉心指导下，凭着我的超强记忆力，把一本指定参赛书（300多页）背得滚瓜烂熟，因此从班级到年级，从年级到学校，一路过关斩将，最后代表通师参加了南通市比赛，和各所中等专科学校的选手一同比赛，并获得第一名。我记得学校对我的奖励是随同学校优秀学生干部到江西庐山免费旅游了一次，那是我第一次出远门。从此我对文史类书籍便有了浓厚的兴趣，读书成了我的一种生活方式。后来参加学校组织的文史知识竞赛、理化生知识竞赛等，都为班级取得一等奖发挥了重要作用。我对数学学科兴趣很浓（当年我是以中考数学满分进入通师的），在顾志峰和徐汝成等老师的支持下，我发动学校同年级的数学爱好者成立了校级数学兴趣组，还自办了数学小报，组织了数学比赛。这些活动不仅丰富了我们的课余生活，锻炼了自己的能力，更重要的是从此我与数学结下了不解之缘，为成为一名合格的小学数学老师、为我一生的追求打下基础。

通师求学的三年，是我人生中最难忘的三年。这三年，是汲取营养的三年，是播撒种子的三年，是快乐生活的三年，是奠基人生的三年。

师恩难忘，难忘母校。

和数学家徐利治先生在一起

（四）我的恩师

　　1987 年秋天，刚满 18 岁的我从江苏省南通师范学校毕业了，并被分配到了江苏省首批免检的老牌实验小学——如东县掘港小学，踌躇满志地开始了我的教育之旅。

　　令我没有想到的是，走上讲台的第一天，学校安排我教一年级数学兼做班主任。一个堂堂男子汉要和刚从幼儿园过来的小娃娃们成天待在一起，我傻眼了：看上去很简单的"2＋3"我却不知道怎样给孩子们说清楚；淘气的孩子们常常在课堂上乱成一团，我在一边急得手足无措。也许男人真的不适合做小学教师，我曾经不止一次地想过，我的职业选择是否错了？

　　一个偶然的机会，我到马塘小学听盛大启老师的数学课。我惊奇地发现——数学课堂竟可以演绎得如此生动活泼！同样是一年级课堂，同样是男教师，而且已经年过半百。我不禁看呆了。

　　这是我神往的课堂！犹如黑暗中的一点光，一下子把我的心扉点亮。蹒跚学步的我，岂肯放过这难得的机会？

　　下课后，我没有离去，拉住这位盛老师问了不知多少个问题，也不知道天是何时黑下来的。盛老师温婉亲切不厌其烦地回答着我——一个毛头小伙子的甚至有些幼稚可笑的问题。末了，他还留我在他家吃了晚饭。这是我与他的第一次亲密接触。那顿饭菜吃了什么，现在很难再想起来，当初，我就没在意。可那晚春风化雨般的谆谆教诲，无疑是我精神上的"满汉全席"。

点燃起的青春激情，其力量的坚毅和执着是不可估量的。从此后，掘港⇌马塘，就成了我的"营运专线"。每个星期，我都要去，少则一两次，多则三五次，数十公里的路，交通工具就是我的老坦克——一辆26寸的"永久"牌自行车。

事实上，我俩也没有什么拜师仪式。只是，在一次次真诚而频繁的交往中，在一回回推心置腹的交流中，我自然而然地把他当作我的导师、我的长辈；他也对我的勤勉极为赏识，把我当成他的徒弟、他的孩子。后来才渐渐知道，他是江苏省最早的一批数学特级教师之一，曾是中国小学数学专业委员会常务理事，江苏省小学数学义务教材的主编，苏教版课程标准数学教材的主审。

在恩师的指导下，我首先学会的是如何钻研教材。记得盛老师给我看过他写的一篇论文《瞻前顾后　迁移渗透》，谈的是如何把小学阶段每个年级的数学教材分析解读、纵横联系的经验。受他的启发，我也开始细细研读每一本教材、每一个单元、每一类知识、每一个环节，做到心中有数，胸有成竹。在恩师的悉心帮助下，我有机会参加了县级、市级、省级和全国级小学数学课堂教学比赛，积累了大量的课例，踏上了更高的平台，使我的专业成长速度不断加快，对数学和教育的理解不断完整和丰富。印象特别深的一次公开课是，1992年全国小学数学第五届年会在北京召开，会议首次邀请了非主办地的骨干老师执教观摩课，我作为受邀老师之一跟随盛大启老师参加年会，并执教《6的乘法口诀》，赢得了与会者的高度评价。那是我第一次到首都北京，第一次领略到天安门广场的壮阔，至今难忘。

在人生的起跑阶段，一段不经意的机缘，我幸运地遇到了一位影响我终生的导师，我因此少走了许多弯路。

二、修建自己的码头

熟悉他的朋友告诉我：小学数学教学的专家中，徐斌算得上是将技术与理念结合得最好的老师之一。徐斌的数学课仿佛是一堆多彩的智慧积木搭建的儿童乐园：设计精巧，语言生动，气氛热烈，既有传统的扎实训练，又不失充满情趣、注重启发的现代风格。而他本人，也是在数学教学的乐园里一路欢歌：

1987年，刚满18岁的徐斌被分配至有百年历史的江苏名校——如东县掘港小学；

1991年，徐斌参加江苏省首届小学数学青年教师评优课获一等奖第一名；

1992年，徐斌作为特邀代表赴京为全国小学数学专业委员会第五届年会上观摩课；

1995年，徐斌被评为如东县"学科带头人"；

1998年，徐斌被评为南通市"专业技术拔尖人才"；

1999年，徐斌被评为江苏省"三三三工程"培养对象；

2000年，徐斌被江苏省人民政府命名为小学特级教师；

2005年，徐斌成为教育部"国培计划"首批特聘专家；

2011年，徐斌被评为"江苏人民教育家工程"培养对象。

——节选自《现代教育报》特约记者焦晓骏撰写的《徐斌：用智慧搭建数学乐园》

（一）"魔鬼式"训练：智慧积木的"产床"

如果我真有那么几块智慧积木的话，我想，它们的"产床"是一次次赛课中所接受的"魔鬼式"训练。

1987—1993年，正是课堂教学比赛的高潮时期。这六年里我参加了十次赛课（县级3次，市级3次，省级2次，国家级2次）。

1993年，全国首届小学数学赛课活动在江西南昌举行。因为是第一届，每个省只派一名代表参加，各省都不含糊，派了实力雄厚的选手参赛，甚至还有特级教师呢。初出茅庐的我才24岁，是参加赛课的二十六名老师中年龄最小的。

赛前准备的过程是难熬的。整个暑假，在学校的宿舍里，我通读了小学阶段的全套数学教材。宿舍条件差，连个电风扇都没有。那段日子里流下的汗水，恐怕只有那12册教材的书页和陪伴我的肆虐的蚊虫才知道。夜深人静，暑气渐退，此时正是我大脑最为兴奋的时候，当我沉浸在一道道例题、一个个算式、一次次求解、一层层演绎中时，我深深为数学的美丽所陶醉。经过两个月的艰辛努力，

在中央教育电视台录制课例

我把 12 册教材全部记忆在脑中，我逐渐形成了一个独特的本领：无论从哪本教材中挑选，无论是例题还是习题，我都能准确地说出是第几册第几单元的例题或者习题。后来，《人民教育》杂志的记者采访我，听说了这个故事，在报道中取名《"点唱机"的故事》。

为了更好地准备赛课，我还专门拜师学艺。比如到幼儿园里去，拜幼儿园的手工老师为师，学习她们如何用简单的材料制作精美的教具；到县城电影院去，拜文化站的老师为师，学习如何绘制幻灯片；到广播站去，拜播音员为师，学习如何锤炼语言。

其间，我的课堂得到了我省一些著名特级教师的多次会诊。导师们指出了我的课堂语言存在的问题：句子太长，不够儿童化，语调呆板，缺乏亲和力，并建议我多听著名少儿节目主持人的录音。于是，每个晚上，我都在鞠萍等人的录音故事里进入梦乡……

今天看来，那段魔鬼式的训练，虽然苦不堪言，但直到现在乃至今后我都可以一直享受其中的"利息"。

也许有人会说，"频繁赛课"的磨炼经历，是绝大多数教师所无缘歆享的福祉。

对此，我深深理解。我觉得，机遇就像是一层层的台阶。只有登上了第一层，才有了登第二层的可能。牢牢把握住每个机会，让我获得了比别人更多的机会。

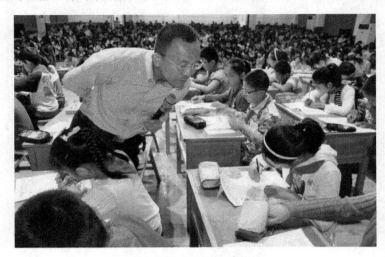

参加大型公开课教学活动

（二）公开教学：让一朵朵具体的花开放

媒体上常有人说，公开教学是一种"做秀"。不可否认，现在公开教学"做秀"的现象时有存在。但，这绝不是公开教学本身的错。

"一朵具体的花胜过一千种关于它的描述。"

公开教学，之于我的成长，无疑是助推器。从1991年至今的二十多年里，我到过全国30多个省、自治区、直辖市，进行公开教学400余次。

1988年4月18日，我永远记得的日子——我的第一节公开课。

人民教育出版社张卫国主任到实验区了解人教版教材的实验情况，要来我们海边小镇，听我上一年级实验课《求两数相差多少的应用题》。在导师盛大启的精心指导下，我编写了教案，制作了精美的教具和学具，特别是采用了电化教学——配乐故事《猪八戒吃西瓜》（自编），还制作了漂亮的幻灯片。为了这节课，我一星期加起来的睡眠时间才有十几个小时。

下课后，张主任紧握我的手说："这堂课上得太精彩了！学生在轻松自然和快乐活动中不知不觉地学到了知识，得到了发展。"张主任奖掖后生的褒扬，极大地鼓舞了我的信心，让我尝到了公开教学的苦后甘甜。

　　鲜花掌声固然可喜，失败批评虽然疼痛，但能忍着疼痛清醒地解剖自己，更是一笔不可多得的财富。1999 年，上海浦东，时隔八年后，我又一次执教曾经的"经典"课——《万以内数的读法》，当课堂按照我的预设运行了 10 分钟还不到时，我发现，教材中的所谓"新知"——读各类数，学生其实都已基本会了，而我硬是把学生拽到我课前设定的轨道上来，和学生做了数位排队、数字组合、击鼓传花等活动化游戏。学生看上去情绪高涨，但我深知，这是一种经不起推敲的泡沫情绪。它引发了我的深思：学生进入课堂并非零起点，什么才是真正的"以人为本"，怎样用数学特质的美征服学生，让他们在数学的王国里自由翱翔？我对数学课堂的思考与追求，也因为这节失败的公开课而有了质的飞跃。

　　个案在分析中明晰，思想在交流中发展，理念在争锋中升华，我的教学艺术的日臻完善，离不开这绽放着的一朵朵具体的花。

考察越南的数学课堂

（三）理想课堂：心中永远的梦

从 1987 年踏上讲台的第一天起，我就开始了对理想的数学课堂的执着追寻，随着教学经验的不断充实和积累，我对理想课堂的认识大致分为三个阶段。

第一阶段——精雕细琢、完美无缺

刚刚工作的那几年，没有什么教学经验，我曾看过许多著名特级教师的数学课堂教学实录，听过不少比赛获奖老师的数学课堂教学示范，从中汲取精华，尝试把大师的智慧融进自己的课堂。那几年，我也曾数次参加县、市、省级和全国小学数学课堂教学比赛。这个阶段我追求的理想课堂特征是"精雕细琢、完美无缺"。

我曾经对"教学目标明确""教学程序严谨""提问精细恰当""采用多种媒体""板书精当美观""过渡语言周密设计""时间控制恰到好处"等孜孜以求。我以为一堂好的数学课应该密不透风，滴水不漏；应该天衣无缝，无可挑剔；应该精雕细琢，完美无缺。

这段时间，我追寻得好辛苦。有时为了上好一堂研究课，我常常把课堂教学中要说的每一句话都写下来，甚至掐着秒表计算时间，哪一个环节用几分钟，哪几句话用多少秒钟，有时甚至幻想，当我讲完结束语的最后一个字时，下课铃声正好响起。

遗憾的是，这样的理想状态一次也没有出现过。

第二阶段——多层并进、快乐交流

于是，我开始反思自己的课堂教学，反思自己理想中的数学课堂。我渐渐觉得，教师应该把抽象的数学教得富有趣味，应该在课堂上有全面的目标追求。我把一堂数学课从教学目标的角度分为三个层次：有知识技能方面的序列发展要求，有思维能力方面的序列发展要求，还有情感态度方面的发展要求。同时，在教学形式方面我觉得应该让所有的学生活动起来，尽可能多地让学生在游戏和比赛中学习数学，在小组合作交流中学习数学。

这个阶段，我追求的理想课堂是"教学目标具体而有层次""教学手段多样化现代化""教学形式以小组学习为主""教学过程以游戏比赛为主"。

我的数学课堂教学中出现了一些个性鲜明的特征，由于大量采用了小组学习，制作了形象逼真的投影片和生动活泼的多媒体课件，采用了大量的故事、比赛、游戏，学生在我的数学课堂上往往情绪十分高涨。

乍看上去，在这样的课堂上学生表现得非常积极，甚至有些亢奋，场面气氛也十分热闹，动静结合高潮迭起，但细细回味后就会发现，这种活动和游戏只是表面上的"繁荣"，只是少数学生在进行游戏，多数学生只是"旁观者"，只是看得起劲，并没有真正参与；只是外在形式上的活跃，数学思维的含量并不高。

因此，这一阶段我上的课都有点"花"，甚至课堂秩序有点"乱"。虽然学生在课堂上开开心心、热热闹闹，听课的老师也觉得轻松快乐，但我渐渐懂得——调动积极性并不是教学目的，理想的数学课堂应有更高的追求。

第三阶段——真实有效、互动生成

1999 年全国第八次课程改革拉开了帷幕，我深入学习了数学课程标准的征求意见稿和实验稿，进一步反思自己的数学课堂。我认识到：数学的课堂是学生发展的天地，数学学习的过程是学生享受教师服务的过程。于是，在课堂教学实践中我追求"为学生的数学学习服务"，追求真实自然下的动态生成。我认为：

真实的课堂摈弃演练和作假。华东师大课程研究中心吴刚平教授说："真实的教学情景是具体的、动态生成的和不确定的，需要在教学过程中才能呈现出来，不是为了观赏。"真实的课堂应该面对学生真实的认知起点，展现学生真实的学习过程，让每个学生都有所发展。真实的课堂不能无视学生的学习基础，把学生当作白纸和容器，随意刻画和灌输；真实的课堂不能死抱着教案，一问一答，牵着学生鼻子走，不敢越雷池半步；真实的课堂更不能课前操练，课中表演，少数参与，多数旁观。

有效的课堂追求简单和实用。山东大学原校长展涛先生在谈到数学课程改革时说："应该让学生学简单的数学，学有趣的数学，学鲜活的数学。"虽然数学的表达方式是形式化的，但我们在课堂上呈现给学生的数学应该是作为"教育形态"的数学，而不是"学术形态"的数学，应该把"冰冷的美丽"转化为"火热的思考"。具体说就是让学生用简单的方法解决数学问题，就是把复杂的问题简单化，而不是把简单的问题复杂化；让学生在实际应用中学习数学，让学生知道数学知识的来龙去脉而不只是"烧中段"；让学生在熟悉的生活情境中学习鲜活的数学，而不是人为编造、纸上谈兵，不是只动口不动手、只计算不应用，更不是学习陈腐僵化的数学。

互动的课堂讲求对话和共享。教师不仅是组织者和引导者，而且是学生年长的伙伴和真诚的朋友。好的数学老师应该善于营造一种生动的数学情境，一种平等的对话情境。课堂教学就是在这样的情境中所进行的"对话",教师和学生不仅仅通过语言进行讨论或交流,而更主要的是进行平等的心灵沟通。在对话的过程中,教师凭借丰富的专业知识和社会阅历感染和影响着学生,同时,学生的见解和来自学生的生活经验直接或间接地作为个人独特的精神展示在教师面前。这种状态下的课堂教学过程,对师生双方来说,都是一种"共享"。

生成的课堂需要耐心和智慧。课堂之所以是充满生命活力的,就因为我们面对的是一个个鲜活的生命体;课堂教学的价值就在于每一节课都是不可预设、不可复制的生命历程。追求生命的意义应成为数学教学的起点和归宿。尽管如此,我仍觉得,教学设计依然是十分重要的。曾有人错误地认为,既然课堂是生成的,课程改革后应该简化备课,甚至不要备课。殊不知,没有备课时的全面考虑与周密设计,哪有课堂上的有效引导与动态生成,没有上课前的胸有成竹,哪有课堂中的游刃有余。在生成的课堂上需要教师善于激发学生的学习需求,放手让学生自主探索,需要老师展示学生真实的学习过程,特别是善待学生学习过程中出现的错误和不足,并运用老师的智慧耐心引导学生,使之在获取知识、形成能力的同时获得健康的人格。

"路漫漫其修远兮",这么多年来,我苦苦追寻着心中的理想课堂。也许,理想是永远不可能实现的,理想只是心中永远的梦,理想只能不断地去靠近。

(四) 课堂语言:魔力源于汗水

记得 1993 年 4 月,我被省里推荐去南昌参加全国第一届小学数学课堂教学观摩比赛,当时的我只有 24 岁,深感压力巨大。盛大启、孙丽谷、张兴华、王林等老一辈特级教师和资深专家曾数次为我的参赛课会诊。他们亲切并一针见血地指出我的课堂教学语言过于书面化、成人化,过分讲求抽象逻辑性,连表扬都是硬邦邦的,不够通俗亲切,不符合低年级学生的心理特征和年龄需求。当时的我觉得作为一名男教师教小学低年级本来就有很大难度,何况要在这么短的时间内改变自己多年形成的语言习惯,又谈何容易?

为此,我找来儿童电视节目主持人鞠萍姐姐、著名播音员陈燕华老师和"故事大王"孙敬修爷爷讲故事的磁带,规定自己每晚至少用耳机听两个小时。这对我的帮助很大,在倾听揣摩中,我慢慢找到了语言动听的诀窍——这些语言短句子多,

参加教育部"送培到藏"在拉萨讲学

描述性强，生动形象，清新亲切，如话家常。如果自己上课也能这样，那么，也一定能像磁铁一般吸引孩子了。同时，我还找来省内外知名特级教师的上课录像，反复看，仔细学。在解读体验中，我深信自己的课堂语言一定也能像他们一样充满童趣，富有感染力。

功夫不负有心人，这样大量的强化训练还真使我的课堂教学语言风格发生了较大的变化。之后在南昌比的一次赛课，令评委和其他省市参赛选手对这位年龄最小的江苏选手刮目相看。从这以后，我对教学基本功的操练也更刻苦自觉。

接下来，在平时的数学教学中，在每次公开课和赛课时，我特别注意自己的课堂教学语言锤炼。我不断追求教学语言的科学性，使之符合数学学科的特点；追求教学语言的简洁性，力求避免使用口头禅；追求教学语言的逻辑性，尽力把问题问得清楚明白，让学生心领神会；追求教学语言的形象性，善于使用幽默话语，增强语言的影响力、感染力；追求教学语言的诱发性，积极引导学生向着思维的未知领域探幽发微，获得感悟之乐、义理之趣。我努力追寻一种充满魔力的课堂语言。

外出借班上课，主办单位往往考虑到参加活动的人数比较多，大多在体育馆里，或者在临时搭建的舞台上课。这些地方活动空间大，学生的注意力容易分散，思维容易游离在课堂之外。

一次借班上课，就被安排在一个面积很大的体育馆里，在上课前我问大家："你是第几次来这里上课？"孩子说："我是第三次来，平时这个体育馆是搞活动用的，一般不来这里上课。"于是我摸摸孩子的头，回答说："哦，今天我可是第一次来，你比我有经验。等一会儿就告诉我怎么把课上好？"一句话，把孩子们给逗乐了。接着，孩子们你一言、我一语地告诉我，在这里上课要注意这样，要注意那样。殊不知，这些注意点正是我要提醒孩子们的啊。

教育心理学研究证明："一个人的注意力是有限的，时间超过一定限度就要分心，精神也开始疲劳。"轻松幽默的开场白，使学生在笑声中得到了放松，获得了适当调节，疲劳随之消失，在会心的微笑中积极思考，很快就投入到了新课的学习中。

苏霍姆林斯基说："学校里的学习，是师生每时每刻都在进行的心灵接触。"这句话道出了教学的真谛。师生间只有建立了民主、和谐、平等的关系，教师的教与学生的学才能达到和谐统一，教育才能发挥作用。我明白教书与育人是不可分割的，因此，需要真正把学生当成自己的朋友。课堂上我经常用这样的语言与学生进行交流："你的办法真好！""你真聪明！""你的结果离结论已经不远了。""你想的办法老师还没有想到。"像这样不拘一格、和谐融洽的氛围，富有启发性、激励性很强的话语在课堂上多用，孩子们自然就会更喜欢数学课。

教学是生命与生命的对话，语言是心灵与心灵的沟通。斯托利亚尔指出："数学教学是数学思维活动的教学"，因此数学教师的语言要在有效地培养学生的思维能力上下功夫。教学语言是教师施教、传输教学信息的最基本的媒体形式，可谓教学活动的第一要素。课堂驾驭能力最直接的体现形式就是教学语言的运用，因此，我无论是备课，还是上课，都会精心地选择、推敲和组织自己的教学语言。

"现在，老师想跟大家一起来玩一个猫抓老鼠的游戏，有兴趣吗？先看好，图上有猫和老鼠，但老鼠很狡猾，在途中设置了不少的障碍物，猫只能横着走或竖着走。你能帮助猫设计一条合理的路线吗？动手试着画画看……"

二十多年来的教学实践，在课堂上，我总是以学生"大朋友"的角色出现，我设计了种种游戏，与孩子们平等对话，以开放的形式，带领学生在玩中学习，在活动中领悟，充分调动他们的学习积极性。通过恰当生动的比喻、通俗的语言，使深奥的知识明朗化，用自己深厚的文化底蕴教给学生丰富的数学素养，以便引起学生对学习数学的兴趣及加深对知识的理解、记忆，从而促进学生抽象思维能力的发展，同时也能获得良好的教学效果。孩子们的自信心增强了，创造欲望得到了满足，合作意识和个性也得到了充分的发展，课堂上常常会出现未曾预料的精彩！

参加教研活动发言

（五）网络教研：被鼠标激活的日子

网络，似乎曾是个贬义词。有篇文章甚至说，也许你在网上认识的美丽人物只是一条狗。此话虽然说得未免夸张了些，但网络的虚幻，在我眼里确如罂粟花一般美丽，但不敢靠近。

因此，我"触网"很晚。

2002年夏天，我追寻教育理想，来到了苏州工业园区工作。远离了繁杂的行政事务和无聊的各种应酬，业余时间一下子变得充裕起来。

机缘凑巧，新教育实验课题组成员——教育在线论坛总管理员"苏州人"焦晓骏先生和园区教研员卜延中老师就在我办公室楼上办公。和他们同吃一锅饭，因此有机会经常与他们一起交流，知道当时任苏州市副市长的朱永新教授和他的一些朋友创办了一个网站——教育在线。也许听的次数多了，心里也多了一份疑惑：这教育在线上究竟有哪些老师？他们都在讨论些什么话题？带着心中的疑虑，在焦老师和卜老师手把手的指导下，我抱着旁观者的心态登录了教育在线论坛，浏览帖子，感觉很不错。

几日后，我便正式注册了"斌山来客"，并忐忑不安地发了"在线"第一帖：

"我是一个客籍老师，来自南黄海之滨的宾山。第一次进入教育论坛，不仅看到了我尊敬的老师，更多的是许多熟悉的朋友，有回到家的感觉。

最近在看《为学习服务》，觉得书中提出的观点很新，联想到我们的数学教学，作为老师，我们何尝不应当为学生的数学学习服务？教师不仅是组织者、引导者与合作者，而且应该是服务者。

今天是我第一次注册并发言，有一点点紧张，更多的是激动。请多多包涵！"

这一天是 2002 年 11 月 28 日。

没想到，帖子刚发完，一位网名"呼拉拉"的老师马上跟帖求助：

"徐老师，这个星期我要开一节《8 加几的进位加法》的课，能否提点建议，谢谢！"

这么快就有人跟帖了！我很兴奋，马上回复：

"呼拉拉老师，我今天正好也上了《8、7 加几的进位加法》。我觉得这一课应当体现算法多样化的思想。在算 $8+7$ 时，有学生是把 8 凑成 10，有的是把 7 凑成 10，有学生是想 $9+7=16$，$16-1=15$，还有学生想 $10+7=17$，$17-2=15$，甚至有个学生想 $8+8=16$，$16-1=15$。为学生的数学学习服务，就是从学生的学习起点出发，创设适合学生积极动手动脑的活动环境，放手让学生展示自己的学习过程，让学生在自己已有的知识经验和生活经验基础上展开学习。在这节课上，我想不必强求学生一定要用哪种方法，哪种方法最好，可以让学生选择适合自己的方法。一孔之见，请指正。"

自此一"发"而不可收拾。我在小学教育论坛开出了"为学生的数学学习服务"的置顶主题帖，成为小学数学老师们交流与研讨的家园，成为许多数学老师切磋技艺的阵地，成为相互分享教学经验的窗口。

有了这块自留地，有了这个数学教师精神栖息的港口，我便多了份"额外"的工作。尽管平时工作紧张忙碌，但我也注意修建自己的码头。每天上班后第一件事，就是打开电脑，先登录教育在线，浏览一下帖子，欣赏几篇美文，招呼一些朋友，回复几句心里话，再动手整理白天要处理的一些事务。于是短短三年时间，我的"为学生的数学学习服务"主题帖已由（一）发展到（七），跟帖回帖计 4003 个，浏览数高达 63620 人次。

很多热心的朋友及时跟帖、回帖，给我信心和勇气……说心里话，这寥寥数语不仅是送给新老朋友的新年问候，也许更多的是拟订自己的学期目标。人们常说，教育在线，在线教育！

看全国各地的朋友人来人往，听大家为了某个教学问题争论不休——无论是一个教学片段的修改完善还是一个练习题的正确与否，我总是尽量抽出时间与老师们进行交流，常常为帮助别人释疑解惑而快乐，也常常为小屋里热闹的场面而欣慰。当我分享朋友们带来的精神大餐时，很多时候便多了一份自豪和自信。看到许多朋友深夜、清早都喜欢登录我的码头，我心生感动，这里的黎明不再静悄悄！

自从"触网"后，每当我坐在电脑前，就有一种输入的冲动。开了主题帖，总得给朋友们奉献点东西吧，就逼着自己把零散的思考付诸文字。在写作的过程中，为了把一个问题阐述得更清楚，又会自觉地去查阅相关资料，这是一个深化细化所思所想的过程。杂志报纸发表文章，有一定的周期。再说，又有多少人能发表呢？网络写作的最大优势就是随想随写，随写随发。"我给我自己发表"——极大地唤醒了教师进行教学反思的自觉性，开发了每个人的潜在能源。

渐渐地，我养成了网络写作的习惯。每天总要留一段时间反思课堂的得失。夜深人静，指尖在键盘舞蹈，"哒哒哒，哒哒哒"……那是伴舞的音乐，最简单不过的旋律，听来却是满耳的舒服惬意。

三、寻找最合宜的位置

我相信，每一个人降生到这个世界上来，一定有一个对于他最合宜的位置，这个位置仿佛是在他降生时就给他准备好了的，只等他有一天来认领。我还相信，这个位置既然仅仅对于他是最合宜的，那别人就无法与他竞争，如果他不认领，这个位置就只是浪费掉了，而并不是被别人占据了。

——选自周国平所著《最合宜的位置》

面批作业，辅导学生

（一）为学生的数学学习服务

蔡元培曾经说过："所谓教育，其实就是为学习提供帮助。"

有人说，二十一世纪是高扬服务的世纪。服务，是这个世纪的普遍意义，是这个世纪的精神。"我们断定，所谓新教育的本质，就在于它具有了前所未有的鲜明的服务性质，它是为学习服务，为学习者服务的。教育不能做的，是直接塑造人；教育能做的，是间接地帮助学习者，为人的学习和成长服务。教育的塑造功能是有限的，而教育为学习服务的空间是无限的。"（选自陈建翔、王松涛著《新教育：为学习服务》）

每一个教师都有自己独特的教育哲学。在我看来，教师的首要责任是为学生服务，是为了学生的成熟与自由，是为了让学生的生命充满了爱和善良，是为了让世界变得美好起来。而作为一名数学老师，他的使命就应该是为学生的数学学习服务，让每个学生都喜欢数学，并且能够学好数学。那么怎样为学生的数学学习服务呢？

首先，要成为一名学生喜欢的老师。我常说自己是一个"完整"的老师。从教二十多年来，我一直没有离开教育第一线，一直教着一个或两个完整的班级。所谓完整，还表示我每天都要备课、上课、批改作业、辅导学生，二十多年如一日。尽管曾经有好多次机会，我可以离开课堂、离开学校，但直到现在，我发现课堂一直是我最热爱的地方，于是我依然坚守在这里，做一名完整的数学老师。每天享受着和孩子们在一起学习数学、讨论数学，也是我认为的人生中最美妙的时光。如果有人问我："你评上特级教师已经十五年了，你都当上正校长了，为什么每天还要上课呢？"我的回答会极其简单："特级教师的生命线在于课堂。"

成为学生喜欢的教师，精髓在于创造学生喜欢的课堂。课堂是师生生命体互相碰撞、共同震荡、产生智慧的美妙时空。叶澜教授说得好："课堂教学蕴含着巨大的生命活力，只有师生的生命活力在课堂教学中得到有效发挥，才能真正有助于新人的培养和教师的成长，课堂上才有真正的生活。""课堂是师生人生中一段重要的生命经历，是他们生命有意义的构成部分。"正因为如此，为了让学生和老师享受课堂学习的过程，就需要老师不断思考，创造出学生喜欢的课堂。二十多年间，无论是连续六年教同一个班级，还是每隔六年教同一个内容，我都在不断思考：如何让学生对数学充满浓厚的兴趣？如何让课堂焕发出生命活力？

2005 年，我的第一本教学专著正式出版时，我把书名定为《为学生的数学学习服务》。可以说，为学生服务，为学生的学习服务，为学生的数学学习服务，是我的教育哲学，更是我的教育信条。

（二）教育无痕

哲学家说："人来到这个世界就是来找寻的。"

作为老师的我，也一直在寻找着一种与我自己的本性相契合的教学方式，一直在寻找着属于自己独特的教育风格。我的教育风格是什么？尽管我千百次地问过我自己，却一直没有找寻到恰当的答案。

福楼拜早就说过："风格是思想的血液。"而我更为欣赏的是中国书画大师吴冠中先生的名言："风格是作者的背影，自己看不见。"是呀！我的课堂教学到底是什么风格，我自己常常"只缘身在此山中"。不过，看不到自己的风格，这并不影响我思考与畅想。

我曾读过杜甫的《春夜喜雨》一诗："好雨知时节，当春乃发生，随风潜入夜，润物细无声。"泰戈尔在其《飞鸟集》中也有这样的诗句："大雁已经飞过，天空没留下一丝云彩。"

这是一种多么美的境界呀！

教育如果也能够达到这般春风化雨、润物无声、淡墨无痕的境界，那将会是一种怎样的美好！

无痕，从字面上讲，就是没有痕迹，不留印记，一切如初。"痕"本意是指创伤痊愈后留下的疤痕，也泛指斑迹。无痕，常被作为一种美学境界被众多文人墨客所描绘。贾岛《江亭晚望》有诗句："鸟归沙有迹，帆过浪无痕。"苏轼《正月二十日与潘郭二生出郊寻春忽记去年是日》有诗句："人似秋鸿来有信，事如春梦了无痕。"而武学里则有"踏雪无痕""无招胜有招"的神奇境界。

无痕被用于教育，早已有之。无痕教育的提出，虽来源于德育领域，但其所彰显出来的人性化和科学性光辉，足可以指导一切学科教学行为。因此，不知从何时起，我开始追寻无痕教育的境界。现在想来，产生对教育无痕的追寻，可能与我独特的教学经历、生活体验与阅读爱好也有一定渊源吧。

我的教学经历比较独特，一直从事的是循环教学：从 1987 年踏上工作岗位开始，我从一年级教到六年级，然后再从一年级又教到六年级，再后来又教了一个大循环，穿插其间的是三次一至三年级小循环。循环教学的经历，每天面对看似同样的学生，使我充分体验到"教育是慢的艺术""教育更像农业，而不是工业"。每一届学生从一年级进校，再到六年级毕业，本来是变化巨大的事情，但在我看来，却是那么的不知不觉，那么的不留痕迹。

我的生活经历也比较独特，33 岁之前一直生活在长江以北，2002 年，我挥别家乡，举家迁至江南美丽的天堂城市苏州。这样的生活经历常促使我不由地产生对比性思考。比如下雨，北方的雨和江南的雨往往是不相同的，北方的雨来得快去得快，爽利得很，如同北方人的性格，干脆利落；江南的雨，氤氤氲氲、婉转连绵，这也像极了江南人温婉柔和的个性。难怪人们印象中最美丽的江南便是"烟雨江南"。有句歌词更是恰如其分地描绘了江南的这种"无痕雨"："像雾像雨又像风"，教育又何尝不是如此！

　　前面谈及我的阅读史，其实，我读过数量最多的书是各种武侠小说。无论是新派武侠小说的开创者梁羽生，还是武侠小说的泰斗金庸，或是武侠小说的奇才浪子古龙，都把武学的至高境界描绘为无剑、无招、无痕、无我。此外，我在读老子的《道德经》时，也得到了启示："天下万物生于有，有生于无。""大音希声，大象无形。""圣人处无为之事，行不言之教。"而佛家禅宗六祖慧能更是留下千古偈子："菩提本无树，明镜亦非台，本来无一物，何处惹尘埃。"

　　喜欢联想和做梦的我常会产生遐思：任何事物到达了一定境界，都是相通的。在我看来，武侠的至高境界是无招，管理的至高境界是无为，那么教育的至高境界便是无痕。无痕教育不是我的首创，更不是我的发明和创造，但她却是我毕生追寻的理想和境界，或许我这一辈子也无法企及这般的至高境界，但也丝毫无损于她的崇高。

工作之余，山间怡情

(三) 享受宁静

一直,我都很喜欢出发和回归的感觉。多少年来,唯有文字留下了时光的痕迹,留下了快乐的、隐忍的、二十多年对教育的感悟。文字是为了纪念,这是一种别人看起来羡慕却很少愿意尝试的生活方式,其中的甘苦也只有自己知道,但我享受这样的寂寞所带给我的宁静空间。每节课的粗糙体验,经过时间的打磨,总会伴随文字,积淀成岁月中帧帧精致的画面。

尤其每晚在写字台前属于我一个人的时光,这是我极偏爱的生活的一部分。

我享受着上天所赐予的这份独特的宁静。常常在夜晚,月光打湿了窗帘。一种情愫,慢慢地在空气中弥散。窗外,月光或飞或洒或流或泻,在天为霰,落地成霜,涓涓汩汩……房间里,没有其他的声响,任由我的思想和自己的灵魂一次次地碰撞,"嗒,嗒……"指尖在键盘上流淌着心灵的旋律,我不断咀嚼着白天课堂的点滴,沉浸在这样安逸的宁静里,心中,似有暖暖的东西流过。

我始终以为,写作是一件纯粹私人化的事情。每晚坐在书桌前,静思默想每段与文字共行的微澜岁月,想念没有伪饰的坦诚书页,想念课堂上每张灵动活泼的笑脸,想念教育生活所带给我的琐碎的温情。

心理大师荣格曾在一篇文章中说过:"一个人步入中年,就等于是走到'人生的下午',这时既可以回顾过去,又可以展望未来。在下午的时候,就应该回头检查早上出发时所带的东西究竟还合不合用,有些东西是不是该丢弃了。理由很简单,因为我们不能照着上午的计划来过下午的人生……"

我并没有成功的早晨,我只是坚定着内心的执着,守住心灵的寂寞,尽自己最大的努力,行走在漫长的教育路上,但求无愧无悔。

现在走到人生的下午,当发现自己置身于名利的扰攘,当意识到生命不堪重负,也许此时该用减法给人生列式,走出尘嚣,拥抱宁静,才能走得更远。

有时,透过书桌前的窗纱,我也会看到另一种景象:天上奔涌着乌云,光线无边的柔暗,一时却又清澈澄明,那种透着沧桑的清澈和透明,正如中国历代的修炼达人那般,即便是永远不能抵达,也依然执着地追求宁静致远的境界。

其实这种景象与生活也是契合的。教育生活也是一种心灵的风雨疆场,在激烈的鏖战、热闹的掌声之后,只有回归平静,真理方能油然而悟。

　　诸葛亮云："非澹泊无以明志，非宁静无以致远。"

　　宁静并非摈弃梦想，丧失斗志，并非停止前进的脚步。

　　宁静是成功中的谨慎，是掌声中的清醒，是兴奋中的收敛，是等待中的耐心。

宁静是一种"花未全开，月未圆"的恬淡美丽。

公益情怀

我的教育观

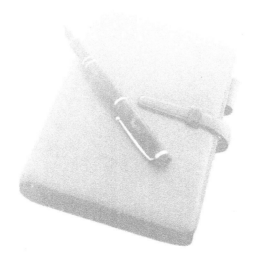

一、追寻教育的无痕境界

"对一种教育理论加以筹划是一种庄严的理想，即使我们尚无法马上将其实现，也无损于它的崇高。"（康德）

——题记

（一）无痕教育的内涵

无痕教育，是指"把教育意图与目的隐蔽起来，通过间接、暗示或迂回的方式，给学生以教育的一种教育方式"（卢克谦：《无痕教育：具有美学韵味的教育方式》）。无痕教育的提出，虽来源于德育领域，但其所彰显出来的人性化和科学性光辉，足以指导一切学科教学行为。苏霍姆林斯基曾说过："造成教育青少年困难的最重要原因，在于把教育目的在学生面前以赤裸裸的形式进行""把教育意图隐蔽起来，是教育艺术十分重要的因素之一"。杜威在论述什么是教育时指出："一切教育都是通过个人参与人类的社会意识而进行的。这个过程几乎是在出生时就在无意识中开始了。由于这种不知不觉的教育，个人便渐渐分享人类曾经积累下来的智慧和道德的财富。"（《杜威教育名篇》，赵祥麟编译，教育科学出版社，2006年版，第1页）

无痕教育的教育心理学内涵：教育是一门科学，科学的价值在于求真。教育教学活动具有一般规律性和基本原则，教师的教、学生的学、教学内容、教学过程、教学方法等要素均有其科学规律。理想的教育教学状态是让学生在积极主动和潜移默化中获得知识、形成能力，在淡墨无痕和春风化雨中发展思想、培养精神。

无痕教育的美学内涵：教育是一种艺术，艺术的价值在于求美。杜甫诗云："随风潜入夜，润物细无声。"泰戈尔说："不是槌的打击，乃是水的载歌载舞，使鹅卵石臻于完美。"可以说，"润物无声，教育无痕"是教育的至高境界，是"将教育的意图隐蔽起来"的真正的教育艺术，更是一种充满人性化关怀的超凡的教育智慧。

无痕教育的哲学内涵：教育是一项事业，事业的价值在于求善。老子《道德经》云："大白若辱，大方无隅，大器晚成，大音希声，大象无形。"庄子《逍遥游》云："至人无己，神人无功，圣人无名。"康德把教育的内涵定位于"价值"，而价值是无法灌输的，它只能由个体在自我发展、自我建构的过程中获得。从这个层面上来说，真正意义上的教育是自我教育，教育的价值在于无痕地帮助每个人获得成熟和自由，使生命绽放于爱和善良之中。

由此可见，无痕教育不仅是一种教育方式，更是一种教育思想，是一种教育心理学的规律和原则，是一种教育的美学和哲学境界，是一种对教育本原的追寻。

（二）数学教学中实施无痕教育的可能

数学是研究客观世界中数量关系和空间形式的一门科学。数学学科具有高度的抽象性、严密的逻辑性和应用的广泛性三大特点。小学数学属于初等数学的范畴，它揭示的是现实世界中最简单的数量关系和几何形体等知识，小学数学课程在内容呈现上具有由浅入深、由易到难、循序渐进和螺旋上升的特性。小学数学的学科特征为数学教学中实施无痕教育提供了充分可能。

数学是思维的体操，儿童学习数学的过程是数学思维活动的过程。儿童思维的发展经历着从低级到高级、从不完善到完善的发展过程。小学儿童思维的基本特点是"从以具体形象思维为主要形式逐步过渡到以抽象逻辑思维为主要形式。但是这种抽象逻辑思维在很大程度上，仍然是直接与感性经验相联系的，仍然具有很大成分的具体形象性"（《儿童心理学》，朱智贤著，人民教育出版社，1980年版，第323页）。而数学思维是一种内隐性活动，而且各种思维方式之间的彼此相连、融会贯通和发展变化本身就是一种无痕的状态。

可见，小学数学教学的过程应该是遵循儿童学习数学的思维规律和小学数学学科课程的基本特性，通过教师的智慧，把作为科学的数学转化为作为学科的数学，把作为文本的数学转化为作为过程的数学，从而把"学术形态的数学"转化为"教育形态的数学"，把"冰冷的美丽"转化为"火热的思考"，引导学生在无痕中学习数学和发展能力，从而使他们获得丰富的情智体验。

（三）数学教学中实施无痕教育的价值

在数学教学中实施无痕教育的价值主要表现为以下四个方面：

第一，能使学生更有效地获得知识技能。根据认知学习理论，数学学习的过程是新的学习内容与学生原有的数学认知结构相互作用，形成新的数学认知结构的过程。实施无痕教育，能让学生不露痕迹地利用原有的认知经验，通过主动建构来获得数学知识，并通过循序渐进地巩固和由易到难地练习逐步形成数学技能。

第二，能使学生更有序地发展思维能力。根据儿童思维发展的特点，其学习数学过程中的思维能力可以分为"感知动作思维、具体形象思维、抽象逻辑思维和辩证逻辑思维四种"（《数学学习论》，马忠林主编，广西教育出版社，1996 年版，第89 页）。从思维发展的特点可以看出，这四种思维方式之间并没有明确的界限，而且学生在学习数学的过程中常常是多种思维协同作用的。因此，实施无痕教育，一方面能潜移默化地培养学生的各种数学技能；另一方面也能有序发展学生的多种思维能力。

第三，能使学生更有机地提升数学思想。比知识重要的是方法，比方法重要的是思想。数学思想是数学的灵魂，是数学内容和数学方法的结晶。小学生学的数学尽管很初等、很简单，但是里面却蕴含了丰富的数学思想。依据张景中院士的观点，小学数学思想主要有三个方面：函数思想、数形结合思想、寓理于算的思想（张景中：《感受小学数学思想的力量》，载《人民教育》2007 年第 18 期）。数学思想是无法直接传输给学生的，只能在学生学习数学的过程中逐步感悟，因此，实施数学无痕教育，可以在学生学习数学的过程中潜移默化地渗透和提升。

第四，能使学生更有利地受到情感教育。在无痕教育理念的指导下，使得数学教学的内容与学生的生活实际紧密联系，数学学习的过程符合学生的认知规律和思维特征，在潜移默化中引发学生的学习动机，激发学生的学习兴趣，丰富学生的积极情感，培养学生的学习意志，端正良好的学习态度。在学生学习数学的始终，情感教育都在无痕地渗透中，使得学生成为具有综合素养的全面发展的人。

（四）数学教学中实施无痕教育的策略

在小学数学教学中如何实施"无痕教育"？我以为可以从以下几方面着手。

1. "不知不觉中开始"——数学教学内容的整体把握

让学生在不知不觉中开始学习，是无痕教育追寻的基本境界。实施"无痕教育"的前提是教师对所教内容的整体把握。因为小学数学学科的教学内容具有整体性和系统性，每册教科书、每个教学单元、每节课时、每个知识点的内容之间都有着内在的联系。优秀的教师总是能够瞻前顾后，迁移渗透，把握所教内容与以前学习内容以及将来学习内容之间的实质性联系，为学生选准合适的认知起点，让学生在不知不觉中开始新知学习。

不知不觉中开始，从教育心理学角度看，是确立合适的学习起点，即明确学生"现在在哪里"。有了对教学内容的整体把握，就有了对学生原有认知与学习状态的准确了解，就有了对学生生活经验与思维体验的适度掌握。有了这样的教学前提，就能够进一步明确把学生"将要带向哪里"以及"如何走向那里"，从而无痕地将学生引向新知的边缘，让学生油然而生对新知学习的需求。

2. "潜移默化中理解"——儿童学习心理的深度洞察

课堂的本体是儿童的学习，有效的数学学习必然建立在对儿童学习心理深度洞察的基础之上。小学阶段儿童的认知水平属于皮亚杰的"具体运算思维"阶段，其最大特点是思维离不开具体事物的支持，这也导致小学儿童的感知觉、观察力和记忆均处于初步发展水平，其学习数学的动机和兴趣很不稳定。在这样的前提之下，儿童学习数学的过程，需要充分借助形象直观的教学手段，充分利用新旧知识的相互作用，以顺应儿童的学习心理，让儿童在不露痕迹中获得新知意义。

"教是为了更好地学。"对儿童学习心理规律的深度洞察是实施无痕教育的关键所在。基于儿童学习心理的数学教学，是在儿童数学学习的过程中，尤其是在新知理解阶段，在学科元素中融入儿童基点，能够使新知学习更适合儿童的认知发展，为学生深度理解知识、发展技能和形成能力打下坚实的基础。

3. "循序渐进中掌握"——学生学习过程的精心组织

学生学习数学的过程，既是在教师引导下的意义建构过程，也是在自身需求发展中的自主建构过程。无痕教育视野下的学生数学学习过程，更主要的体现为教师精心设计学生的学习进程，从某种意义上说是一种"进"与"退"的艺术。通过适当的"退"和必要的"进"，能使得学习过程成为学生潜移默化地掌握知识和技能的过程。表面上看，"进"和"退"是一对反义词，然而，这两者并不矛盾。在战争中，"以退求进""以屈求伸"的战略正是体现了退与进、屈与伸的辩证关系。从某种意义上说，"退"是"进"的准备和基础，"进"是"退"的发展与提升。在课堂上，"进""退"之间体现的是一种行云流水般的从容节奏，是一种水乳交融般的无痕状态。

数学教学中敢于"退"的策略主要表现在以下三个方面：

第一，退到学生的生活经验。数学知识常常来源于现实生活。荷兰数学教育家弗赖登塔尔从数学教育的特点出发，提出了"数学现实"的教学原则，即数学来源于现实，扎根于现实，应用于现实。在教学过程中，老师如果能充分利用学生身边的生活现象引入新知，让数学教学符合生活实际，充满生活气息，会使学生对数学有一种亲近感，感到数学与生活同在，数学并不神秘。由此，激起学生探求新知的强烈愿望，调动起学生学习数学的积极心向，使孩子们成为真正"自主的思想家"。

第二，退到学生的已有旧知。利用学生的旧知来引进新知是一种类比迁移的策略。什么是类比？类比是形式逻辑概念，就是类似比较。迁移是教育心理学概念，即将已学过的旧知和与之相联系的新知相比较，使学生通过复习旧知识从而更快地学会新知识。美国心理学家奥苏伯尔曾说过，影响学生学习新知的唯一最重要的是——"学生已经知道了什么"。可见，上课开始阶段安排适当的旧知复习，能再现学生认知结构中的相关知识经验，激活新旧知识之间的联结点，为新课学习做好铺垫。复习旧知识较之直截了当地讲述新知识，尽管形式上是退了，但学生却更容易获得新知识，则是一种进。

第三，退到学生的思维起点。数学教学是数学思维活动的教学，小学生的数学思维发展遵循着从形象思维到抽象思维过渡的规律。为使学生的思维得到有效发展，老师在学习新知之初就应该为学生的思维发展寻找合适的起点。对于不同年级的学生，教师应根据其年龄特征寻找合宜的思维方式：低年级学生可以多一些操作和活动，以引发动作性思维；中年级学生可以充分利用表象的作用，不断引发形象性思维；高年级学生可以不断引导学生归纳和概括，以逐步发展抽象性思维。

数学教学中善于"进"的策略主要表现在以下三个方面：

第一，进到学生的认知结构。数学教学的本质是学生在教师的引导下能动地组建认知结构，并使自己得到全面发展的过程。知识，一旦形成结构，才具有稳定性和系统性。单一的知识，只是散落的珍珠，而结构化的知识，才如同美丽的珍珠项链。怎样帮助学生组建完善的认知结构，是我们在数学教学中研究的关键问题。由于认知结构是以一定的思维方式为指导构建起来的，故其本身蕴含着思维方法。我们在教学数学知识时，不能只停留在表面，而要提示知识所蕴含的方法和思想，提高学生的分析、比较、归纳、概括、推理等能力。

第二，进到学生的思维深处。"数学是思维的体操"，启迪学生思维，发展智力、培养能力，建立良好的智能结构，是课堂教学的重要目标。这要求我们教师在教学实践中，应充分利用课堂中的生成资源，并善于交给学生思维的主动权，让学生在教师精心设计的问题情境中积极地观察、思考、发现、探究、创造，使学生的思维得到有效发展。在课堂学习的过程中能够做到层层递进，步步深入，学中求变，练中求活，鼓励学生创新求异，对学生的新发现、新观点、新见解能及时给予肯定，排除思维定势的影响，促使学生思维向纵深发展。

第三，进到学生的实际应用。数学应用于实际，才会变得有血有肉、富有生气，才能真正让学生体验到学习数学的意义和价值。作为数学老师要避免从概念到概念、从书本到书本，应该善于变数学练习的"机械演练"为"生活应用"。通过实际应用，引导学生用数学的眼光去观察、分析、解决生活中的实际问题，通过在生活中应用数学，增强学生对数学价值的体验，强化应用数学的意识。

"进"与"退"的过程，是学生潜移默化地掌握知识技能的过程，是学生不露痕迹中培养思维能力的过程，是学生淡墨无痕中发展数学思想的过程。从这个意义上说，数学教学的智慧就在于教师能在"进"与"退"之间游刃有余。

4. "春风化雨中提升"——课堂教学艺术的不懈追求

课堂是师生人生中一段重要的生命经历，课堂是充满无限魅力的地方，课堂是学生充分发展的天空。无痕教育理念指导下的数学课堂，是学生享受教师服务的过程，也是学生自主学习主动发展的过程。在这样的过程中，学生的学习经历应是充实快乐的，学习结果应是充分有效的，学习的过程应是充满智慧的。理想的课堂教学过程，似雪落春泥，悄然入土，孕育和滋润着生命。虽无痕，却有声有色，有滋有味；虽无痕，却如歌如乐，如诗如画。

总之，我所理解的数学无痕教育，是建立在数学教育的心理学、美学和哲学内涵基础上的一种教育境界，实施数学无痕教育，具有独特的实践意义和理论价值。数学无痕教育是让学生在不知不觉中开始学习，在潜移默化中理解知识，在循序渐进中掌握技能，在春风化雨中提升思想。数学无痕教育，是一种理想的教育，是一种智慧的教育。

无痕教育，无声无息，无缝无形；无痕教育，有情有理，有法有度。

无痕，是一种教育的自然和谐。

无痕，是教育的至高境界。

二、无痕教育系列研究

（一）老子智慧与无痕教育

《老子》，又名《道德经》，相传是春秋战国时期楚国人老子所著。老子是道家思想的始祖，姓李名耳，字伯阳（一说字聃），曾做过周朝守藏室（图书馆）的官。《史记》在"老子韩非子列传"里讲到了《老子》一书的成书过程："老子修道德，其学以自隐无名为务。居周久之，见周之衰，乃遂去。至关，关令尹喜曰：'子将隐矣，强为我著书。'于是老子乃著书上下篇，言道德之意五千余言而去，莫知其所终。"现行流传的《老子》一书，分为"道经"37 章和"德经"44 章，一共 81 章，5000 余字。

老子哲学大大扩展了中国人思考的空间，大大改变了中国人思考问题的方法。老子智慧不仅在哲学史上有着世界性地位，老子智慧对教育的影响也相当深远。尽管《老子》一书通篇未提"教育"二字，但我们可以从中受到无穷启发。下面结合相关篇章谈谈老子智慧对无痕教育的滋养。

无痕教育，从字面上理解，是一种"没有痕迹的教育"，即教育的过程不是直接性与赤裸裸的，而是通过隐藏教育目的、采用暗示和迂回的方式，从而使学生在不知不觉中受到教育。老子智慧启示下的无痕教育具有如下几个特征。

1. 道法自然

第一章曰："道可道，非常道；名可名，非常名。无名，万物之始；有名，万物之母。"

第十七章曰："功成事遂，百姓皆谓：'我自然'。"

第二十三章曰："希言自然。"

第二十五章曰："人法地，地法天，天法道，道法自然。"

第三十七章曰："道常无为而无不为。"

老子智慧的核心是"道"，而"道"的最高境界是自然无为。从这个意义上观照教育的不同境界，无痕教育无疑是一种理想境界。所谓道法自然，其实是顺应事物本身的自然规律，按照事情发生的本质规律进行教育，道法自然也是教育的至高境界。儿童有着其独特的认知规律和思维发展规律，而知识本身也有着其学科本质和内在逻辑，只有深入了解儿童的认知特征和知识的本质规律，不刻意雕琢，不机械灌输，不矫揉造作，进而采用顺应自然规律的教学方法才是最有效和最能促进学生发展的。

2. 有无相生

第二章曰："故有无相生，难易相成，长短相形，高下相盈，音声相和，前后相随。"

第十一章曰："三十辐，共一毂，当其无，有车之用。埏埴以为器，当其无，有器之用。凿户牖以为室，当其无，有室之用。故有之以为利，无之以为用。"

第四十章曰："反者道之动，弱者道之用。天下万物生于有，有生于无。"

第四十一章曰："大白若辱，大方无隅，大器晚成，大音希声，大象无形。"

老子智慧充满了辩证思想的哲理光芒。老子认为自然界的一切事物都是相对的、变动不居的，而只有"道"是永恒的。"有"和"无"，"有名"和"无名"，"有痕"和"无痕"，其内在是对立而统一的，也是互相依存和相互转化的。从教育的过程来说，要体现顺其自然的"无痕"渗透；而从教育的结果来看，要达到教育发展的"有痕"变化。老子认为天下万物生于可见的"有"，"有"生于不可见的"无"，"无"才是万物之母。老子举例（车毂中正因为有了空的地方才能发挥车的作用，器皿中因为有了空的地方才能发挥器皿的作用，门窗中有了空的地方才能发挥房屋的作用），说明：无形、虚空的东西同样具备很大的作用，即所谓"有之以为利，无之以为用"，体现了"有无相生"。教育也是如此，不能让学生没有空隙与闲暇，不能把学生的时间和空间过分挤占，不能把学习活动安排得过于饱和，只有适当地"留空"和"留白"，才能使学生有学习的自主时空，才能使学生的个性得以彰显。

3. 见素抱朴

第五章曰："天地之间，其犹橐籥乎？虚而不屈，动而愈出。多言数穷，不如守冲。"

第十二章曰："五色令人目盲，五音令人耳聋，五味令人口爽。"

第十九章曰："见素抱朴，少私寡欲。"

第四十二章曰："道生一，一生二，二生三，三生万物。"

第六十三章曰："为无为，事无事，味无味。大小多少，抱怨以德。图难于其易，为大于其细。天下难事必作于易，天下大事必作于细。是以圣人终不为大，故能成其大。"

老子智慧启示我们，大道至简，但凡最美的事物通常都是朴素无华的。无痕教育所追求的就是用简单的方法让学生收获丰富。所谓"朴素"的"朴"是指没有雕琢的木，"素"是指没有染色的丝。"朴素"的本义是质朴和纯真，这正是无痕教育所追求的理想境界。曾几何时，在教育改革中出现了一些偏重外在形式的浮躁之风，影响了教育的内涵发展。其实，老子早就指出：过多的色彩令人眼花缭乱，过多的声音令人听觉不灵，过多的滋味令人味觉不准。因此，老子反对片面追求感官世界的刺激的生活方式，要建立宁静恬淡的内心生活，要"见素抱朴"，要追求宇宙的本原和能化生万物的母体——道。教育也是如此，要以"无痕"之态化育和滋润学生的心田，不搅扰学生发展的本来规律，从而成就学生的人生之大。这里，老子还特别强调了基础性工作的重要性，启示我们，人往往不甘于平庸，想成就大事，但不能好高骛远，要从小事易事做起，正所谓"图难于其易，为大于其细"。

4. 不言之教

第二章曰："是以圣人处无为之事，行不言之教。"

第三章曰："为无为，则无不治。"

第四十七章曰："是以圣人不行而知，不见而名，不为而成。"

第五十六章曰："知者不言，言者不知。"

老子智慧注重的是无为和不言，注重的是悟道和自省。老子在这里之所以贬低直观感觉观察的作用，其实是为了突出对理性认识的重视。较之经验，老子更注重内省。他认为，如果一任心智活动向外驰骋，则会使人思路纷纭，精神涣散，反而不如抑制浮躁，以本明的智慧，虚静的心境，遵循自然的运行规律，去玄揽外物。

这样，才能洞察幽微，烛照深远，了解事物的本相。无痕教育所追求的正是这种潜移默化和春风化雨般的熏陶和滋润、感悟和提升。学习，本来就是一种学生个体的行为，是别人无法代替的过程；知识，更多地需要学生自己去理解和感悟，而不是灌输和填充。所以，只有善于采用"不言之教"，让学生以顺应自然的态度去获得适合自己的知识，寻找符合学生本性的发展方式，方能达到"不行而知，不见而名，不为而成"的至高境界。

5. 上善若水

第八章曰："上善若水。水善利万物而不争，处众人之所恶，故几于道。"

第三十六章曰："柔弱胜刚强。"

第四十三章曰："天下之至柔，驰骋天下之至坚。出于无有，入于无间。吾以是知无为之有益。不言之教，无为之益，天下希及之。"

第七十八章曰："天之柔弱莫过于水，而攻坚强者莫之能胜，以其无以易之。"

第八十一章曰："天之道，利而不害；人之道，为而不争。"

老子智慧中对于"水"有独特的喜爱，书中有多处以水论道。老子认为，上善若水，水能善利万物，水虽柔弱无形但能胜刚强，所以水的性质最接近"道"。无痕教育所追求的正是这种看似柔弱无形其实无所不容的教育力量，在无痕中让学生获得知识，掌握方法，提升思想，培养精神。

老子智慧是无痕教育的哲学源头，为无痕教育的理想境界提供了哲学支撑。老子智慧博大精深，对宇宙、人生、社会、教育诸多方面皆有取之不尽的启示，值得我们慢慢去品味。

（二）暗示教学与无痕教育

为了更好地深入研究无痕教育，不断积累课题研究的相关理论，除了实践无痕教育的教学主张，我们也在教学之外，广泛阅读与涉猎，前段时间正好读到了洛扎诺夫的"暗示教学理论"，惊喜地发现"暗示教学理论"和"数学无痕教育"之间有很多的相互吻合、互相印证之处，为数学无痕教育课题的深入开展提供了有力的理论支撑。

1. 洛扎诺夫的"暗示教学理论"

"暗示教学理论"也称"洛扎诺夫教学法"，是保加利亚著名的心理学博士乔治·洛扎诺夫在二十世纪六十至七十年代创立的。暗示教学法是指通过暗示，建立无意识的心理倾向，激发个人心理潜力，创造强烈的学习动机，从而提高记忆力、想象力和创造性解决问题的能力，以充分发展自我的一种教学理论和方法。

洛扎诺夫认为，暗示教学法是一种以教师为暗示源，通过消除和避免所有可能抑制学习（即去暗示）的因素（即抗暗示的因素），在有意识，但大多数是在无意识交流的情况下（即暗示），综合各种促进学习的因素（即暗示的因素），使学生能够获得高水平学习的一种方法。教师的任务之一，是在一种无意识的水平上强化对学生的相互影响。

暗示教学认为，理智和情感、分析和综合、有意识和无意识，是不可分割的，而暗示是环境和个人之间一个经常不息的、不知不觉的交流因素，能产生巨大的"熏陶"作用。所以教学过程要通过暗示建立无意识的心理倾向，创造强烈的学习动机，开发潜力，提高记忆力、想象力和创造性地解决问题的能力，以充分发展自我。

2. 由暗示教学理论到数学无痕教育理论

苏霍姆林斯基曾经说过："造成教育青少年困难的最重要原因，在于把教育目的在学生面前以赤裸裸的形式进行。""把教育目的隐藏起来，是教育艺术十分重要的因素之一。"从数学无痕概念的内涵来理解，正是指"把教育意图与目的隐蔽起来，通过间接、暗示或迂回的方式，给学生以教育的一种教育方式"。为了更好地推行数学无痕教育，借鉴"暗示教学理论"，通过暗示、迂回的方法来消解学生的心理障碍，创造强烈的学习动机，以达到提高学习效率、提升教学效果的目的。

无论是数学无痕教育，还是暗示教学理论，教师扮演的角色是很重要的。正是教师能够通过营造友好的学习气氛，隐藏教学意图，淡化教育痕迹，通过运用所设计的消除学习障碍和激活新的学习潜能和储备的技术来从有意识和无意识的层面上影响学生，才能实现春风化雨、润物无声的教学效果。

3. 暗示教学理论对实施数学无痕教育策略的启示

数学无痕教育的实施策略，主要从以下几个方面入手，包括：不知不觉中开始，不露痕迹中理解，潜移默化中掌握，春风化雨中提升。那么，在具体的实施过程中，暗示教学理论对无痕教育的实施可以有哪些启示呢？

（1）由环境暗示到不知不觉中开始

让学生在不知不觉中开始学习，是无痕教育追寻的基本境界。暗示教学理论认为：暗示是个人和环境之间一个经常性的交流因素，倘若能达到"人—环境"之间的"共振"，人与环境间的不断交流，就能达到最为和谐的境界。我们生活在一个充满暗示的环境中，许多活动从本质上说都是人们无意识地对外界环境的各种暗示所做出的反应。洛扎偌夫说："我们是被我们生活的环境教学和教育的，也是为了它才受教学和教育的。"教学中的环境暗示，就是指通过营造某种情境、氛围来感染学生，使学生在潜意识的作用下不知不觉地投入学习，主动地参与活动，使学生在无对抗的状态下，乐意、顺利地接受环境的暗示信息，从而达到教育的目的。

很多时候，教师根据教学内容，遵循学生的心理特点，有意识地、巧妙地创设各种各样、生动具体的情境，在现实生活与数学学习、具体问题与抽象问题之间架设桥梁，让学生在不知不觉中激活了生活经验，在不知不觉中激发了对新知的欲望，从而顺理成章地在不知不觉中开始了知识的旅程。

（2）由活动暗示到潜移默化中理解

活动暗示是指通过有目的、有计划地组织不同内容和形式的活动，将教师的意图渗透其中，使学生受到暗示，从而达到预期效果。学生在活动时，往往处于最自然的心理状态，个性特点和行为习惯能够充分地显露出来。此时针对学生的实际情况进行暗示，有利于学生形成主动学习的心理倾向，促成兴趣、态度、能力三者之间的良性循环。

《义务教育数学课程标准（2011年版）》中也指出：教师应激发学生的学习积极性，向学生提供充分从事数学活动的机会，帮助他们在自主探索和合作交流的过程中真正理解和掌握基本的数学知识与技能，数学思想与方法，获得广泛的数学活动经验。由于小学生的认知水平还属于皮亚杰的"具体运算思维"阶段，其感知觉、观察力和记忆均处于初步发展水平，学习动机和兴趣还很不稳定，因此教师需要借助形象直观的活动暗示，充分利用新旧知识之间的相互作用，以顺应儿童的学习心理，让儿童在动手操作、合作交流中不露痕迹地获得理解。

（3）由语言暗示到循序渐进中掌握

言语的传声传情、灵活生动等特性使其成为教学中不可替代的教学手段，言语的暗示旨在启发学生思维，巧妙的暗示性言语蕴含着启发性与含蓄性的智慧，它因情境而灵活变通，因表达而含蓄智慧，从而留给学生更多独立思考的时间与空间。在数学课堂教学中，暗示性教学言语的恰当运用能使教学达到"言有尽而意无穷"的艺术境界，能让学生在潜移默化中掌握所学知识。教师要善于运用教学言语引导学生思考，灵活含蓄的言语表达不仅蕴含着教师的智慧，而且更有利于引导学生思考。

数学无痕教育追求让学生在积极主动与潜移默化中获得知识，形成能力，在淡墨无痕和春风化雨中发展思想、培养精神；暗示教学理论则提倡在轻松愉悦的学习氛围中达到有意识与潜意识的统一，在消除学生旧暗示中立新暗示，充分调动学生的无意识心理活动，不断促进学生的生理潜力和心理潜力的发展，从而提高学生的记忆力、想象力、辩证思维能力，以及创造性地解决问题的能力，使学生的潜力得到充分发展。两者之间有着非常多的共通之处，通过学习研究"暗示教学理论"，能为我们正在进行的"数学无痕教育的实践研究"带来很多积极的启示，提供更多的理论支撑，从而更好地促进数学无痕教育课题的开展。

（三）武侠小说与无痕教育

有人说："有华人的地方就有武侠。"还有人说："每个男人的心中都有着一个武侠梦。"

生于二十世纪六七十年代的我们，对武侠小说怀揣着一种难以言表又近乎疯狂的迷恋之情，若真要细数看过的武侠小说，究竟有多少本，连我们自己也数不清楚。作为教育追梦人和武侠痴迷者的我们，常常从那些玄妙入神、移星换斗的武功描述中不由自主地联想到教育的境界和追求。

道家亦有言："天下万物生于有，有生于无。""圣人处无为之事，行不言之教。""为无为，则无不为。""无"是中国哲学中一个比较有意思的现象，是所能达到最高和最理想的境界。其实，事物发展到一定境界，其本质都是相通的。由武侠小说中"无"的境界使我联想到教育的至高境界——无痕。下面，以新派武侠小说三大家金庸、古龙和梁羽生的作品为例，浅谈武侠小说对无痕教育的启示。

1. 无剑之境

剑，是武侠小说中最常见的武器之一。武器的好坏常常影响了武术水平的发挥，甚至决定武打结果的胜负，因此，习武者十分重视对武器的选择。

武侠小说泰斗金庸先生在《神雕侠侣》中描绘了剑的五重境界。杨过来到独孤求败的剑冢，见识了一代宗师的几把宝剑，请看原文描述：

杨过提起右首第一柄剑，只见剑下的石上刻有两行小字："凌厉刚猛，无坚不摧，弱冠前以之与河朔群雄争锋。"

再看那剑时，长约四尺，青光闪闪，的是利器。他将剑放回原处，见石片下的青石上也刻有两行小字："紫薇软剑，三十岁前所用，误伤义士不祥，乃弃之深谷。"

杨过心想："这里少了一把剑，原来是给他抛弃了，不知如何误伤义士，这故事多半永远无人知晓了。"出了一会儿神，再伸手去拿第二柄剑，只提起数尺，呛啷一声，竟然脱手掉下，在石上一碰，火花四溅，不禁吓了一跳。原来那剑黑黝黝的毫无异状，却是沉重之极，三尺多长的一把剑，重量竟自不下七八十斤，比之战阵上最沉重的金刀大戟犹重数倍。

看剑下的石刻时，见两行小字道："重剑无锋，大巧不工。四十岁前恃之横行天下。"

过了良久，才放下重剑，去取第三柄剑，这一次又上了个当。他只道这剑定然犹重前剑，因此提剑时力运左臂。哪知拿在手里却轻飘飘的浑似无物，凝神一看，原来是柄木剑，年深日久，剑身剑柄均已腐朽，但见剑下的石刻道："四十岁后，不滞于物，草木竹石均可为剑。自此精修，渐进于无剑胜有剑之境。"

细细揣摩独孤求败刻在石头上的四句话，其实描绘了宝剑的五重境界：利剑，软剑，重剑，木剑，最后达到"无剑"之境，读来让人不禁产生"虽不能至，心向往之"的感慨。

无独有偶，另一位武侠小说大家古龙先生说过："兵器只是肢体的延伸，所以任何武术艺术，刀剑枪棒琴棋书画拳法掌力，到了一定境界，都是相通的。"古龙在《萧十一郎》中提到："如果练到最高境界，已非飞花摘叶，而是传说中的以气驭剑。"而在《陆小凤》中，枯竹问一代剑圣西门吹雪的剑在哪里时，西门吹雪回答："到处都在。"因为"他的剑已与人融为一体，天地万物，都是他的剑"。古龙还曾著有系列中篇武侠小说《七种武器》，列举了武林中最厉害的七种武器：长生剑、孔雀翎、碧玉刀、霸王枪、多情环、离别钩、拳头。令读者没有想到的是：最厉害的武器竟然是拳头！拳头展开来还有武器吗？看到这里，我们恍然大悟，原来最厉害的武器是没有武器。

这令人不由想起电影《英雄》中秦始皇说过剑有三重境界："第一重境界，手中有剑，心中亦有剑""第二重境界，手中无剑，心中有剑""第三重境界，手中无剑，心中亦无剑"。

由此，我们不禁联想到教育的工具与手段，好像也是这样。刚开始站上讲台之时，我们借助先进的教学设备，借助让人眼花缭乱的教具来教育孩子，有点像是用"利剑""软剑"来演练功夫，看上去精美华丽，其实只是浮于表面。慢慢地，我们开始明白自己的底蕴很是重要，大智慧实际上并不是我们平时所理解的纷繁复杂的教具和设备，只要真正的教育水平上升到一定的水准，自然就不用什么技巧了，教育也大巧不工起来了，终于到达"重剑"的境界。此时各种教具和设备应用自如，娴熟不已，学生学得扎实有效。这已经是很高的境界了，已经很难掌握了。在此基础上，教育也渐渐"不滞于物"了，一草一木、一事一物都是教育，可谓"木剑"境界。最后，终于明白教育的至高境界是"无痕"，一种只可意会的境界，一种用最简单的方法而达到的理想境界，不拘泥于物，信手拈来，自然朴素，如同春风化雨，润物无声。

2. 无招之意

如果说宝剑是工具和手段，那么剑招乃是方法和技术。最高明的招术是怎样的？无招胜有招！

"无招胜有招"是武侠大师金庸汲取了中国道家哲学思想首先创出的一个武学理念。

在《倚天屠龙记》中，张三丰教张无忌太极剑时，有如下的描述：

张三丰一路剑法使完，竟无一人喝彩，各人尽皆诧异："这等慢吞吞、软绵绵的剑法如何能用来对敌过招？"

只听张三丰问道："孩儿，你看清楚了没有？"张无忌道："看清楚了。"张三丰道："都记得了没有？"张无忌道："已忘记了一小半。"张三丰道："好，那也难为了你。你自己去想想罢。"张无忌低头默想。过了一会，张三丰问道："现下怎样了？"

张无忌道："已忘记了一大半。"

张三丰微笑道："好，我再使一遍。"提剑出招，演将起来。众人只看了数招，心下大奇，原来第二次所使，和第一次使的竟然没一招相同。张三丰画剑成圈，问道："孩儿，怎样啦？"张无忌道："还有三招没忘记。"张三丰点点头，收剑归座。

张无忌在殿上缓缓踱了一个圈子，沉思半晌，又缓缓踱了半个圈子，抬起头来，满脸喜色，叫道："这我可全忘了，忘得干干净净的了。"张三丰道："不坏不坏！忘得真快。"

张三丰之所以敢于当众教剑，当着敌人要张无忌学剑，根本原因即在于他们要传的并非"剑招"，而乃"剑意"。太极剑法的奥妙之处也正在于此，它不以剑招取胜，而以其"圆转不断、节节贯穿"的剑意取胜。张三丰要张无忌将所见到的剑招忘得半点不剩，才能得其精髓，临敌时以意驭剑，千变万化，无穷无尽。倘若尚有一二招剑法忘不干净，心有所囿，剑法便不能犯。这道理看似玄奥，却并非不通。我们不由地想起科学界泰斗爱因斯坦在《论教育》一文中的名言："如果人们已经忘记了他们在学校里所学的一切，那么所留下的就是教育。"

古龙先生也是武侠大家，他笔下人物潇洒飘逸，让人印象深刻，剑法高手达到最高境界，也是无招无术，比如大家都知道的西门吹雪、小李飞刀、上官金虹、叶孤城等。古龙对于这种境界描述最早的，应该是《浣花洗剑录》中紫衣侯评价他师兄的一段：

"我那师兄将剑法全部忘记之后，方自大彻大悟，悟了'剑意'。他竟将心神全都融入到了剑中，以意驭剑，随心所欲。……也正因他剑法不拘囿于一定之招式，是以他人根本不知该如何抵抗。我虽能使遍天下剑法，但我之所得，不过是剑法之形骸；他之所得，却是剑法之灵魂。"

金庸先生在《笑傲江湖》的第十回《传剑》中正式提出了"无招胜有招"的理念，在武侠小说界可谓"石破天惊"。且看华山派宗师风清扬对令狐冲讲的几段话。

风清扬道："你倒也不可妄自菲薄，独孤大侠是绝顶聪明之人，学他的剑法，要旨是在一个'悟'字，决不在死记硬记。等到通晓了这九剑的剑意，则无所施而不可，便是将全部变化尽数忘记，也不相干，临敌之际，更是忘记得越干净彻底，越不受原来剑法的拘束。"

"使这'独孤九剑'，除了精熟剑诀剑术之外，有极大一部分依赖使剑者的领悟，一到自由挥洒、更无规范的境界，使剑者聪明智慧越高，剑法也就越高，每一场比剑，便如是大诗人灵感到来，作出了一首好诗一般。"

风清扬道："活学活使，只是第一步。要做到出手无招，那才真是踏入了高手的境界。如你根本并无招式，敌人如何来破你的招式？"

风清扬道："要切肉，总得有肉可切；要斩柴，总得有柴可斩；敌人要破你剑招，你须得有剑招给人家来破才成。"

风清扬道："一切须当顺其自然。行乎其不得不行，止乎其不得不止。"

令狐冲得风清扬指点后，剑法中有招如无招，存招式之意，而无招式之形。

我们的课堂教学方法，我们的各种教育技术，如何才能达到"无招胜有招"？从以上描述中，我们觉得应该有几点可以学：一是要悟，教育本身是一件大智慧的事，需要教师有很高的悟性，用一颗敏感的教育者的心，从自己平时的教育生活中理解教育。二是重意，"无招"的教育，应该重意不重招，不机械地重复自己以前的方式方法，要灵活生动。正如楚留香所言："招是死的，人是活的，要灵活应变不拘泥。"三是须慢，教育本是一种慢的艺术，难怪有人说："养孩子就像种花，要耐心等待花开。"四是尚简，方法和技术总是难以穷尽的，而"智慧的灵魂是简洁"（莎士比亚语），教育过程中要善于用简洁的方法获得丰富的效果。当你的教育也达到"无招"的境界时，我们相信，肯定也会"便如是大诗人灵感到来，作出了一首好诗一般"酣畅淋漓，行乎其不得不行，止乎其不得不止。

无痕教育，是触及教育之灵魂的教育。我们的课堂，我们的教育，如果也达到"随心所欲"的境界，不拘囿于一定的方法，不就真正达到"无招胜有招"的境界了吗？

3. 无名之实

金庸、古龙、梁羽生是公认的武侠小说三大家，他们笔下的武侠人物浩如烟海，究竟谁的武功最为登峰造极？根据我们的阅读比较，金庸作品中武功最高的应该是无名扫地僧，梁羽生笔下武功第一的则是潇洒不羁的张丹枫，古龙先生写了很多大名鼎鼎的武功高手，而其中功夫最为出众的，应该是无名岛的岛主"小老头"吴明。

我们先来看金庸小说中武功最厉害的无名老僧。一介无名扫地老僧，不知何许年纪，执守藏经阁，默扫尘念。他追求的不是武学的末节，而是人生的大觉悟和佛学的最高境界。七十二绝技和易筋绝学在他直如无物。几十年注视尘俗沧桑，心念只有点化世人。无意身前身后名，却被小辈碌碌排名，只冀一笑置之。一招降萧远山、慕容博，谈笑间伤鸠摩智。而这几人武功与第一英雄萧峰都在伯仲之间！可见其武功之高，实在惊天地，泣鬼神。从这里我们也感受到了金庸的一贯理念：真正的高手是无名的。

这里存在着一个很有意思的现象，像独孤求败和扫地僧，在读者中名气很大，但在作品中，知道的人就寥寥无几。独孤求败则根本就从没出现过，只留剑冢一座，以及豪言一句："纵横江湖三十余载，杀尽仇寇奸人，败尽英雄豪杰，天下更无抗手，无可奈何，惟隐居深谷，以雕为友。呜呼，生平求一敌手而不可得，诚寂寥难堪也。"读之让人热血沸腾，豪气顿生。扫地僧是少林寺藏经阁的一个杂役，连少林寺的方丈都不知道寺中什么时候有过这个人，其他人更是无从知晓，出手只有一次，一来便群豪束手。至于吴明，所住岛也叫无名岛，人也是"无名"（谐音），可说"无"到极致了。

张丹枫是梁羽生笔下最著名的人物，被武林同道尊为"天下第一剑客"。其才调高华，神机妙算，料敌如神。一生所战五十余次，无一败绩。晚年创无名剑法，达到无招境界，在梁羽生小说中是最深奥的剑法。事实上，这剑法虽然在梁羽生作品中境界最高，但名气的确不响，百年来无人学过，无人知道。无名剑法出处在《广陵剑》第一回：

张丹枫告诉云浩，自己正在钻研一种境界极高的上乘剑法，这种剑法既没固定的招式，也不遵循剑法的常规，而是融汇各家、自辟蹊径的。当时云浩问他这套剑法叫什么名字，张丹枫笑道："既无固定的招式，也就不必要非给它定名不可了。你若喜欢，就叫它无名剑法吧。"

《牧野流星》中也有数段对无名剑法的描述：

这"无名剑法"比任何"有名"的剑法，境界都要更高一层。它是要靠学者各自的悟力自创新招的。

最上乘的剑术，不仅在于自己使得好，还要能够调动敌人。一招发出，敌人如何应付的后招，却早已在自己所算之中。

无名剑法不拘一格，顺敌势而应招，看似毫无章法可寻，其实却是有它的独创的章法。

无名剑法以神韵为主，并不拘泥于原来的招数。

　　由此联想到教育之"名"，我们常常发现，当下很多名气很响的"某某教学法""某某数学""某某语文""某某德育""某某课堂"等，让人目不暇接，难以一一理解，而细细思考，却发现大同小异，殊途同归。当然，我们不是反对给行之有效的教学方法命名，而是反对浮于表面的、玩弄词语的概念游戏。因为"真正好的教育不能降低到技术层面，真正好的教育来自于教师的自身认同与自身完善"（帕尔默：《教学勇气》）。因此，在我们看来，最好的教学方法不在于名头，而在于是否顺应儿童身心发展规律，是否体现学科本质，是否遵循教育学和心理学原理，是否"既有营养又好吃"（吴正宪语）。

　　庄子有言："神人无功，至人无己，圣人无名。"是呀！大道至简，真水无香，高手在民间。最厉害的人物、最厉害的武功都是朴素而"无名"的。那最优秀的教育境界呢？我们认为也一定是无迹无痕、顺其自然的。

4. 无形之美

　　古龙作品中多次描述了武功的无形之美，最精彩的出现在《多情剑客无情剑》中李寻欢与上官金虹对决一触即发之际，旁观者天机老人与孙晓红之间的对白：

　　老人道："他们自以为'手中无环，心中有环'，就已到了武学的巅峰，其实还差得远哩！"

　　少女道："差多远？"

　　老人道："至少还差十万八千里。"

　　少女道："要怎么样才真正是武学的巅峰。"

　　老人道："要手中无环，心中也无环，到了环即是我，我即是环时，已差不多了。"

　　少女道："差不多？是不是还差一点？"

　　老人道："还差一点。真正的武学巅峰，是要能妙参造化，到无环无我，环我两忘，那才真的是无所不至，无坚不摧。"

　　说到这里，李寻欢和上官金虹面上也不禁变了颜色。

　　少女道："听了你老人家的话，我倒忽然想起一个故事来了。"

　　老人道："哦？"

　　少女道："禅宗传道时，五祖口念佛偈：'身如菩提树，心如明镜台，时时勤拂拭，不使留尘埃。'这已经是很高深的佛理了。"

　　老人道："这道理正如'环即是我，我即是环'，要练到这一步，已不容易。"

　　少女道："但六祖惠能说得更妙：'菩提本无树，明镜亦非台，本来无一物，何处落尘埃。'所以他才承继了禅宗的道统。"

　　老人道："不错，这才真正是禅宗的妙谛，到了这一步，才真正是仙佛的境界。"

　　少女道："这么说来，武学的真谛，岂非和禅宗一样？"

　　老人道："普天之下，万事万物，到了巅峰时，道理本就全差不多。"

　　这样的描述，让人们对武功的神奇与美妙又多了无穷的遐想与向往。正所谓：大音希声，大象无形，大道至简，至朴无痕。

　　虽然，无形的境界是至高至美的，但其形成过程也是经历了从"有形"到"无形"，从"有痕"到"无痕"的不断修炼和发展。从对工具手段的依赖，到对方法招术的精熟，再到对思想精神的追求，从而达到理想之化境。

　　我们的教育教学，也应该如此。尤其在我们"乱花渐欲迷人眼"时，那些简单的工具、简洁的方法，常常是最有效和最朴素的教育形态，往往也是最本真的教育，才是最美的教育。

　　郑毓信先生说过："数学教师有三个层次，仅仅停留在知识层面的，是教书匠；能够体现数学思维的，是智者；而能进行无形的数学文化熏陶的，则是真正的大师。"

　　教育的迷人之处就在于其是生命体与生命体之间的交流与碰撞，是一段无法复制也无法倒回的生命时光，是一段充满无限可能的生命之旅和智慧之旅。从这个意义上看，教育的艺术有点像无形之水，善利万物，以无有入无间，行不言之教，展无痕之美。

（四）儿童基点　学科视野

　　不可否认，在新的课改背景下，无论追求哪一种形式的教育，采用哪一种教学方法，儿童的发展始终是现代教育真正的核心和根本要义所在。我们所坚守的无痕教育，旨在"把教育意图与目的隐蔽起来，通过间接、暗示或迂回的方式，给学生以教育的一种教育方式"。我们所追求的无痕教育，其目标指向是"为学生的数学学习服务"，其内涵特征首先就是定位于"儿童基点，学科视野"。

首先，从对教材的处理方式来说，坚持"尊重、理解和创生"的整合思路。

从某种意义上看，数学教学就是把"学术形态的数学"转化为"教育形态的数学"，而这种转化过程的核心环节是对教材的处理。如何合理地使用教材，有效地整合学生的学习资源？记得《教育评论》主编钟建林先生曾经说过这样的话："凡是听过徐斌数学课的老师，不难发现徐老师的课一般有百分之八十是完全来源于教材的，而其余百分之二十则是他依据学生的实际情况稍加改编而成的。但是，这百分之八十，恰恰是体现了他对教材的深刻解读，抓住了本质和核心的东西；而这百分之二十，又恰恰体现了他对教材的创造，这种创造细小、平实，却透着教师独特的教育智慧。"那么，在尊重教材的前提之下，又如何体现教师对教材的真正理解与把握和创生呢？不妨观察下面的教学片断。

【案例】"除法"单元《复习》的第6题（苏教版课程标准实验教材三年级上册）。

$$84÷2÷2 \qquad 78÷3÷2 \qquad 96÷2÷4$$
$$84÷4 \qquad 78÷6 \qquad 96÷8$$

教材的编排意图是让学生在对比中感悟连除与除以两数积的异同点。教师在实际教学过程中是这样处理的：

师：我们先来计算第一组题，算出答案后再观察、比较，看看会有什么新的发现。

生：这两题的商一样。

师：仔细比较这两题还有哪些地方相同呢？

生1：这两题的被除数也一样。

生2：这两题都是除法运算。

师：联系上下两个除法算式，被除数相同，第一题是经过两次除法运算，而第二题只经过一次除法运算，商相同。由此，你有什么大胆的猜想吗？

生1：我想到了上面一题的两个除数2加起来正好是下面一题的除数4。

生2：我看上面两个除数乘起来也是下面一题的除数。

师：第一组题中连接两个除数的加法或乘法运算都能得出下面一题的除数，这两种猜想是不是都适合其他类似的除法算式呢？我们再来计算后面两组除法运算，验证一下这两位同学的猜想吧！

学生经过验证很顺利地掌握了连除的运算规律。

从以上教学片断可以发现，看似简单的除法运算规律练习题，老师却能从教材提供的数据中拓展出学生猜想与验证的空间，拉开学生探究、领悟运算规律的训练层次，从而用活了教材安排的这三组看似平常的运算规律练习题。

其次，从对教学内容的整体把握看，实施"不知不觉中开始"的无痕策略。

杜威在论述什么是教育时指出："一切教育都是通过个人参与人类的社会意识而进行的。这个过程几乎是在出生时就在无意识中开始了。""由于这种不知不觉的教育，个人便渐渐分享人类曾经积累下来的智慧和道德的财富。"老师应该在学生不知不觉中开始新课教学，让学生在自然、和谐的学习氛围中获得真实、有效的学习技能和学习体验。

【案例】教学二年级《确定位置》一课时，我设计了一个找座位的游戏，请学生根据老师发的座位卡片找座位，看看哪些同学能正确、快速地找到自己的座位。表面上看，这样的座位卡只要学生按部就班地找，就不存在问题。但是，老师精心设计了三张与众不同的位置卡号，提供思维之"源"，引起学生的认知冲突，为新课"确定位置"埋下了伏笔。

师：小朋友先别忙着坐下，今天这一节课我们要重新排一下座位，好吗？看一看你们能不能找到新的座位。请你们按卡片上的座号去找新的座位，如果有小朋友找不到可以找同学或者老师帮忙。

（学生边动脑筋，边找座位，活动非常有序。）

（当学生找到了新的座位坐下后，发现教室里面还站着3个小朋友，他们没有找到自己的座位，其他学生感到特别奇怪，边看着自己手里的卡片边窃窃私语，教师就此组织学生展开共同讨论。）

师：我们一起来看一看，他们怎么会找不到自己的位置呢？看看他们的纸上写了什么呀？（1）第　组第3个；（2）第4组第　个；（3）第　组第　个。

师：我们看一下教室里还有几个座位没有人坐？谁来帮助他们找到位置？

（教师组织学生按教室里的空位和纸条上的字确定他们的座位。）

师：看来，要确定我们小朋友的座位，先要确定第几组，再确定第几组的第几个，这样就能正确地找到自己的座位了，刚才的这个过程就是确定位置的过程。

在上述教学片断中，看似简单的开课设计，体现了老师设计的精心和巧妙。充分利用学生已有的知识基础和现实起点，对于"第几组第几个"的教学，完全放手让学生自主探索来完成。实践证明，学生完全有能力达到这一目标，并且学得相当主动、积极。课刚开始，教师与小朋友进行交谈、分发纸条的过程，一方面能与学生建立起良好的师生关系；另一方面也将本课所要学习的第几组与学生进行了交代，统一了组别。学生在寻找新座位时，并不感到困难，正是在这个过程中，教师将学生已有的知识经验和生活经验充分调动了起来，他们能够运用已有的知识储备和经验基础，在不经意间化解了学习要点，顺利完成了学习任务。这一创造性的设计体现了老师的独具匠心，看似简单，实则充满创意。

老师应该整体把握数学教学内容：精彩的童话故事，亲切的师生对话，充满挑战的游戏活动……基于学生的认知起点，创设有效情景，采用学生喜闻乐见的方法巧妙链接旧知与新知，鼓励学生自主探究，先易后难，逐层递进，引导学生向思维的深度进发，不知不觉中开启学生愉快的数学思维之旅。

最后，从对教学方式的选择看，采用小步子、低起点、融思想的方法。

无痕教育理念观照下的数学课堂应该充满童趣，老师应该善于把孩子带进数学乐园，给他们提供足够的探究活动的时间和空间，让他们观察、发现、交流、分享，让他们的数学思维得以发展和提升。其成功的秘诀是采用小步子、低起点、融思想的方法。

【案例】二年级《认识乘法》一课的开始，老师出示了教材上的情景图，要求学生观察一共有几台电脑。有的学生一个一个数，发现有8个；有的学生2个2个数，也得到了8个；还有的学生用2＋2＋2＋2来计算，同样得到8个。教师随即告诉学生，求4个2相加是多少，还可以用一种新的运算方法——乘法。

接着通过组织学生自学课本，学生认识了乘法各部分的名称。然后用电脑出示8个2，教师要求学生求出现在电脑室里一共有多少台电脑，学生中出现了加法列式和乘法列式两种方法。教师没有特别指出一定要用乘法列式。

紧接着电脑图变成了100个2，教师问学生："现在有几个2？用加法怎样列式？"学生刚开始还兴致十足地说着：可以用2＋2＋2＋2……但说着说着，很多学生停了下来，他们发现要写很长时间，算式太长了，黑板不够写了……有的学生终于想到此时应该用乘法100×2或者2×100就快多了。是呀，倘若教师直接给予引导，给予方法，给予策略，学生此时的感悟不会那么深刻："太麻烦了""写不下了""黑板太短了""应该用乘法计算简单"。老师采用小步子、低起点、融思想，通过创设对比强烈的具体情境，让学生实际列式数一数、写一写，从而帮助学生真正掌握乘法的本质——求几个相同加数的和可以用乘法计算，乘法是加法的简便计算。

苏霍姆林斯基曾经说过："教师的个性在如何塑造着学生的个性。一个精神丰富、道德高尚的教师，才能尊重和陶冶自己学生的个性，而一个无任何个性特色的教师，他培养的学生也不会有任何特色。"可见，课堂教学艺术日臻成熟的老师需多方面的历练：教态亲切自然，教学语言娓娓动听，绘声绘色的讲解引人入胜，能紧紧抓住孩子的童心。秉持着儿童的天性，站在学科教学的新高度，让数学变得"好玩""好看""有趣"起来。并且，通过教师的教育智慧，把作为科学的数学转化为作为学科的数学，把作为文本的数学转化为作为过程的数学，从而把"学术形态的数学"转化为"教育形态的数学"，把"冰冷的美丽"转化为"火热的思考"，引导学生在无痕中学习数学和发展能力，进而获得丰富的情智体验。

（五）不着痕迹 潜移默化

近年来，我们对计算教学有过专门研究：《人民教育》2006年第13～14期刊登了我长达一万多字的《"数的运算"备课解读与难点透视》一文。2010年《江苏教育》第1期，刊登了由我领衔的一组关于口算教学的专栏文章——《不能再下降的口算能力》。最近，《数学教育学报》上刊登了我的深度调查报告《新入学儿童加减法口算能力调查分析》。诸多深入的思考引起了一线数学教师的广泛关注。我们认为，在无痕教育理念的观照下，计算教学中应该追求这样的艺术境界——"不着痕迹，潜移默化"。

1997年，我就进行过小学生基本口算能力现状的调查，对10以内的加减法和20以内的进位加与退位减法、表内乘除法进行了全面的摸底调查。同时，我们还把表内乘、除法162道口算题编制成四份表内乘除法口算测试题，对全校二年级学生进行了三次测试，对学生在口算中出现的错题分布情况进行了微格研究。

1998 年，我对"采用数形结合，提高学生分数乘除法计算能力"进行了专门的课题实验研究，提出了采用形象思维提高学生计算能力的诸多策略。

时隔十年，我又在苏州工业园区第二实验小学对 2007 年及 2008 年秋季入学的一年级近千名儿童，进行了"20 以内加减法基本口算能力"的情况调查。

我进行过三轮一至六年级的完整大循环教学，多次对全校一至六年级学生进行过口算能力的普查。一份份计算教学调研报告、一篇篇研究论文相继在各级报纸杂志发表……循着时间的线索，可以发现我们对计算教学有着不一般的"情结"。如此深刻细致的研究，带给数学课堂怎样的变化呢？不妨以我执教的二年级《一位数乘以两位数》为例，感受一下对传统的计算教学我是如何静悄悄地进行着"革命"的。

首先出示情景图——两只猴子摘桃，每只猴子都摘了 14 个。让学生提出问题：一共摘了多少个桃？并列出乘法算式 2×14。

接着，让学生独立思考，自主探索计算方法。有的学生看图知道了得数，有的学生用加法算出了得数，有的学生用小棒操作摆出了得数，也有少数学生用乘法算出了得数等。

然后，组织学生交流汇报自己的计算方法。老师在分别肯定与评价的同时，结合学生的汇报，板书了这样的竖式（如下图左所示），同时，老师结合讲解，分别演示教具、学具操作过程，又结合图片进行数形对应。

最后，老师引导学生观察这种初始竖式（如下图左所示），通过讲解让学生掌握简化竖式的写法（如下图右所示），再让学生运用简化竖式进行计算练习。

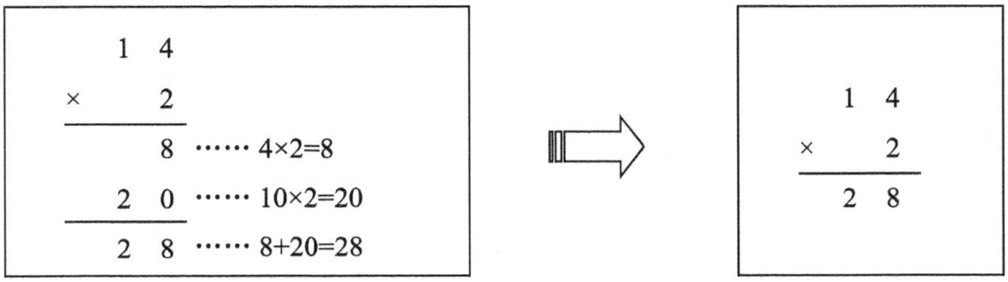

$$
\begin{array}{r}
1\ 4 \\
\times\quad 2 \\
\hline
8 \quad \cdots\cdots 4\times2=8 \\
2\ 0 \quad \cdots\cdots 10\times2=20 \\
\hline
2\ 8 \quad \cdots\cdots 8+20=28
\end{array}
\qquad\Longrightarrow\qquad
\begin{array}{r}
1\ 4 \\
\times\quad 2 \\
\hline
2\ 8
\end{array}
$$

不要小看这个教学片断，老师却着实动了一番脑筋。因为它反映了现在计算教学中的一对基本矛盾——算理直观与算法抽象。在教具演示、学具操作、图片对照等直观刺激下，学生通过数形结合的方式，对算理的理解可谓十分清晰。但好景不长，当学生还流连在直观形象的算理中时，马上就要面对十分抽象的算法，接下去的计算都是直接运用抽象的简化算法进行计算的。

由此，我们认为计算教学要遵循学生的心理特点，需要潜移默化地引导，即在算理直观与算法抽象之间架设一座桥梁，让学生在充分体验中逐步完成动作思维→形象思维→抽象思维之间的发展过程。上述教学流程中，在学生探究出竖式计算的原始算法后，教师没有直接引导出简便写法，而是让学生利用探究出的方法去解决问题。教学时，让学生用橡皮分别擦去不需要写的"0"和重复的数字，这一方法看上去有些"笨拙"，但却能给学生留下十分鲜明而深刻的印象，十分符合低年级学生的心理特点。这种对算法算理不着痕迹的教学，收到了很好的教学效果。

其实，新课改实施后，我们对容易被大家忽视的计算教学一直默默关注着。通过专题调研发现了计算教学的四大矛盾：情境创设与复习铺垫、算理直观与算法抽象、算法多样与算法优化、解决问题与技能形成。如何应对这些突出的现实性问题？我们结合日常的课堂教学，不断探索着新的路径。

一次，我执教一年级的《9加几》，板书算式 9＋4 后，要求学生自己先思考，再和同桌说说自己是怎么想的。有的学生说是数着算的；有的说是先拿了 1 个放到盒子里，外面还有 3 个就是 13 个；有的说先想 10 加 4 得 14，再减去 1 就是 13。教师根据学生的回答，逐步对应着板书，如下图所示：

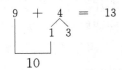

教师追问学生："为什么从 4 里面先拿 1 个放盒子里？"学生发现了这样就可以放满盒子，一盒 10 个。那么"口算时先算什么？再算什么？"学生不约而同地说："先算 9 加 1 得 10，再算 10 加 3 得 13。"

该片断的教学，或许我们都心存疑问：为什么在学生出示不同的算法后，教师不比较算法的优劣，只是在演示和板书时对其中的一种凑十法进行了不露痕迹的关注？

原因很简单。我们认为，交流算法的过程，对个体来说是思维条理化的过程，是运用数学语言叙述思路的过程；对群体来说，则是分享别人思维成果的过程，也是学习他人经验、进一步理解算理的过程。组织全班交流，可以体现算法多样化思想，提倡运用不同的方法计算，使每个学生都获得成功体验。可见，这样的计算教学，顺应了儿童的认知心理，让他们不经意间就掌握了凑十法的诀窍。

值得指出的是，我们通过对计算教学的多次调研，获得了大量第一手真实的数据，拓宽了教学视野。我们找到了小学生计算出现问题的关键是口算能力下降，而口算出错有七大心理障碍。为了有效地进行口算教学，建议教师要强化首次感知、防止定势干扰、加强记忆训练、加强学生有意注意的培养等。同时，经过观察和访谈，我们发现学前阶段儿童的加减法计算，大多是家长和幼儿园老师教会的。而不同水平层次的家长对儿童加减法的口算教学所采用的方法各不相同，有的是死记硬背，有的是纯粹数数，还有的完全依赖实物。而且，大多家长在教孩子口算时，单纯地停留在机械计算层面上，很少从加减法的含义方面来帮助学生获得实质理解，学生只是处于模仿、重复和记忆之中。这样的提前教学，表面上看，不少学生似乎能计算不少口算题，但实质并不利于学生形成对数学的本质了解，也阻碍了学生正常的思维发展。因此，建议家长不要过多地教孩子机械和单一的计算，而要重在培养孩子对数学的浓厚兴趣。同时，我们认为小学和幼儿园之间要多进行幼小衔接方面的沟通，更有利于儿童科学、高效地学习数学。

"把教育意图隐蔽起来，是教育艺术十分重要的因素之一。"今天，走进平常性的计算课堂，我们会看到游戏、故事、摆小棒等操作背后承载的数学思考，我们会发现计算教学设计的精妙之处——融进儿童学习心理，站在学生的心理起点和认知起点组织教学。我们始终认为："计算教学既需要让学生在直观中理解算理，也需要让学生掌握抽象的法则，更需要让学生充分体验由算理直观化到算法抽象性之间的过渡和演变过程，从而达到对算理的深层理解和对算法的切实把握。"

因为贴近，所以吸引孩子。而这种不着痕迹的渗透和潜移默化的引导，正是有效的计算教学不可或缺的法宝！

（六）巧妙点拨 相机孕伏

新课改实施后，"解决问题的策略"成了一线教师最感头痛的教学内容之一。究其原因，一方面，由于课改前教师对于"应用题"教学的"心理阴影"——应用题教学内容多，类型繁杂，训练单调枯燥，学生不感兴趣；另一方面，苏教版课程标准数学教材从三年级开始，每一册都编排了"解决问题的策略"单元，相对集中地介绍了从条件想起、从问题想起、列表、画图、转化、替换、灵活选择策略等解决问题的基本策略。由于内容分散在几个学期，看似简单，但事实上缺少系统的例题教学，似乎又影响了学生的解题迁移能力，教师强调了策略多样化，有时却降低了课堂教学效率……因此，我们认为，在解决问题策略过程中实施无痕教育，一方面能潜移默化地培养学生的各项解题策略；另一方面也能有序发展学生的多种思维能力。

为了解开《解决问题的策略》教学的密码，我们有了一个大胆的想法，把小学阶段每一册教材中有关解决问题的策略都拿来作逐一研究。

2004 年，当新教材中刚刚编入"解决问题的策略"内容时，我就执教了四年级上册《解决问题的策略——列表》一课。创设了某商场的商品降价信息，在媒体播放的同时，出示了教材情境图，学生很快便找到了图上有三个已知条件：小明买了 3 本，用了 18 元；小华买 5 本；小军用了 42 元。老师要求他们根据所求的问题（以"小华用了多少元"为例），把需要的条件摘录下来。学生跃跃欲试，呈现了多种方法。

生1：（摘录条件）　　　小明：买了 3 本　用了 18 元

　　　　　　　　　　　　　小华：买了 5 本　　　　? 元

生2：（画方框图，如下图所示）

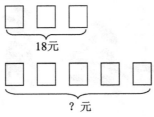

生 3：（画线段图，如下图所示）

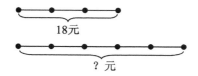

教师肯定学生摘录条件和画的图非常清楚。

生 4：（列表，见下图左所示）

教学反馈时，老师不急着表态采取哪一种方法更好，而是让学生通过交流、观察、比较，然后自然出示表格（如下图右所示）。

小华	小华买了 5 本	用去 ? 元
小明	小明买了 3 本	用去 18 元

小明	3 本	18 元
小华	5 本	? 元

接着，在尝试完成第一、二个问题后，教师引导学生继续观察，并用电脑演示合并过程（如下图左所示），再通过比较和引导渐次出现右面的箭头图（如下图右所示）。

小明	3 本	18 元
小华	5 本	（　）元
小军	（　）本	42 元

⇨

3 本 ⟶ 18 元
5 本 ⟶ （　）元
（　）本 ⟶ 42 元

由此，我们不难发现老师的用心所在：当课堂上出现摘录条件、画方框图、画线段图、列表等解决问题的多种策略后，教者在不经意间调整着自己的思维方向，巧妙点拨，注重引导学生观察、比较，同中求异，使学生初步感受到可以用多种方法整理信息，更充分体验列表作为策略的价值所在，真正体现了教学无痕，精彩有痕！

教学实践表明，一线教师最大的困惑是如何把握"解决问题的策略"的教学目标。对此，我们通过研究，亮出了自己的观点：素材服务于策略需要、经历策略的形成过程、体验策略的价值、提升学生的数学思想。

教学"解决问题的策略"这一内容时，首要的目标不是解决问题本身，不是解决问题的具体方法，也不是解决问题的类型，而是透过学习素材本身并通过解决问题的过程所形成的相关策略。换句话说，教学时应该适时点拨，相机孕伏。

例如，执教六年级上册《解决问题的策略——替换》一课时，通过解读教材，老师对学习过程做了精心设计。首先出示教材例题：

"小明把 720 毫升果汁倒入 6 个小杯和 1 个大杯，正好都倒满。小杯的容量是大杯的 1/3。小杯和大杯的容量各是多少毫升？"

学生动手实践、自主探究、合作交流，初步建立了替换策略的解题模型。

然后出示教者设计的变式题：

"小明把 720 毫升果汁倒入 6 个小杯和 1 个大杯，正好都倒满。大杯的容量比小杯多 20 毫升。小杯和大杯的容量各是多少毫升？"

例题教学时，教师没有任由学生运用多种方法（列方程、假设法等）解决问题，而是直接提出"如何运用替换的策略解题？"通过自主探索→回顾反思→变式训练→对比概括等环节，组织学生开展画图、叙说、推想、验证、比较、概括等丰富多样的数学活动，完整地经历了"替换"策略的形成过程。当学生经历了两种类型的替换之后，组织学生观察板书，进行比较（如下图所示）：

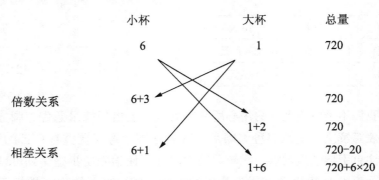

清晰的板书，有序的结构，学生自然顿悟：倍数关系替换的结果总量不变，而相差关系替换的结果总量变了；倍数关系替换时，杯子的总数变了，而相差关系替换时，杯子的总数不变。这样的深究性学习，有利于学生对替换策略的认知水平达到精加工状态，有利于学生对替换策略的数学化和模型化，从而形成对替换策略的本质理解。

那么，在日常的数学课堂中，如何帮助学生进一步积累解决问题的经验，增强解决问题的策略意识，更好地解决实际生活中的问题呢？除了对新课导入与学习过程细心研究外，对练习设计也颇为讲究。

例如，在执教五年级上册《用——列举的策略解决问题》时，课始设计了"飞镖游戏"，蕴含了"列举"与"一一列举"的雏形。

课尾，老师重新出示飞镖靶纸：投中内圈得 10 环，中圈得 8 环，外圈得 6 环，问题是——小华投中两次，可能得到多少环？要求学生自己想办法，独立完成。

学生有的得到 6 种情况，还有的认为是 5 种。教师没有评价哪一种正确，而是让学生一一列举出来：6＋6＝12 环、6＋8＝14 环、6＋10＝16 环、10＋8＝18 环、8＋8＝16 环、10＋10＝20 环。答案很清晰，一共有 5 种情况（两个都是 16 环的算同一种环数）。

"可见，从环数的角度，可能得到 5 种不同的环数。题目中原来是'投中'两次，如果老师把题目改一改，把投中的'中'改成'了'，所得环数情况还跟刚才一样吗？"老师继续追问。

"不一样""要复杂多了"学生自信地回答着。"如果大家感兴趣，可以参照刚才的策略一一列举出来，然后互相交流一下，好吗？"……可见，思考过程本身，恰是比结论更重要的。飞镖问题的变式，即把题目中的"投中两次"改为"投了两次"，更是需要学生细心审题，严密思考。该课的教学，一方面做到了首尾呼应；另一方面，适当的拓展延伸是新课学习的必然需要，是认知结构逐步形成后的外化过程，更是对学生是否熟练运用一一列举的策略解决相关实际问题的重要考量。

值得一提的是，我们通过近年来的课堂实践研究，在积累大量典型案例的基础上，提出了解决问题教学中应注意的几个要点：首先，要重视四则运算意义的教学，不能把应用问题与四则运算意义教学割裂开来。因此，每一次解读"解决问题的策略"文本时，都要从心理学的角度深入思考，不仅能加强四则运算意义的教学，而且还能巧妙渗透各种数学思想方法。其次，应该从生活实际出发培养学生的应用意识。亲历数学学习过程、渗透数学思想方法是现代课堂不可或缺的追求，应该让学生经历"问题情境——建立模型——解释、应用与拓展"的过程。从数学现实出发，在学生熟悉的、有趣的问题情境中让学生发现或提出数学问题，从而引发学生的学习动机和解决问题的积极心向，然后运用数学的语言、符号和思想、方法建立数学模型，形成新的技能，再运用这种技能去解决相关数学问题和生活问题。此外，还应坚持在数形结合中发挥多种思维的合力，适当教给学生一些解决问题的策略，帮助学生把解决问题的一些具体经验上升为数学思考，形成解决问题的策略，进一步提高解决问题的能力。

可见"解决问题策略"教学的首要目标是选择服务于策略的相关素材，重要目标是让学生经历策略的形成过程，核心目标是不断体验作为策略的价值，而长远目标则是提升学生的数学思想。

（七）进退之间 运筹帷幄

古语《学记》中说："故君子之教，喻也。道而弗牵，强而弗抑，开而弗达。""教学艺术的本质不在于传授，而在于激励、唤醒和鼓舞。"德国教育家第斯多惠如此说。一直以来，我们认为：数学课堂教学需讲究一定的艺术，尤其在学生的学习过程中，要处理好"进"与"退"之间的逻辑关系。"退"是"进"的准备和基础，"进"是"退"的发展与提升。"进""退"之间体现的是一种行云流水般的从容节奏，是数学教学艺术的一种无痕状态。因此，老师在处理课堂教学重点与难点时，应力求做到进退自如，从容驾驭。我们不妨从下面几个案例来一一解读。

例如，在教学《用一一列举的策略解决问题》一课时，老师先请学生回忆学过哪些解决问题的策略。随着学生的回答，教师板书了"画图、列表"，并趁机告诉学生：其实从一年级开始，我们就开始学习解决问题的策略了。比如说，在认数和认图形的时候，动手摆一摆学具，即动手操作，其实也是一种策略。

接着，教师出示了日常生活中学生经常玩的飞镖游戏（出示了飞镖的靶纸，正中是 10 环，中圈是 8 环，外圈是 6 环），要求学生思考，如果让全班每人都来投一镖，有可能得多少环？学生自然发现有可能是 10 环、8 环、6 环。是否还有其他的可能呢？有的学生说可能连靶子都没有射上，那就是 0 环。教师启发说：这些都是可能的结果，现在我们把它们都列举出来了。列举其实就是一种策略，那么，刚才用列举策略有什么好处呢？学生说：应该要知道它一共有多少种可能。教师相机告诉学生今天就来学习——列举的策略。

"其实一一列举也不是什么新的策略。比如说，四年级时，学习找规律（出示找规律例题）——两顶不同的帽子，要配到三个不同的木偶娃娃上面去，求有多少种不同的搭配方法。我们把每一种搭配方法也都一一列举出来。""还有，这学期认识小数的时候，就有这样一道题（出示练习题）——用1、2、3三个数字和小数点来组成不同的两位小数，我们也是一一列举出来。今天这堂课，我们继续应用一一列举的策略来解决一些实际问题。"随着教师不疾不徐地讲解，学生似有所悟，新知就此展开。

从该片断的教学，不难看到，老师将新知的学习，退到了学生的已有经验。课始让学生回顾以前学过的解决问题的有关策略（操作、画图、列表等），拨动学生脑海里有关解决问题策略的心弦，为新知学习做好心理铺垫。飞镖游戏和"搭配规律""组合不同小数"的呈现，从学生的游戏生活和数学学习经历出发，蕴含了从"列举"到"一一列举"的策略雏形，再现了相关旧知，激活了学生的认知结构，为新课学习做好了现实和认知准备。

再如，教学一年级《9加几》一课时，我发现传统的9加几教学，在复习铺垫时一般分三个层次：一个数分成1和几；9＋1＝10；9加1再加一个数。表面上看，这三个层次的复习有利于学生理解和掌握凑十法，但实践表明，如此精细的铺垫设计，同时也可能为学生探究9加几时人为地设定了一个狭隘的思维通道（一定要把9凑成10），不利于体现课程改革中"算法多样化"的思想。因此，新课的复习阶段，我直接出示了以下的口算题，要求学生口答：

10＋1　　10＋3　　10＋5　　10＋7　　10＋8　　10＋6　　10＋4　　10＋2

在学生充满自信地回答后，教师将卡片有序排列在黑板一侧（以备新课学习对比之用），要求学生仔细观察这些口算题，有没有发现有什么共同的地方？

学生有的发现都是10加几的，有的说得数都是十几。那么，"计算这些题，口算时为什么这么快？"教师追问着。学生都认为："都是10加几，就能很快算出得数是十几。"

解读这个片断，可以看到老师在处理教学重点时，有意识地进到了学生的认知结构，进到了学生的思维深处，为学生的学习准备从认知和非认知两方面做了精心设计。一方面，通过创设情境，从学生喜爱的小动物入手，诱发学习动机，产生学习兴趣；另一方面，设计复习题时主要侧重10加几的口算，让学生体验10加一个数比较简便，从而为帮助学生理解凑十法做好铺垫。这样的设计，使得有效的数学学习必然建立在学生合适的数学现实的基础之上。

记得苏联教育家苏霍姆林斯基在《给教师的建议》里曾说过："有经验的教师在备课的时候，总是要周密地考虑，他所讲授的知识将在学生的头脑里得到怎样的理解，并根据这一点来挑选教学方法。"这样的教学设计，正是在精读文本、分析学情的基础上，悄然巧妙地"进"到学生的实际应用，使学生真正运用数学知识来解决生活中的实际问题。

又如，《9的乘法口诀》一课的练习设计：教师先出示了小狗拉车图，随着鼠标的移动，学生进行推车游戏，直接说出得数来，并顺势说出一句9的乘法口诀。然后，教师出示了学校旁边新开的"9元超市"图片，让学生思考，进了这个9元超市就可以想几的乘法口诀？如果进的是"8元超市"，就想几的乘法口诀？

接着，教师讲述：传说中有一种"九头鸟"有9个头。1只鸟有9个头，那么2只鸟呢？3只鸟呢？9只这样的鸟呢？在学生自由说的基础上，9的乘法口诀已根植学生心中。

教师还告诉学生：在小学语文课本里学习过的古诗中，有一种九言诗也跟口诀有关。趁机出示《梅花诗》和闻一多的诗歌《死水》，让学生猜猜正文部分有几个字？你是怎么知道的？课后去找一找，古诗中还有哪些九言诗？能不能很快地算出它有几个字，分别运用了哪一句口诀？

此环节的教学，老师抓住9的乘法口诀这个重点，设计了形式多样的练习，有趣的小狗拉车图，新开张的9元超市，神话故事，九言诗歌等，让学生在解决一个个实际问题的过程中，丰富感知，加深对乘法口诀的理解与记忆，既激活了思维，又获得了对9的乘法口诀的深层感受。从心理学的角度来看，这些形式多样、生动活泼的练习题，不是学习材料的简单堆砌，而是有逻辑、有意义地呈现出来，孩子们乐意去听、去看、去找、去做……对9的乘法口诀就有了更多的发现和体验，真正变革了学习方式，诠释了全新的课程理念。

无疑，从哲学的层面来看："进"与"退"是紧密联系、互相转化的。在理想的数学课堂中，真正是退中有进，进中有退，清新自然，润"生"无声。

可见，教学过程中的"进"与"退"，已经富含了特殊的意蕴，它是无痕教育的重要特点之一。善于退，退到学生的生活经验，激起学生探求新知的强烈愿望，使孩子们成为真正"自主的思想家"；退到学生的已有旧知，激活新旧知识之间的内在联系，使"新知之舟拴在已有知识的锚桩上，随时准备启航"；退到学生的思维起点，激发学生思维的过渡性特点，使学生的思维发展达到"飞跃"和"质变"。

当然，老师还应该更善于"进"：进到学生的认知结构，使得"散落的珍珠"变为"美丽的珍珠项链"；进到学生的思维深处，使得学生的多种思维方式形成"思维合力"；进到学生的实际应用，使得学生能用"数学的眼光"去观察、分析、解决生活中的实际问题。

因此，"进"与"退"的过程，是学生潜移默化地掌握知识技能的过程，是学生不露痕迹中培养思维能力的过程，是学生淡墨无痕中发展数学思想的过程。

"最好的时装是这样的，我们身处其中，却不知设计在哪里开始，艺术在哪里终了……"鄂尔多斯集团艺术总监吉乐·杜福尔如此说道。由此，似乎可以这样言说：数学教学的智慧就在于教师能在"进"与"退"之间运筹帷幄，游刃有余。

乙未春月　青桦书　教育无痕

（八）点亮细节　提升智慧

在追求无痕教育的过程中，在数学课堂里，我们同样应该关注细节，精心预设，捕捉生成，在显性的知识与技能背后，力求体现数学的思想和方法，以激活学生的灵性、火花。这里，让我们重历课堂，探究这些细节背后的意蕴所在。

在教学五年级《用一一列举的策略解决问题》一课时，老师先出示教科书上的例题：王大叔用18根1米长的栅栏围成一个长方形羊圈，有多少种不同的围法？要求学生读题后独立思考。学生发现这句话里有两个重要信息：一个是"18根1米长的栅栏",这里的"18"也就是指羊圈的周长;另外,这是一个长方形的羊圈。接着,学生小组合作,或摆小棒操作,或画图示意,或抽象推理,或列表整理。通过一一列举,得到了四种不同的围法,如下表所示:

长(米)	8	7	6	5
宽(米)	1	2	3	4

在交流中,学生发现尽管各种围法的长和宽不同,但周长都是 18 米。教师相机提出:"这些不同的长方形之间有什么内在联系?它们的周长和面积都一样吗?"由此引发学生的进一步思考:"那它们的面积一样吗?""为什么不一样?"有的学生通过口算,很快发现了其中的秘密。"几种长方形的面积为什么会不一样呀?你有没有发现什么规律呢?"教师继续追问。

"因为长和宽不一样,它们的面积就不一样。长和宽的相差越大,它的面积就越小;长和宽的相差越小,它的面积就越大。"大部分学生经过计算,认同了这一观点,如下表所示:

长(米)	8	7	6	5
宽(米)	1	2	3	4
面积(平方米)	8	14	18	20

教师根据学生的回答,出示了上表。"如果我们联系图来看一看的话,说不定会更加清楚。大家看!"教师利用多媒体操作,出示如下所示的 4 幅图:

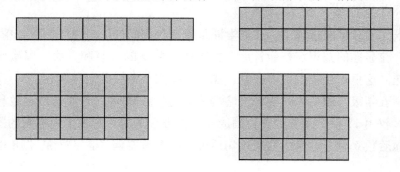

学生一下子明白了：周长一样的长方形，面积相差可不是一点点啊！"如果你是王大叔，让你来选择一种形状做羊圈，你会选择哪一种？为什么？"很多学生说，会选择长 5 米、宽 4 米的这种羊圈。"因为它的面积比较大，羊也可以生活得比较好一点。"听着学生的回答，听课老师都笑了。

该片断的教学，教师在呈现例题之后，让学生分析题意，初步产生——列举的策略需求，然后让学生自主探索，经历策略的形成过程，再通过交流汇报和展示归纳，理解——列举策略的本质，最后通过比较和反思，感悟——列举的策略价值。教师在学生自主探索——列举策略的过程中，充分放手，让学生依据自身的特点，选择小棒操作、方格纸画图、列表整理等方法，体现了面向不同思维状态学生的个性化需要。在学生比较反思和探索规律时，教师及时出示了 4 个对应的面积图，通过数形结合的方式，发挥多种思维的合力作用，让学生直观感受周长一样的情况下，面积有大有小。该细节的设计，及时将学生的思维引向深入，使学生的认知逐步结构化。

建构主义强调，学习不是简单地让学习者占有别人的知识，而是学习者主动地建构自己的知识经验，形成自己的见解。在学习过程中，学习者不仅要不断监控自己对知识的理解程度，判断自己的进展与目标的差距，采取各种增进和帮助思考的策略，而且还要不断地反思自己的学习过程。老师应该深谙此理。除了在新课展开中关注细节，突破教学重点、难点外，在课堂上展示学生原生态思考中，也不放过学生的点滴错误资源，抓住细节性的资源进行拓展，进行动态建构，有效促进学生思维的发展。

例如，教学五年级《长方体的认识》一课的认识"长方体的长、宽、高"这一知识点。本来，作为教材的规定性知识，老师直接告知也未尝不可。然而，教师却通过这样一段细节处理"活化"了教材。

师：如果将长方体 12 条棱中擦掉 1 条，你还能想象出这个长方体的大小吗？

生：可以啊！随便擦掉哪一条都可以呀！

师：你确定吗？擦了试试看？

（学生擦掉一条棱。）

师：如果擦掉 2 条、3 条……呢？试一试，像这样擦下去至少留下几条棱，才能确保想象出长方体的大小？

（学生有的随意擦，有的有规律地擦，有的擦掉的棱过多，有的保留下的棱过多，不少学生一时陷入茫然和无序之中。）

当学生在经历设想、尝试、探索、操作等数学活动后，教师组织学生观察和讨论，从而逐渐确定为选择保留长、宽、高这 3 条棱。这样的细节处理，巧妙地变活了教材，动态地呈现了由长方体的 12 条棱取舍到长、宽、高 3 条棱确定的过程，使学生对"长、宽、高"的知识经历了从被动到主动、从错误到明晰的过程。

教育实践告诉我们：在课堂中，学生主体是多元的、异质的，学生在思维方式、认知水平、理解能力等方面也存在不同的层次和特征，必然会对同一问题产生不同的反应，这其中自然也包括各种错误的反应。皮亚杰也曾经指出："错误是有意义的学习所必不可少的。"老师对于学生错误资源的合理利用，就是承认和尊重这种差异。同时，老师还应有针对性地使学生在暴露和消除错误的过程中重新建构知识，完善认知结构，提升学习能力。学生对知识的建构才会变得积极主动，并不断走向深刻与完善。

"数学是思维的体操，这是不容置疑的共识。"作为数学课来说，教材是新课程标准的具体体现，是教师进行教学的依据。教材上的知识是静态的，它只是为教师在课堂上传递知识提供了可能。一般的教师在处理教材练习题时，往往是拿来主义，照着参考书的提示，认为重要的内容，就集中讲评一下，认为不重要的内容，就一闪而过。由于教师处理方式的不同，学生往往重视练习的结果，而缺少从习题中获得真正的思维感悟。老师重视细节的把握，还充分体现在教材练习资源的有效利用上，从而在教学实践中机智灵活地采取不同的策略，真正达到为智慧的生长而教。

例如，教学二年级《确定位置》一课的练习时，教材的编排意图本来是让学生运用所学确定位置的方法，解决生活中常见的到书架上找书的实际问题。处理教材时，教师对教材提供的书架进行了创造性加工，除了适当增加了一些孩子喜欢看的图书外，还特别对第一层的图书大量增加并进行了"模糊"处理，如下图所示。尤其是这种"模糊"处理，使学生自觉采用不同的方法来确定图书的位置，达到了灵活运用所学知识解决问题的目的（例如对《格林童话》这本书，可以说其位置是"第 1 层第 24 本"，也可以说是"第 1 层倒数第 1 本"，或者是"第 1 层最后一本""最下面一层最后一本"等）。

波利亚曾经说过："学习任何知识的最佳途径，是自己去发现，因为这种发现，

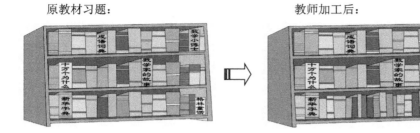

原教材习题：　　　　　　　　　　　　教师加工后：

理解最深刻，也最容易掌握其内在规律、性质和联系。"我们知道，教学效果是课堂教学所必须追求的最大价值，因为它是教学目标最终实施结果的反映。改变练习素材的这一小细节，虽不着痕迹，却是源于老师对学情的正确把握，对教学重点、难点的深层分析。素材"模糊"处理后，可将"确定位置"这一新课内容进行适当地拓展和延伸，围绕"用不同的方法表示物体的位置"将所学的知识进行系统化的梳理和提升，使学生触类旁通，举一反三，这样不仅发展了数学思考，还提高了学生的空间观念和推理能力。

汪中求先生在《细节决定成败》一书中告诉我们："细节源于态度，细节体现素质，关注细节，其实质是认真的态度和科学的精神，一个不经意的细节，往往能够反映出一个人深层次的修养。"企业管理是这样，课堂教学何尝不是如此！

三、我理想中的数学教育系列研究

（一）理想的数与运算教学

课改前，关于"数的运算"教学议论很多：

——中国学生的计算能力全球最高，为什么要进行改革？

——计算教学过于形式化、技巧化，严重脱离学生生活实际；

——计算教学的训练单调枯燥，严重挫伤了学生的学习热情；

——过分强调精确计算，忽视了估算能力培养；

……

课改后，关于"数的运算"教学仍然议论很多：

——学生的计算能力（口算能力和笔算能力）严重下降；

——在计算目标（速度和正确率）方面两极分化现象严重；

——计算器的引入干扰了学生计算能力的形成；

——"算法多样化"影响了课堂教学的效率；

……

如何应对"数的运算"教学改革中的问题？以下将试着从数的运算的重要意义与价值、教学内容和目标的变化出发，针对目前数的运算教学中普遍存在的基本矛盾做相关分析，并提出解决这些基本矛盾的针对性策略。

1. "数的运算"的重要意义和价值

"数的运算"属于《全日制义务教育数学课程标准》（以下简称《标准》）中的"数与代数"领域，在整个小学阶段的学习内容中占有相当大的比重。正确认识计算在数学教育中的作用，准确了解计算的内在思想和方法，能使我们的计算教学更加科学有效。

数的运算是人们在日常生活中应用最多的数学知识，因此，它历来都是小学数学教学的基本内容，培养小学生的计算能力也一直是小学数学教学的主要目的之一。计算教学直接关系着学生对数学基础知识与基本技能的掌握，关系着学生观察、记忆、意志、思维等能力的发展，关系着学生学习习惯、情感、意志等非智力因素的培养。可以说，有一定的计算能力是每个公民应具备的基本素养之一。

（1）数的运算在日常生活、工作和学习中有广泛的应用。数的运算是人们认识客观世界和周围事物的重要工具之一。从抽象的观点来看，客观世界的表现形式可以概括为：数量、空间和时间及其相互之间的关系。从数学的角度来看，主要表现在数、量、形三个方面，而计量是离不开数的运算的，空间形式及其关系要量化也离不开数与计算。任何学科的规律归结为公式后，基本上都要运用四则混合运算来计算。

（2）数的运算对培养学生的思维能力有重要的作用。学习数的运算的过程是培

养和发展学生逻辑思维能力的过程。数的运算的概念、性质、法则、公式之间都有内在联系，存在着严密的逻辑性。每个概念、性质、法则、公式的引入、建立，都要经过抽象、概括、判断、推理的思维过程。学生学习、理解和掌握这些概念、性质、法则、公式都要经过从具体到抽象、感性到理性的过程。学生把这些概念、性质、法则、公式应用到实际中去，还要经过由一般到特殊的演绎过程。因此，学生学习、理解和掌握数的运算的有关内容能促进学生思维能力的发展。

（3）数的运算的教学有利于渗透辩证唯物主义观点的启蒙教育。数的运算是在人类的生产、生活中产生和发展起来的。它们具有由低级到高级、简单到复杂的逐步发展过程。而数的运算中又有很多相互依存、对立统一的概念和计算方法，如整数与分数、约数与倍数，加与减、乘与除、通分与约分等。教学中阐明这些相互依存的概念与概念、计算方法与计算方法之间的相互关系，也就渗透了辩证唯物主义观点的启蒙教育。

（4）数的运算是科学技术的基础。"国家的繁荣富强，关键在于高新科技和高效率的经济管理。"这是当代有识之士的共同见解，也已被各发达国家的历史所证实，而当代科技的一个突出特点是定量化。在许多现代化的设计和控制中，从一个大工程的战略计划、新产品的制作、成本的结算、施工、验收，到贮存、运输、销售和维修等都必须十分精确地规定大小、方位、时间、速度、成本等数字指标，而这些数字指标的获得离不开计算。如果说高新技术的基础是数学，那么计算则是高新技术的基础的基础。

2.《标准》对"数的运算"教学内容的加强与削弱

随着科学技术的发展，尤其是计算机和计算器的逐步普及，"数的运算"中的哪些知识是大多数人最常用的和最基础的知识也在发生着变化。了解和研究这种变化，重新审视相应的教学内容和教学要求是小学数学课程教材改革的任务之一。

（1）加强的内容。

①注重计算与日常生活的联系。过去一提到计算，常常和"抽象""单调""枯燥"等词语联系在一起，计算教学陷入了一些误区。与传统的计算相比，《标准》注重了通过实际情境使学生体验、感受和理解运算的意义。在"总体目标"中提出："经历将一些实际问题抽象为数与代数问题的过程，掌握数与代数的基础知识和基本

技能，并能解决简单的问题。""经历运用数学符号和图形描述现实世界的过程，建立初步的数感和符号感，发展抽象思维。"

诚然，计算本身具有抽象性，但其反映的内容又常常是现实的，与人们的生活、生产有着十分密切的联系。而"经历"是数学学习的过程性目标，是指在特定的数学活动中获得一些初步的经验。新课程注重计算的现实意义，适当让学生经历一些现实情境，使学生在实际情境中通过活动体验，感受和理解运算的意义、来源、现实背景和本质。

②增加计算器的运用。计算器的运用一直是小学数学教学讨论的焦点。《标准》在"基本理念"中强调："数学课程的设计与实施应重视运用现代信息技术，特别要充分考虑计算器、计算机对数学学习内容和方式的影响，大力开发并向学生提供更为丰富的学习资源，把现代信息技术作为学生学习数学和解决问题的强有力工具，致力于改变学生的学习方式，使学生乐意并有更多的精力投入现实的、探索性的数学活动中去。"

借助计算器不仅有利于学生进行较复杂的运算，解决简单的实际问题，而且还可以结合学习培养学生探索数学规律的能力。计算器的合理运用，一方面，学生可以用它进行大数目的加、减、乘、除四则运算，从而减少计算时间，提高计算的速度；另一方面，借助计算器可以引导学生探索一些复杂的、更为现实的应用问题。可以说，随着计算器进入课堂，能逐步把学生从烦琐的技巧性计算中解放出来，以学习更多有用的数学内容。

当然，计算器的引入是一种新的改革和试验，需要我们深入研究，防止简单化处理。特别是在低年级学生形成基本计算能力的时候要慎用，在高年级学生学习中也要注意不能养成完全依赖计算器的习惯。

③强化估算的作用。估算是人们在日常生活、工作和生产中，对一些无法或没有必要进行精确测量和计算的数量所进行的近似的或粗略估计的一种方法。

在现代化的社会中，复杂的计算都可以由计算机或计算器来完成，日常生活和工作中估算的作用越来越突出。例如，人们在使用工具进行计算时，由于操作上的失误会使计算结果有很大的误差，这就要求人们具有一定的估算能力，能对计算结果的合理性（是否在正确结果的范围内）进行判断，并对其合理性做出解释。另外，估算还可以用于平时的计算，在计算前对结果进行估算，可以使学生合理、灵活地用多种方法去思考问题，在计算后对结果进行估算，可以使学生获得一种最有价值的检验结果的方法。所以估算能力是现代化社会生活的需要，是衡量人们计算能力的一个重要标准。重视、加强估算已成为一个世界性的潮流。

《标准》在"内容标准"的具体目标中十分强调估算的作用，在第一学段中强调"能结合具体情境进行估算，并解释估算的过程"，在第二学段中强调"在解决具体问题的过程中，能选择合适的估算方法，养成估算的习惯"。

（2）削弱的内容。

①删减珠算的内容。珠算作为我国传统的计算工具，在历史上发挥了重要的作用，同时，珠算教学形象性的功能，对于学生大脑智力开发也有很大的促进作用。但是，当今社会的各行各业，随着计算机的不断普及，人们基本上已经不采用珠算计算的方法。因此，《标准》中只初步介绍算盘，没有珠算的运算要求，取而代之的是计算器进入课堂。

②删减烦琐的运算步骤。在整数运算方面，《标准》明确提出："进行简单的整数四则混合运算（以两步为主，不超过三步）。"而在这里"简单"运算的含义具体包括："加、减法以两三位为主""乘法是三位数乘两位数""除法是三位数除以两位数"。

在小数、分数运算方面，《标准》提出："会分别进行简单的小数、分数（不含带分数）加、减、乘、除运算及混合运算（以两步为主，不超过三步）。"

③删减运算的数目要求。在口算方面，《标准》提出："会口算百以内一位数乘、除两位数。"在笔算方面提出："能笔算三位数乘两位数的乘法，三位数除以两位数的除法。"

我们知道，同样的一类计算题目，数目较大的运算比数目较小的运算，其错误率有成倍的增长。因此，降低数在运算过程中的数目要求，也就降低了学生的错误率，真正减轻了学生的负担。

3.《标准》对"数的运算"的实施要点

（1）如何建立四则运算概念。

①应注重在具体情境中体会运算意义。四则运算是小学数学最基础的知识，在小学阶段，一般对加法的定义是："把两个数合并成一个数的运算。"减法的定义是："已知两个加数的和与其中一个加数，求另一个加数的运算。"乘法的定义是："求相

同加数的和的简便运算。"除法的定义是："已知两个因数的积与其中一个因数，求另一个因数的运算。"这些运算定义虽然在表述上已经比较直观，但对于低年级的小学生来说，仍是十分抽象的。心理学研究表明，当一个数的运算与代表情境中的物体相联系时，才能在学生的头脑中获得真正的意义。情境可以赋予数以意义，从而使抽象的数成为具体的物体。因此《标准》提出了"结合具体情境"的要求，是符合学生的心理特点和认知规律的。

【案例】《认识加法》的教学

教材创设了学生熟悉的活动情境图"折纸游戏"：已经折了1只红色的纸鸟、2只蓝色的纸鸟。

教学时，可以组织学生观察叙说：红色纸鸟的只数可以用"1"表示，蓝色纸鸟可以用"2"表示，一共折的纸鸟只数可以用"3"表示；要求一共有多少只纸鸟，可以把"1"和"2"合并起来，在数学上把这种运算叫作"加法"，写成"1＋2＝3"；然后让学生联系情境说一说"1""2""3"和"＋"各表示什么含义；最后再通过小朋友把两只手里的气球合并及让学生动手摆学具等活动，逐步形成对加法意义的认识。

这样的教学过程，学生对加法含义的理解建立在丰富的感性积累基础之上，在头脑中形成显明的动态表象，从而获得关于加法运算意义的准确理解。

②应淡化概念形式，注重数学本质。

【案例】《认识乘法》的教学

教材通过情境图，首先让学生在具体活动中感知"几个几"：兔有3个2，鸡有4个3；再让学生用已经学过的连加进行计算：2＋2＋2＝6，3＋3＋3＋3＝12。

接着通过操作学具和观察花片等活动，使学生进一步体验"几个几"：3个5相加可以写成5＋5＋5＝15，5个3相加可以写成3＋3＋3＋3＋3＝15。

然后通过计算桌子上电脑的台数：2＋2＋2＋2＝8，讲述"4个2相加，可以写成2×4＝8或4×2＝8"。同时结合教学乘号、乘数、积等名称和乘法算式的读法。

这样的编排和教学，改变了传统教学中强调"相同加数""相同加数的个数""每份数""份数""被乘数""乘数"等过分形式化的概念及所谓被乘数和乘数不同位置的人为障碍设置，强化了乘法的本质——同数相加。学生认识乘法的过程，成为快乐的学习体验过程，成为理解数学概念本质的过程。

（2）如何重视口算教学。

口算也称心算，是一种不借助计算工具，仅依靠记忆与思维，直接算出结果的计算方式。口算基于个人对数的基本性质和算术运算的理解，口算不仅仅是笔算的基础，也是运算中独立的一部分，同时口算在日常生活中有着很高的应用价值。因此，口算不仅有实践意义，而且是数感发展过程中的一个重要部分，口算可以发展高层次的数学思维及解决问题的能力。

在教学中具体落实"重视口算"的目标，应注重如下两点：

①在数形结合中理解口算原理。数的运算，其实质是对现实生活中物体的个数进行运算，可以说小学阶段的每个算式都可以在生活中找到实例。在让学生理解口算的算理时，除了要与实际情境相结合，还要逐步过渡为数学的语言符号。

【案例】《整百数加、减整百数》的教学

首先创设"买电器"的情境：洗衣机 500 元，电冰箱 1200 元，电视机 800 元，电风扇 160 元。提出问题："爸爸买一台洗衣机和一台电视机共花多少钱？"列式：500＋800。

接着通过具体的人民币（都是面值百元）的呈现，引发学生思考：5 加 8 等于 13，500＋800＝1300。

然后又通过计数器演示：5 个百加 8 个百是 13 个百，也就是 1300。

最后让学生叙说自己的思考和计算过程。

这样的编排和教学，由具体实物（百元人民币形象地表示计数单位"百"）的操作过渡到半形象半抽象的计数器（百位上算珠操作）演示，再通过学生在头脑中的表象运演，使学生逐步理解口算的算理（5 个百加 8 个百是 13 个百，就是 1300）。这样的教学符合学生的思维发展规律：直观动作思维→具体形象思维→抽象逻辑思维。

②科学合理训练，强化基本口算。在小学阶段的口算内容中，两个一位数相加与其相对应的减法和表内乘法与其相对应的除法是四则运算中的基本口算，俗称"四张九九表"，这"四表"是一切计算的基础，务必使学生达到"脱口而出"的熟练程度。为此，在口算教学中，除了让学生理解算理、掌握算法，还要注重口算训练的科学合理。

我曾调查了当前小学生基本口算能力的现状和错误分布情况，发现在低年级阶段有些老师过分提高口算的速度要求（有的要求学生每分钟算 30 道甚至 50 道题），而中高年级则忽视基本口算训练，过分依赖笔算。

要强化基本口算，首先应重视基本口算方法的教学。小学生口算的方法一般存在三个层次：逐一重新计数→借数数加算或减算→按数群运算。在教学基本口算时，要重视让学生逐步掌握按数群运算（参见王权主编《小学数学教育学》，华东师范大学出版社 1991 年版第 81 页及孔企平主编《小学数学课程与教学论》，浙江教育出版社 2003 年版第 117 页）的方法。所谓数群，是指学生在计数时能将最后说出的数，作为所数过的一群对象的总体来把握。所谓按群计数，就是计数时不以某个物体为单位，而是以数群为单位，如两个两个数、五个五个数等。同时我们还应该注意，在教学初期为了达到算法指导下的正确计算，可不做计算速度的要求。

其次，应注重退位减法与表内除法的思路教学。小学生正处于"具体运算阶段"，思维的可逆性刚刚出现，只能进行初步的逻辑推理。而 20 以内退位减法和表内除法口算在很大程度上依赖于学生的逆向思维。因此，教学口算方法时，要特别强化退位减法和表内除法的基本计算思路（算减想加、算除想乘）的教学，以帮助学生掌握基本方法，同时有意识地培养学生的逆向思维能力。

最后，应注意口算训练科学化。要提供训练材料，选择训练时机，注意训练方法，考虑训练周期，做到适时、适量、适度。具体说来，一要注意加强课堂练习，采用讲练结合的方式及时巩固所学口算内容；二要注意练习的针对性，抓住难点反复练习，不能平均用力，甚至出现易题多练、难题少练的现象；三要注意练习形式的多样化，提高学生口算的积极性，避免简单的机械重复。

（3）如何加强估算意识。

估算具有重要的应用价值，是学生应该具有的重要的计算技能。随着计算技术的进一步发展，大量的计算并不要求进行精确的计算，一个人在日常活动中进行估算的次数，远比精确计算的次数多得多。在小学阶段计算教学中，与估算相关的内容很多，如估计商的近似值、试商、估计小数乘法的结果、用估算进行验算等。要体现《标准》中"加强估算"的要求，可以着力于以下两个方面：

①培养数感是打好估算的基础。数感是对数和数的关系的一种良好的直觉。在估算中数感主要表现在能在具体情境中把握数的相对大小关系，能为解决问题而选择适当的算法，能对结果的合理性做出解释。估算可以发展学生对数的认识，并对

数感的培养具有重要意义，同时，良好的数感又是学生进行估算的必要基础。除了在数的认识时要加强数感的培养，在数的运算过程中更应结合具体计算培养学生的数感。

②掌握估算方法，养成估算习惯。有研究表明，小学生最常使用的估算方法主要有三种：简约、转换和补偿。所谓"简约"，是学生在估算时先把数简化成比较简单的形式。例如估算"495＋310"，把 495 看作 500，把 310 看作 300，这样估算时想比较简单的形式"500＋300"即可。所谓"转换"，是学生在估算时把一种问题转换成另一种问题来思考。例如估算加法问题"602＋597＋589"，把加法问题转换为乘法问题："600 乘 3 是 1800，所以答案差不多是 1800 左右。"而所谓"补偿"，则是学生在进行简约或转换时进行一些调整，以补偿前面运算中的不足，使估算比较准确。例如"602＋597＋589"这一问题，学生在转换时可能会进一步想："答案大约是 1800，而且会稍小于 1800，因为我在将每一个数都简化成 600 时，用加的部分比用减的更多一些。"

此外，还要培养学生的估算习惯。我们在教学中也常常发现，有些学生在计算时会出现一些莫名其妙的错误。对此，我们应让学生养成及时估算检查的习惯，每做完一道题目，可以先估计一下数值，然后与实际计算所得的答案比较，及时觉察出错误并加以更正。

（4）如何体现算法多样化。

《标准》在第一学段"教学建议"中指出："由于学生生活背景和思考角度不同，所使用的方法必然是多样的，教师应尊重学生的想法，鼓励学生独立思考，提倡计算方法的多样化。"要体现"算法多样化"的思想，应注重以下三个方面：

①理解算法多样化的内涵。所谓算法就是指解决各种数学问题的程序与方法，具体包括运算的方法与解题策略。这两者都由一定的程序与规则组成，因此，运算方法与解题策略有共性，但两者也有区别。前者更偏重于技能，可以通过练习获得，并进而成为技巧，而后者虽然也可进行训练，但由于问题的信息复杂因而要有更多的思维。两者无本质区别，只有层次之差。

②找准算法多样化的前提。现代学习心理学研究表明，实施算法多样化也是有前提的，各种不同算法要建立在思维等价的基础上，否则多样化就会导致泛化。以学生思维凭借的依据看，可以分为基于动作的思维、基于形象的思维、基于符号与

逻辑的思维。显然这三种思维并不在同一层次上，不在同一层次上的算法就应该提倡优化，而且必须优化，只是优化的过程应是学生不断体验与感悟的过程，而不是教师强制规定和主观臆断的过程，应让学生逐步找到适合自己的最优算法。

③把握算法优化的标准。过去我们仅仅用成人认为唯一合理的方法作为基本算法教给学生。现在我们认为的基本算法是什么呢？其实，基本算法并不是唯一算法，基本算法应该是指同一思维层次上的方法群。以此为基础，这里提出判定基本算法的三个维度：一是从心理学维度看，多数学生喜欢的方法；二是从教育学维度看，教师易教、学生易学的方法；三是从学科维度看，对后续知识的掌握有价值的方法。理想的基本算法是三位一体的，在小学阶段，随着年级的升高对学科维度要求会逐渐增强。

4. 当前计算教学存在的基本矛盾和处理策略

依据我的调查和分析，课程改革之后计算教学中出现了一些亟须解决的基本矛盾。现分别加以分析，以寻求良好的处理策略。

（1）情境创设与复习铺垫。

现在的计算教学几乎不见了传统教学中的"复习铺垫"，取而代之的则是"情境创设"。目前大多计算教学的一般教学流程常常是：教师创设情境→学生提出问题→独立思考算法→反馈交流算法→自主选择算法。为此，许多计算课不是从"买东西"开始，就是到"逛商场"结束。一些老师在上课时首先关注的不是学习内容本身，而是如何挖空心思创设新奇诱人的所谓"情境"。现在的计算教学，很难再看到过去常见的复习铺垫了。难道，情境创设和复习铺垫真是水火不相容吗？情境创设和复习铺垫之间到底是怎样的关系呢？

建构主义学习理论认为，学习总是与一定的社会文化背景即"情境"相联系的，在实际情境下进行学习，有利于意义建构。的确，良好的问题情境能有效地激活学生的有关经验、体验。《标准》也非常强调计算教学时"应通过解决实际问题进一步培养数感，增进学生对运算意义的理解""应使学生经历从实际问题中抽象出数量关系，并运用所学知识解决问题的过程""避免将运算与应用割裂开来"。

然而，任何事物都不是绝对的。因为数学的来源，一是来自数学外部现实社会的发展需要；二是来自数学内部的矛盾，即数学本身发展的需要。数学两方面的来源都可能成为我们展开教学的背景。例如"负数"的教学，传统的教材中很少在小学教学，现在课程标准规定在小学阶段要引进负数。现实生活中存在着大量的具有相反意义的量，可以作为揭示负数的素材；同时，从数学本身出发，为了解决诸如"2－3"不够减的矛盾，也需要引进一种新的数，同样是小学生易于感知的问题情境。这里，选择两种角度中的任何一个角度引进都是可取的。

问题的另一方面，计算教学之前还要不要"复习铺垫"呢？其实，新课前的复习铺垫主要目的，一是为了通过再现或再认等方式激活学生头脑中已有的相关旧知，二是为新知学习分散难点。前者，只要有必要，则无可厚非。问题在于后者，有一些计算教学中，常常有人为了使教学"顺畅"，设计了一些过渡性、暗示性问题，甚至人为设置了一条狭隘的思维通道，使得学生无须探究或者稍加尝试，结论就出来了。例如教学一年级《9 加几》时，有人精心设计了如下图所示的铺垫：

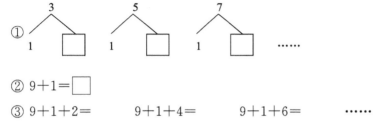

其实，计算 9 加几时，由于学生的生活背景和思考角度不同，不同的学生会想到不同的方法，教师应允许学生采用多样化的方法，而不必把学生的思维局限在把另一个加数分成 1 和几的这一种所谓凑十法。显然，这种把知识咀嚼烂了再喂给学生的所谓"铺垫"，对于发展学生主动获取知识的学习能力是不利的。

可见，创设情境和复习铺垫并不是对立的矛盾，并不是所有的计算教学都必须从生活中找"原型"，选择怎样的引入方式取决于计算教学的内容特点和学生的学习起点。

（2）算理直观与算法抽象。

曾有一些教师认为，计算教学没有什么道理可讲，只要让学生掌握计算方法后反复"演练"，就可以达到正确、熟练的要求了。结果，不少学生虽然能够依据计算法则进行计算，但因为算理不清，知识迁移的范围就极为有限，无法适应计算中千变万化的各种具体情况。

算理是指四则计算的理论依据，它是由数学概念、性质、定律等内容构成的数学基础理论知识。算法是实施四则计算的基本程序和方法，通常是算理指导下的一些规定。算理为算法提供了理论指导，算法使算理具体化。学生在学习计算的过程中明确了算理和算法，就便于灵活、简便地进行计算，计算的多样性才有基础和可能。不能想象一个连基本计算的原理和方法都模糊不清的学生怎能灵活、简便地进行计算呢？怎能具有计算多样性的能力呢？因此，在计算教学中重视算理和算法是一个十分重要的课题。

现在，在计算教学中老师们都十分重视让学生理解算理，特别是让学生在直观形象中理解算理，让学生不仅知道计算方法，而且知道驾驭方法的原理，既知其然，也知其所以然。

【案例】《一位数乘两位数的笔算》教学

首先出示情景图——两只猴子摘桃，每只猴子都摘了 14 个。让学生提出问题：一共摘了多少个桃？并列出乘法算式 $2×14$。

接着，让学生独立思考，自主探索计算方法。有的学生看图知道了得数，有的学生用加法算出得数，有的学生用小棒操作摆出了得数，也有少数学生用乘法算出了得数等。

然后，组织学生交流汇报自己的计算方法。老师在分别肯定与评价的同时，结合学生的汇报，板书了初始的竖式。同时，老师结合讲解，分别演示教具、学具操作过程，又结合图片进行了数形对应。

最后，老师引导学生观察这种初始竖式，通过讲解让学生掌握简化竖式的写法，再让学生运用简化竖式进行计算练习。

上述案例，反映了现在计算教学中的又一对基本矛盾——算理直观与算法抽象。在教具演示、学具操作、图片对照等直观刺激下，学生通过数形结合的方式，对算理的理解可谓十分清晰。但是，好景不长，当学生还流连在直观形象的算理中时，马上就要面对十分抽象的算法，接下去的计算都是直接运用抽象的简化算法进行计算。

我认为，在算理直观与算法抽象之间应该架设一座桥梁，铺设一条道路，让学生在充分体验中逐步完成动作思维→形象思维→抽象思维的发展过程。上述案例中，形成了初始竖式后，不必过早抽象出一般算法，而应该让学生运用这种初始模式再计算几道题，见如下教学片断：

师：（在学生理解了 14×2 的初始竖式后）我们一起来用这样的竖式计算。

（请三名学生上台板演，其余学生自己尝试解答。）

$$
\begin{array}{r}
1\ 3 \\
\times\ \ 2 \\
\hline
6 \\
2\ 0 \\
\hline
2\ 6
\end{array}
\qquad
\begin{array}{r}
1\ 1 \\
\times\ \ 7 \\
\hline
7 \\
7\ 0 \\
\hline
7\ 7
\end{array}
\qquad
\begin{array}{r}
3\ 2 \\
\times\ \ 3 \\
\hline
6 \\
9\ 0 \\
\hline
9\ 6
\end{array}
$$

师：我们来看黑板上的竖式。这些算式有什么共同的地方？

生 1：它们都是两位数和一位数相乘。

生 2：第一次乘下来都得一位数，第二次乘下来都得两位数。

生 3：我发现第二次乘下来都得整十的数。

生 4：我发现得数个位上的数就是第一次乘得的数，得数十位上的数就是第二次乘得的数。

师：大家观察得都很仔细。那么你觉得像这样写怎么样？

生 1：比较清楚。

生 2：清楚是清楚，不过有点烦，有些好像不需要写两次的。

师：是啊，要是能简单些就好了。

生 3：其实这个竖式积里十位上的数字可以移动到个位数字的左边来，其余可以擦去的。

师：哦，你的想法挺好的，我们一起来看屏幕。

（屏幕上动画演示竖式由繁到简的过程。）

师：老师也来写一次，你们看——这样写比原来是否是简单多了？

$$
\begin{array}{r}
1\ 4 \\
\times\ \ 2 \\
\hline
2\ 8
\end{array}
$$

生齐答：是！

师：我们以后列乘法竖式时，可以选择简单的方法来写。

师：刚才写的三道竖式，你们能不能把它们改成简单的写法？

（原来板演的三名学生上台，其余学生也动手用橡皮将初始写法改成简单写法。）

以上教学过程中，教师没有简单地立即让学生用所谓简化竖式计算，而是在实际计算中使学生进一步理解一位数乘两位数的算理，同时通过观察、比较，找出这些初始竖式的共同点，进而产生简化竖式的需要，在此基础上自然引出简化模式。

可见，计算教学既需要让学生在直观中理解算理，也需要让学生掌握抽象的法则，更需要让学生充分体验由直观算理到抽象算法的过渡和演变过程，从而达到对算理的深层理解和对算法的切实把握。

（3）算法多样与算法优化。

在数学课程改革实施的初期，大家对"算法多样化"感觉很新鲜，计算教学一改过去"教材选定算法→教师讲解算法→学生模仿算法→练习强化算法"的机械模式，出现了非常可喜的变化，"算法多样化"已成为计算教学最显明的特征。

【案例】《两位数减一位数的退位减法》教学

首先，教师通过问题情境出示例题 33-7。

然后，经过老师的精心"引导"，出现了多样化的算法，老师花了将近一节课的时间进行了展示（还分别用动画式课件进行演示）：

①33－1－1－1－1－1－1－1＝26

②33－3＝30，30－4＝26

③33－10＝23，23＋3＝26

④13－7＝6，20＋6＝26

⑤10－7＝3，23＋3＝26

⑥33－13＝20，20＋6＝26

⑦33－6＝27，27－1＝26

……

最后，老师说"你们喜欢用什么样的算法就用什么样的算法。"

课后，我与上课老师进行了交流，老师说"现在计算教学一定要算法多样化，算法越多越能体现课改精神。"我又询问了课堂上想出第一种算法的学生"你真是这样算的吗？"学生说："我才不愿意用这种笨方法呢！是老师课前吩咐我这么说的。"我连续问了好几个学生，竟没有一个学生用这种逐个减1的方法。那么后面的几种算法（特别是第⑥、⑦种）真是学生自己想出来的吗？

上述案例反映了在计算教学中，少数老师对算法多样和算法优化这对基本矛盾的认识模糊。算法多样化应是一种态度，是一个过程，算法多样化不是教学的最终目的，不能片面追求形式化。老师不必煞费苦心"索要"多样化的算法，也不必为了体现多样化，刻意引导学生寻求"低思维层次算法"。即使有时是教材编排的算法，但在实际教学中，学生中并没有出现，即学生已经超越了"低思维层次算法"，教师便可以不再出示，没有必要走回头路。

（4）解决问题与技能形成。

《标准》中不再设置专门的"应用题"领域，而是注重让学生"经历将一些实际问题抽象为数与代数问题的过程，掌握数与代数的基础知识和基本技能，并能解决简单的问题"。

现在的计算课，能否担当起以往应用题教学的重任？如何处理解决实际问题与计算技能形成之间的矛盾？计算本身的问题如何解决？

我们发现，为了体现计算与应用的密切联系，在计算教学时不少老师总是从实际问题引入，在学生初步理解了算理后，马上就去解决大量实际问题。表面上看，学生的应用意识得到了培养，但另一方面我们也发现，学生常常是算式列对了，但计算错误率却很高。一段时间下来，发现学生的计算能力并未达到目标，于是再反过来进行大量的训练，使得不少学生短时间内似乎计算正确率和速度提高不少，但实际上违背了学生的认知规律，学生的计算技能并没有实质性的提高，更严重的是这种简单化的处理大大挫伤了学生的学习热情。

教育心理学认为，计算是一种智力操作技能，而知识转化为技能是需要过程的，计算技能的形成具有自身独特的规律。学生计算技能的形成一般要经历四个阶段：认知阶段、分解阶段、组合阶段、自动化阶段。认知阶段主要是让学生理解算理、明确方法，这比较容易做到，而后面三个阶段常常被老师们忽视。一般说来，复杂的计算技能总是可以分解为单一技能，对分解的单一技能进行训练并逐渐组合，才能形成复合性技能，再通过综合训练就可以达到自动化阶段。

诚然，过去计算教学中单调、机械的模仿和大量重复性的过度训练是要不得的，但是，在计算教学时只注重算理理解和解决实际问题，对计算技能形成的过程如蜻蜓点水一带而过，也是不利于培养学生的计算能力的。特别需要指出的是，在学生初步理解算理、明确算法后，不必马上去解决实际问题，因为这时正是计算技能形成的关键阶段，应该根据计算技能形成的规律，及时组织练习。具体地说，可以先针对重点、难点进行专项和对比练习，再根据学生的实际体验，适时缩减中间过程，进行归类和变式练习，最后让学生面对实际问题，掌握相应策略。

总之，计算教学的基本矛盾的平衡对于数学课程改革的成败起着重要作用，数学课程改革的深入推进也对计算教学的基本矛盾起着缓和或激化的反作用。计算教学的基本矛盾也会出现不同的表现形式。在处理计算教学的基本矛盾时，应该从数学教育本质的角度出发，在大胆创新的同时，吸取传统教学中的优势，以计算教学基本矛盾的平衡为导向，促进计算教学的深入改革，为切实提高学生的计算能力和数学素养打下基础。

（该文发表于 2006 年第 13～14 期《人民教育》，选录时标题和文字略有改动。）

登上北京师范大学的讲坛

（二）理想的问题解决教学

课改前，关于"应用题"教学议论很多：

——中国学生的解答应用题能力很强，为什么要进行改革？

——应用题教学过于形式化、技巧化，严重脱离学生生活实际；

——应用题教学的训练单调枯燥，严重挫伤了学生的学习热情；

——过分强调用算术方法解题，忽视了代数思想方法培养；

……

课改后，关于"问题解决"教学仍然议论很多：

——学生的解题能力（审题能力和列式能力）严重下降；

——解决问题的列式步骤虽然减少，但题目的难度却增加很多；

——缺少专门的例题教学影响了学生的解题迁移能力；

——"解题策略多样化"降低了课堂教学的效率；

……

如何应对"问题解决"教学改革中的问题？以下试从课程标准中的相关目标出发，联系当前解决问题教学中存在的有关问题，提出若干针对性策略。

《义务教育数学课程标准》（以下简称《课程标准》）中"课程目标"之"问题解决"目标（与"知识技能""数学思考""情感态度"目标并列）为：

· 初步学会从数学的角度发现问题和提出问题，综合运用数学知识解决简单的实际问题，增强应用意识，提高实践能力。

· 获得分析问题和解决问题的一些基本方法，体验解决问题方法的多样性，发展创新意识。

· 学会与他人交流合作。

· 初步形成评价与反思的意识。

众所周知，"问题是数学的心脏"。解决问题能力的培养是数学教育的重要目标，解决问题活动对促进学生思维能力及培养学生动手实践与创新意识都有着极其重要的作用。下面我将通过几个教学案例，提出解决问题教学中应注意的几个要点。

1. 重视四则运算意义的教学

《课程标准》的一个重大变化是强调小学应用问题教学与运算教学紧密结合。一般的课程标准实验教材编写中不再专门设置"应用题"教学单元，而是把"解决问题"作为四大课程目标之一。把应用问题和运算意义教学相结合，有利于学生进一步理解运算意义，有利于学生理解应用问题的数学本质，有利于学生选择适当的解决问题的方法，从而有利于提高学生解决实际问题的能力。

四则运算是小学数学最基础的知识，四则运算的意义是解决问题的必要基础。解决简单实际问题的运算不外乎是加、减、乘、除，如果学生对这些运算的意义都很清楚，解决实际问题就有了基础。因此，在低年级教学每一种运算的初步认识时，教师要通过具体实物或学具操作，使学生了解运算的意义，这是教学的重点和关键所在。在小学阶段，一般对加法的定义是"把两个数合并成一个数的运算"。减法的定义是"已知两个加数的和与其中一个加数，求另一个加数的运算"。乘法的定义是"求相同加数的和的简便运算"。除法的定义是"已知两个因数的积与其中一个因数，求另一个因数的运算"。这些运算定义虽然在表述上已经十分直观，但对低年级的小学生来说仍是十分抽象的。因此，在教学四则运算的意义时，要结合具体情境，逐步抽象出运算意义。

【案例】《认识乘法》

教学片断之一——初次建立乘法意义

师：（出示如图所示图片）一共有多少台电脑？你是怎么知道的？

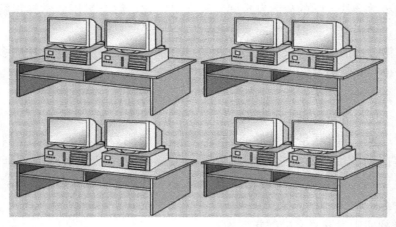

生1：我是一个一个数的，一共有8台电脑。

生2：我2个2个地数的，2、4、6、8，一共8台电脑。

生3：我是用加法算的，2＋2＋2＋2＝8。

（板书：2＋2＋2＋2＝8。）

师：求4个2是多少还可用一种新的运算方法——乘法计算。

师：乘法像我们以前学过的加法和减法一样，也有表示乘法的符号，乘法算式各部分也有自己的名称，请大家看课本后先互相说一说，再说给全班同学听。

（学生自学课本，讨论交流。）

（教师结合学生的汇报交流形成板书。）

$$4 \quad \times \quad 2 \quad = \quad 8$$
$$或 \ 2 \quad \times \quad 4 \quad = \quad 8$$
$$\vdots \qquad \vdots \qquad \vdots \qquad \vdots$$
乘数　　乘号　　乘数　　积

师：（电脑图出示 8 个 2，如下图所示）这间电脑教室有多少台电脑呢？是几个几？用加法和乘法你会列式吗？

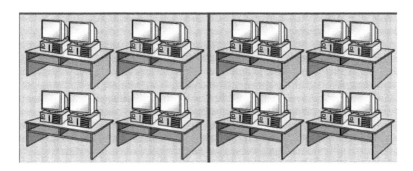

生：是 8 个 2，加法是 $2+2+2+2+2+2+2+2=16$，乘法是 $2\times8=16$ 或 $8\times2=16$。

师：（电脑图变成 100 个 2，如下图所示）现在有多少个 2？用加法怎样列式？

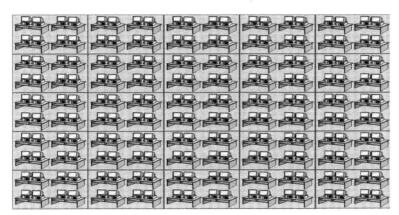

生：$2+2+2+2+2\cdots\cdots$

（有的学生渐渐地不说了，有的叫了起来，还有的学生憋住气在继续说，脸涨得通红，终于也停了下来。）

  师：你们感觉求100个2用加法算，算式写起来怎样？

  生1：要写很长时间，要写很长的算式，黑板不够写。

  生2：太麻烦了。

  生3：可以用我们刚学的乘法，写成100×2或2×100，快多了！

教学片断之二——培养学生的乘法意识

  师：在我们日常生活中经常会碰到这种可以用乘法计算的问题。请大家想一想，说给大家听一听。

  生1：我妈妈给我买了3袋铅笔，每袋都是4支，用乘法就是4×3＝12或3×4＝12。

  生2：我家有5个人，吃饭时我拿筷子，拿5个2支，用乘法是2×5＝10或5×2＝10。

  生3：我们教室里有3排日光灯，每排3根，用乘法是3×3＝9。

  生4：我们每个人都有两只手，每只手5个手指，一共有10个手指，用乘法是2×5＝10或5×2＝10。

  生5：我们还有两只脚，手指和脚趾一共就是20个，4×5＝20或5×4＝20。

上述教学片断一中，为帮助学生正确建立乘法的实际含义，通过解决"一共有多少台电脑"这个实际问题，在数数、连加等方法后，自然引出乘法，让学生了解乘法产生的背景。运算概念的教学容易陷入枯燥灌输的泥潭，只有赋予抽象概念以实际含义，并发挥学生已有知识经验和学习方法基础，通过学生自学、讨论、交流，形成"学习共同体"，才能使学生在理解运算意义的同时培养学习兴趣和合作意识。教学中，让学生在强烈反差中感知求几个几相加用乘法写比较简便。由于学生是初次认识乘法，再加上未系统学习乘法口诀，学生暂时不能体验乘法计算的简便。教学时通过创设对比强烈的情境，从"4个2"到"8个2"，再到"100个2"，让学生实际列式并数一数、写一写，让学生在具体的数和写的过程中体会到——求几个几相加是多少有时用乘法写算式比较简便，为今后进一步感受学习乘法的必要性打下基础。

教学片断二注重培养学生的乘法意识。有效的数学教学应着力培养学生的数学意识，让学生初步学会运用数学的思维方式去观察、分析现实社会，去解决日常生活和其他学科学习中的问题，增强应用数学的意识。乘法意识作为数学意识的一种，在学生初步认识乘法时就应该进行培养。在教学中，结合乘法知识的学习，应始终注意培养学生自觉沟通几个几的生活经验和乘法的内在联系，让学生不断联系生活实际，用乘法的眼光去观察生活现象，解决实际问题。尤其是课末，让学生到生活中寻找乘法现象时，学生联系生活实际，展开丰富想象，说出了许多有趣的乘法现象。在这样的学习过程中，学生的乘法意识潜移默化地得到培养，为提高学生运用乘法意义解决相关实际问题打下基础。

过去，应用题教学中习惯把简单应用题分成几类典型，有的老师常常让学生记忆这些解题套路，有的甚至还编出一些顺口溜（如"比几多，几已知，用加法；几不知，反而减"）……这样，类型越分越细，套语越背越多，学生负担越来越重，知识越来越死。其实，学生解决问题的本质规律，是四则运算意义的应用。从某种意义上说，四则运算的意义本质上就是"分"与"合"。加法和乘法都是"合"，加法是不同数的合，乘法是相同数的合；减法和除法都是"分"，减法是从和中分出一部分求另一部分，除法是把总数分成相同的数。教学时，在学生利用生活经验解决实际问题之后，教师就可以有意识地让学生体会上述四则运算意义的本质。

2. 从生活实际出发培养学生的应用意识

通过解决实际问题的教学，能有效培养学生的应用意识，使学生能够认识到现实生活中蕴含着大量的数学信息，数学在现实世界中有着广泛的应用；面对实际问题时，能主动尝试着从数学的角度运用所学知识和方法寻求解决问题的策略；面对新的数学知识时，能主动地寻找其实际背景，并探索其应用价值。"数学是现实的，学生从现实生活中学习数学，再把学到的数学应用到现实中去。"（弗赖登塔尔）

在教学中，让学生经历"问题情境——建立模型——解释、应用与拓展"的过程。从学生的数学现实出发，在学生熟悉的、有趣的问题情境中让学生发现或提出数学问题，从而引发学生的学习动机和解决问题的积极心向，然后运用数学的语言、符号、思想和方法建立数学模型，形成新的技能，再运用这种技能去解决相关数学问题和生活问题，从而提高解决问题的能力，培养学生的应用意识。

数学课堂教学需要必要的"生活味"，需要让孩子在生活场景中理解数学、应用数学。我们常说，数学教学要让学生知道数学知识的来龙去脉，不能只"烧中段"，应该是"烧全鱼"（引用曹培英先生的说法）。这里的鱼头，应该是产生数学问题的情境和数学抽象;鱼中段应该是数学的符号变换,包括数量计算和逻辑演绎、经验归纳以及空间联想;鱼尾应该是数学的应用。我们是否可以把数学与生活的关系做如下设定:"生活问题→数学问题→数学模型→数学问题→生活问题"?当然,这里特别需要指出的是第二个"数学问题"——在学生初步建立了数学模型之后,不应过早地让学生去面对复杂的生活情境,过早地去解决具体的生活问题。应该首先让学生解决相应的数学问题,使学生在理解的基础上逐步形成相应技能,然后再让学生运用相关知识和技能解决简单的实际问题。

【案例】《一位数乘两位数》教学片断

(学习了一位数乘两位数的计算方法后。)

师: 我们来看看生活中遇到的一些问题。从如下图所示的图中你得到了哪些信息?

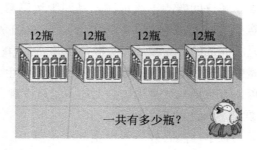

生 1: 饮料每箱有 12 瓶,一共 4 箱。

生 2: 问一共有多少瓶饮料。

师: 那请我们小朋友先在本子上写横式,再用竖式算出来,好吗?

(全体学生动笔练习,教师巡视,并个别辅导,说明在写算式时,一般把两位数写在竖式上面。)

师: 谁能够来说说你是怎样算的吗?

生: $12×4＝48$(瓶)。

师: 真好!

师: 老师上次到商店里去买衣服,看到这样的标价,如下图所示,你们感觉怎样?

生: 很便宜。

(老师和同学们都笑了。)

师: 老师现在想买 3 套,一共需要付多少钱?大家能够口算就口算,当然也可以列竖式。

裤子
10元

上衣
11元

（学生自主列竖式或口算解答，教师巡视辅导。）

师： 谁来说说你是怎样算的？

生1： 徐老师一共要花63元。

师： 那你是怎样想的呢？

生1： 我先10＋11＝21（元）。

师： 那你这个算式表示的是什么呀？

生1： 这是一套衣服要花多少钱，然后21×3＝63（元），三套一共要花63元。

师： 还有其他不同的思考方法吗？

生2： 我是先算3条裤子，共要10×3＝30（元）；再算三件上衣，共需11×3＝33（元）；然后再把裤子的钱和上衣的钱加起来，就得30＋33＝63（元）。

师： 这两种方法都不错。

师： 你们能够从如下图所示的图中知道哪些信息呢？

生 1：一共有 3 架飞机。

生 2：每架飞机只能乘 13 人。

师：你是怎么知道的？

生 2：上面写着"限乘 13 人"，多乘了人就会出危险的。

（同学们和老师都肯定地笑了。）

生 3：这个班级有 41 个小朋友去乘飞机。

生 4：35 号小朋友在想"这次我能上飞机吗？"

生 5：40 号小朋友也在想"我呢？"

师：大家可以先互相商量，再汇报。

（学生互相讨论。）

生：35 号小朋友这次能够上飞机，但 40 号小朋友这次不能上飞机。

师：那为什么呀？

生：因为有 3 架飞机，每架飞机可以乘 13 人，那么总共可以乘 39 人。所以 35 号小朋友可以上飞机，但 40 号小朋友这次就不能上飞机了。

有效地收集和整理信息，是解决实际问题的重要前提。上述教学片断中，教师在教学完新授内容之后，并没有避讳计算教学会枯燥、教学气氛会不热烈的这一难题，而是让学生就教科书上的"练一练"进行计算，以此来强化学生所学的知识，然后才是应用到生活的实际中。练习题选择的素材是学生经历过的、感兴趣的题目，买矿泉水、购衣服、乘飞机等活动充分体现了数学与生活的紧密联系，使数学回归生活，用课堂中解决数学问题的方法去解决生活中的问题。教师所选的题目体现了浓浓的生活味，具有很强的开放性，练习的过程也充分体现了学生的自主性和教师的民主性。从上面的教学片断中我们也注意到，要提高学生收集和整理信息的能力，要引导学生正确、有序地看图，先整体了解图中的情境内容，再看图中的个别信息，同时也要特别留意隐含在画面中的一些数据信息（如上述乘飞机图中的"限乘 13 人"），在此基础上整理信息，发现和提出问题，然后联系生活实际和学习经验，从数学的角度分析、取舍，从而达到解决问题的目的。

3. 在数形结合中发挥两种思维的合力

数学的学科特点之一是抽象性。小学生的思维处于由具体形象思维为主要形式逐步过渡到抽象逻辑思维为主要形式的阶段，而且这时的抽象逻辑思维仍然带有很大成分的具体形象性。尤其是低年级学生，更是形象思维占主导地位，正如乌申斯基所说，孩子们习惯"用形状、颜色、声音和一般感觉来思维"。日本物理学家、诺贝尔奖获得者汤川秀树也精辟地指出："不管我们从日常生活的世界走开多么远，抽象也不能通过它本身来起作用，而是必须伴之以直觉或想象。"

因此，在解决问题的过程中，可以运用形象思维的方式帮助学生理解问题的意义，运用抽象思维的方式帮助学生理解问题的数学本质，通过数形结合的方式发挥两种思维的合力，促进学生整体思维的提高。正如华罗庚所言："数形结合百般好，割裂分家万事休。"

【案例】《解决分数乘法实际问题》

教学片断之一——掌握分数应用题的解题思路

分数乘法应用题中"求一个数的几分之几是多少"的一步应用题，是分数应用题中最基本的，是学习分数除法应用题和稍复杂的分数应用题的重要基础。因此学生掌握这种应用题的解题思路具有重要的意义。教材第 12 页例 3 "一根电线长 20 米，用去 $\frac{4}{5}$，用去多少米？"这时可用一条线段来表示部分量和总量（投影片逐步显示成线段图，如下图所示），也就是几分之几与单位"1"的关系，即用去的 $\frac{4}{5}$ 是 20 米的一部分。

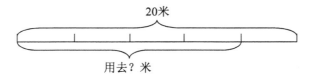

通过引导学生看线段图，根据分数的意义，即可用整数除法计算 $20÷5×4$。在此基础上再提高一步，根据一个数乘以分数的意义，直接用分数乘法来计算。在解答分数乘法应用题时，关键是弄清以哪个数量作标准，也就是把哪个数量看作单位"1"。由于有了直观的线段图，再根据题目中叙述的具体条件，明确"用去 $\frac{4}{5}$"是指用去了 20 米的 $\frac{4}{5}$，所以把 20 米看作单位"1"，进而说明求用去多少米就是求 20 的

$\frac{4}{5}$ 是多少，根据一个数乘分数的意义列出算式 $20 \times \frac{4}{5}$。用两种方法解答后，让学生比较两种解法之间的联系，学生在直观图示引导下，明白求 20 米的 $\frac{4}{5}$ 就是把 20 平均分成 5 份，求出其中的 4 份是多少。这样的教学过程，凭借形象的图示，联系分数的意义，通过与分数除法的沟通，使学生深刻理解"求一个数的几分之几是多少"应用题的数量关系，从而提高学生解决实际问题的能力。

　　教学片断之二——重视数、形之间的互译训练

　　运用数形结合解题的基本途径，是数、形互译。选择数量关系译成图形（这是再造性想象的过程），以便使学生把数量关系形象化；再根据对图形的观察、分析、联想，逐步译成算式，以达到解决问题的目的。运用数形结合的方法教学新知后，在思维训练时，应进一步培养学生掌握数、形之间互译的学习方法。比如，教学了分数乘以分数的意义和计算方法后，出示下题（如下图 1、2、3 所示）让学生进行数形互译（投影片覆盖）。

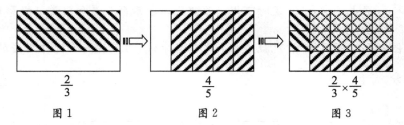

图 1　　　　　　　　图 2　　　　　　　　图 3

　　训练时，先让学生把数译成图形，再从图形的观察、分析可译成：打斜线部分是单位"1"的 $\frac{2}{3}$，而打网线的部分又是 $\frac{2}{3}$ 的 $\frac{4}{5}$，再联系分数乘分数的运算方法，得出 $\frac{2}{3} \times \frac{4}{5} = \frac{2 \times 4}{3 \times 5}$，最后把计算结果与图形中的结果对照验证。这样的数形互译训练，能促进学生从感性和理性的双重角度深刻理解分数乘法的计算法则，使学生对知识达到结构化程度。

　　从这里可以看出，数、形互译过程，既是解题过程，又是学生的形象思维与抽象思维协同运用、互相促进、共同发展的过程。由于抽象思维有形象思维做支持，因此可以使学生深刻理解分数乘以分数的计算方法这一难点。

4. 适当教给学生一些解决问题的策略

"形成解决问题的一些基本策略，体验解决问题策略的多样性，发展实践能力和创新精神"是《课程标准》确定的课程目标之一。

"解决问题"是一个包含多个环节的复杂过程。我们不仅要研究学生解决问题的系统过程，从强化四则运算意义教学、加强生活实际联系、采用数形结合方法等方面研究，还应该让学生在解决问题的过程中体验作为策略的价值，帮助学生把解决问题的一些具体经验上升为数学思考，形成解决问题的策略，从而进一步提高学生解决问题的能力。

解决问题的策略是在长期的数学教学中，通过大量解决问题的活动逐渐培养的，也是在各个领域数学内容的教学中逐步发展的。解决问题的策略可理解为解决问题时的计策与谋略。策略不同于方法，策略是方法的灵魂，是对方法本质的认识，是运用方法的指导思想。策略直接支配方法的设计和运用。方法是策略的表现形式和实现手段，在策略的调控下根据具体问题加以选择和运作。具有策略的人，善于创造和灵活地使用方法。方法可以在传递中习得，教师可以告诉学生怎样做并示范给他们看。但策略却不能从外部直接输入，只能在方法的实施中感悟获得。

执教问题解决研究课

事实上，从波利亚的《怎样解题》开始，对解决问题的策略已经有了许多的研究，提出了一些比较常用的策略，包括使用图表、寻找模式、列举所有情况、从特例开始实验、猜测与检验、尝试错误、构造简单问题等。小学生解决问题的主要策略有猜测、画图、举例、模拟、简化、验证、延伸等。在教学解决问题的策略时还应该注意，不要把解决某一个具体问题作为教学的主要目标，而要看学生是否感受到有关策略是有用的，愿意在解决问题的过程中运用这一策略，并获得一些成功的体验。教学中要指导学生通过对解决问题过程的回顾与反思，不断增强运用有关策略解决问题的自觉性。

（该文发表于 2007 年第 11 期《福建教育》，选录时标题和文字略有改动。）

（三）理想的解题策略教学

《义务教育阶段数学课程标准》在"实施建议"中明确指出："要鼓励与提倡解决问题策略的多样化""让所有学生都能主动参与，提出各自解决问题的策略，并引导学生通过与他人的交流选择合适的策略，丰富数学活动的经验，提高思维水平"。在第一学段的学习中，学生已经积累了一定的解决问题的经验，初步了解了同一问题可以有不同的解决方法。为了让学生把解决问题的一些具体经验上升为数学思考，不断增强运用策略解决问题的有效性和自觉性，进一步提高解决问题的能力，苏教版课程标准数学教材从三年级开始，每一册都编排了一个"解决问题的策略"单元，相对集中地介绍了从条件想起、从问题想起、列表、画图、列举、转化、替换、灵活运用策略等解决问题的基本策略，从而使这一课程目标的落实有了具体的依托。不难看出，教材单独编排"解决问题的策略"这一系列单元，旨在突出提高解决问题的能力需要形成策略这一观点。

课程改革实验以来，对于解决问题的策略教学研究缺乏系统性。由于苏教版实验教材中首次把解决问题的策略作为独立的教学内容，而以培养策略为主要目的解决实际问题教学，又不同于以往的应用题教学，因此在教学实践中也出现了一些问题和困惑，主要表现为：解决问题到底有哪些策略？策略与方法有什么区别？策略与思想有什么不同？怎样让学生掌握解题策略？如何使学生初步形成策略意识？下面，我将结合自己的教学实践谈谈如何把握"解决问题的策略"的教学目标。

1. 素材服务于策略需要

诚然，解决问题的策略是在长期的数学教学中，通过大量解决实际问题的活动逐渐培养的，也是在各个领域数学内容的教学中逐步发展的。但是，解决问题的策略教学，不是以解决问题为终极目标，而是重在策略的形成和发展。

教材编排解决问题策略的教学素材时，结合学生的解题经验和有关策略的使用特征，精心选择了例题和习题，为教师的教和学生的学提供了基本的保证。不过，很多素材中呈现的数学问题，如果仅从解决问题的角度，也许可以采用多种方法解决，甚至本课要学习的策略或许还不是最佳策略，但是，在教学时我们应该从"策略"的角度来教学解决问题，即树立"素材服务于策略需要"的目标意识。

【案例】《解决问题的策略——列表》（四年级上册）

本单元是以有条理地整理信息，发现数量之间的联系作为策略教学的切入口。该例题则以归一问题和归总问题为素材，让学生用列表的策略整理信息，学习整理有效条件的方法，体会列表的策略对解决问题的作用。在教学时，解决问题不是最终目标，让学生在解决问题的过程中逐步掌握列表整理信息的方法，才是教学的落脚点。因此，例题教学时可以以"填表整理→讨论思路→列式解答"为活动线索，重在引导学生经历填表的过程，理解表格的结构，并通过列表引发解题思路、找到解题方法。尤其是在学生列表之前与列表之后进行比较，让学生充分感受列表策略运用的优势，即一方面使信息条理化、简洁化，另一方面通过整理信息引发解决问题的思路。

通过这部分内容的教学，遵循"素材服务于策略需要"的目标，让学生在解决实际问题的过程中，学会列表策略，并逐渐养成整理信息的习惯。当然，整理信息的方法和形式也是多样的，列表整理只是其中易于操作的一种。而且，在学习列表整理信息的策略时，也需要灵活和简化。例如，上述例题中，引导学生列表时可以逐步合并表格，简化表格，甚至以箭头图的方式进行整理，即从有形的整理过渡到无形的整理，逐渐提升学生整理信息的水平。

可见，在教学解决问题的策略时，首要的目标不是解决问题本身，不是解决问题的具体方法，也不是解决问题的类型，而是透过学习素材本身并通过解决问题的过程形成相关策略。

2. 经历策略的形成过程

有效的数学教学，应该从学生已有的生活经验出发，让学生亲身经历将实际问题抽象成数学模型并进行解释与应用的过程。解决问题的策略不能直接从外部输入，只能在方法的实施过程中通过体验获得。而体验是一种心理活动，是在亲身经历的过程中获得的意识与感受。因此，在解决问题策略教学中，让学生经历策略的形成过程是必须追求的重要目标。

教学解决问题的策略时，如何让学生不断经历策略的形成过程呢？这首先需要教者对学习内容的正确理解和对学习过程的精心设计。

【案例】《解决问题的策略——替换》（六年级上册）

教材中的例题：

小明把 720 毫升果汁倒入 6 个小杯和 1 个大杯，正好都倒满。小杯的容量是大杯的 $\frac{1}{3}$。小杯和大杯的容量各是多少毫升？

教者设计的变式题：

把 720 毫升果汁倒入 6 个小杯和 1 个大杯，正好都倒满。

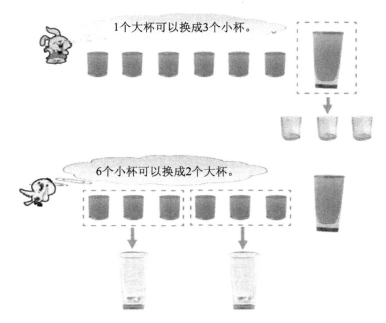

大杯的容量比小杯的容量多 20 毫升。

小杯和大杯的容量各是多少毫米?

在例题教学时，教师不必任由学生运用多种方法（列方程、假设法等）解决问题，而是可以直接提出"如何运用替换的策略解题"，通过自主探索→回顾反思→变式训练→对比概括等环节，组织学生开展画图、叙说、推想、验证、比较、概括等丰富多样的数学活动，完整地经历"替换"策略的形成过程。

特别需要指出的是，当学生经历了两种类型的替换之后，可以组织学生比较和讨论，使学生初步明白：倍数关系替换的结果总量不变，而相差关系替换的结果总量变了；倍数关系替换时，杯子的总数变了，而相差关系替换时，杯子的总数不变。这样的深究性学习，有利于学生对替换策略的认知水平达到精加工状态，有利于学生替换思考的数学化和模型化，从而形成对替换策略的本质理解。

因此，在教学解决问题的策略时，重点是让学生经历策略的形成过程，让学生通过自己的探索和实践逐步建立起相应策略，并对该策略的基本特征有准确的把握。

3. 体验策略的价值

作为教者和学习者，都应该思考：解决问题策略的价值到底是什么？在数学教学中，解决问题策略的价值并不局限于获得具体问题的结论和答案，其更重要的意义在于每个学生获得对问题的深入理解，形成自己解决问题的基本策略，并深深体会作为策略的独特价值。通过教学，要让学生不断思考"为什么要使用这种策略？怎样使用这种策略？使用策略有什么好处？在什么情况下使用该策略？"等问题。

在教学中，可以通过每一个问题的解决让学生不断回顾解题过程，让学生比较策略使用前后的数量特征，让学生探寻策略使用中的数量变化情况等。上述课例中，在例题教学时，当学生通过动手画图、列式计算、检验结果之后，教师不必马上结束例题教学，而应该组织学生反思和比较，着力思考"为什么需要替换策略？""替换的依据到底是什么？""替换之后数量关系发生了什么变化？"等问题，在反刍中逐步建构替换的数学模型。进而使学生初步归纳出替换策略的价值——把两种量与总量之间复杂的数量关系转化为一种量与总量之间的简单数量关系，把不能直接解决的问题变成可直接解决的问题。在例题教学之后应该直接进行比较和反思，还可以继续通过例题变式性练习和巩固应用性练习，让学生在运用策略解决问题的之前和之后，不断体验到替换策略的独特优势——使复杂的问题简单化。这样的学习过程设计，学生不仅获得了解决同类问题的成功经验，更重要的是不断增强了运用替换策略解决问题的自觉性，从而体会了作为策略的价值。

所以，解决问题策略教学的核心目标，是让学生在解决问题的过程中不断体验到策略的价值所在，逐步培养判断和选择策略的合理性，达到对策略的深度理解。

4. 提升学生的数学思想

策略是什么？所谓"策略"，是"根据事情发展而制定的方针和对策"，实质是一种对解决问题方法的理解、体会和升华。从字面上看，解决问题的策略也可理解为解决问题时的计策与谋略。可见，策略与方法既有联系也有区别，它们的关系类似于战略与战术的关系。策略是介于方法和思想之间的一种过渡状态。策略是方法的灵魂，是对方法本质的认识，是运用方法的指导思想；策略是思想的雏形，是形成数学思想的有力支撑。策略直接支配方法的设计和运用。方法是策略的表现形式和实现手段，在策略的调控下根据具体问题加以选择和运作。具有策略的人，善于创造和灵活使用方法。不过，方法和策略的获得并不是教学的终极目的，我们应该通过策略的学习，帮助学生不断积累数学活动经验，感受解题策略价值，提升数学思想方法。

【案例】《解决问题的策略——转化》(五年级下册)

下面两个图形的面积相等吗？

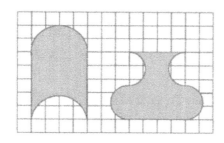

你是怎样想的？
在小组里交流。

回顾一下，我们曾经运用转化的策略解决过哪些问题？

推导三角形面积公式时，把三角形转化成平行四边形。

推导圆面积公式时，把圆转化成长方形。

计算小数乘法时，把小数乘法转化成整数乘法。

计算分数除法时，把分数除法转化成分数乘法。

　　作为六年级下学期的学生，已经积累了相当多的解决问题的实际经验（包括解决问题的基本方法和策略），此处教学"转化"的策略。从某种意义上说，转化其实是解决问题时经常采用的一种方法，能把较复杂的问题变成较简单的问题，把新颖的问题变成已经解决的问题。转化的手段和具体方法是多样而灵活的，既与实际问题的内容和特点有关，也与学生的认知结构有关。与前几册教材教学的列表、画图、列举、倒推、替换等策略相比，转化策略的应用更为广泛。上述课例中，教材编排了图形等积转化、面积计算公式推导方法转化、小数乘法和分数除法计算法则转化、特殊分数加法的数形转化等素材，使学生通过再现与回顾学习过程，意识到转化是经常使用的策略，从而主动应用转化的策略解决问题。

从教材的编排流程可以看出，"转化"作为解决问题的一种常用策略，是学生灵活运用多种方法（如画图、代换等）解决问题的过程中感悟获得的。而转化策略获得的教学过程中，依据"提出实际问题→解决实际问题→回顾再认解题活动"的教学线索，采用了回顾与分析、变式与对比、感悟与体验等渠道，逐步使学生对"转化"策略达到深刻理解和掌握水平，从而达到提升学生的数学思想的目的。随着学习的深入，学生所遇到问题的类型也在不断变换，而解决这些不同类型问题的策略却始终如一，学生对转化策略的运用越来越熟，对策略的理解也越来越深，从而形成"化归""数形结合"等重要数学思想。

综上所述，我们在教学解决问题的策略时，首要目标是选择服务于策略的相关素材，重要目标是让学生经历策略的形成过程，核心目标是不断体验作为策略的价值，而终极目标则是提升学生的数学思想。

（该文发表于 2008 年第 8 期《福建教育》，选录时标题和文字略有改动。）

躬身下问

（四）理想的情境创设艺术

课程改革以来，情境创设成了小学数学课堂上常见的教学组成部分，人们对情境创设的研究不断深入。实践证明，合理创设教学情境，能有效促进学生的数学学习和发展。那么什么是情境？乔纳森在《学习环境的理论基础》一书中，曾对情境做过这样的一段描述："情境是利用一个熟悉的参照物，帮助学习者将一个要探究的概念与些许的经验联系起来，引导他们利用这些经验来解释、说明、形成自己的科学知识。"

南京大学郑毓信教授也指出，好的情境设置应满足一个基本要求：就相关内容的教学而言，特定情境的设置不应仅仅起到"敲门砖"的作用，即仅仅有益于调动学生的学习积极性，还应当在课程的进一步发展中自始至终发挥一定的导向作用。

下面举例说明在小学数学课堂教学中创设情境的艺术。

1. 情境创设艺术之一：趣味性与知识性

【案例】《认识乘法》

情境创设 A：

（执教者在上课一开始，出示了一个像动画片一样的精彩画面——"动物学校"。）

师： 我们来比一比谁最聪明，看谁观察最仔细，看了这幅图你发现了什么？

生1： 我发现这儿真好玩！有小动物，有房子、大树、白云、河流、小桥。

师： 你真聪明！

生2： 我发现小河的水还在不停地流动呢！

师： 你观察得真仔细！

生3： 我发现小河里还有鱼儿在游呢！

生4： 我发现小兔们在开心地跳着。

生5： 我发现小鸡的头还在一动一动的，它们在啄米呢，还是在吃虫子？

生6： 我发现小桥上有两只小白兔，它们是要到桥这边来呢，还是要过桥去？

生7： 那里的两座房子，哪是小鸡家的，哪是小兔家的？

生8： 远处的白云在飘动着，好像在欢迎我们小朋友呢！

……

至此，十多分钟过去了，学生不断有新的发现，教师在肯定中不断提问"你还发现了什么？"于是，学生又不断有新的发现。

情境创设 B：

师：今天我们到动物学校去参观，大家开心吗？

生：开心！

师：在这块场地上你发现有几种动物？

生：有两种动物，是鸡和兔。

师：大家来看这些鸡和兔，它们今天是怎样排列的？

生1：它们是分散排列的。

生2：它们是一堆一堆的。

生3：我发现兔总是2只靠在一起，鸡总是3只围在一起的。

师：你观察得真仔细！我们想知道有几只兔，有几只鸡，该怎么办呢？

生1：我数一数，1、2、3、4、5、6，有6只兔。

生2：我这样数，2、4、6，有6只兔。

师：你为什么可以这样数呀？

生2：因为兔子是2只2只在一起的。

师：是啊！2只2只地数，还可以这样数呢——1个2、2个2、3个2（图像对应闪烁）。

生：我还可以算出来呢！2＋2＋2＝6。

师：是啊！在这道连加算式里我们也可以2个2个地数（引导学生看算式数3个2）。

生：数鸡的时候，我会3只3只地数，1个3、2个3、3个3、4个3。

……

案例透视

情境A中，在评课时老师们对这样的情境创设意见不一，有的老师认为情境创设很有趣味性，学生的积极性完全被调动起来，发现了很多有趣的现象，培养了学生的观察能力。而我在评课时则指出，这里的情境创设到底为哪般？这样的情境创设，是在上数学课还是在上看图说话课？课堂气氛虽然热烈，可课的性质却变了。

为了更好地研究情境创设的问题，第二天，我运用同样的情境进行了对比性教学（即情境B）。

在情境创设B中，我没有让学生只停留在情境的表面状态，也没有让学生在生动形象的情境中流连忘返，而是直接让学生在问题情境中有效地捕捉了数学信息（老师提的第一个问题就是"在这块场地上你发现有几种动物？"因为那些大树、河流、白云、小桥等信息对接下来学习乘法知识并没有直接关联，属于非数学信息）。教师通过三个简单问题切入情境，让学生在情境中初步感知"几个几"的生活现象，初步形成"几个几"数物体个数的技能，为接下来乘法学习做好必要的准备。

《课程标准》指出："要让学生亲身经历将实际问题抽象成数学模型并进行解释与应用的过程"，提出"让学生在生动具体的情境中学习数学"。可见，创设有效的数学情境能激发学生的学习兴趣，并为学生提供良好的学习环境。

但是，创设情境不能只图表面上的热闹，更不能让过多的非数学信息干扰和弱化数学知识与技能的学习及数学思维的发展。数学课上的情境创设应该为学生学习数学服务，应该有利于学生用数学的眼光关注现实生活，应该为学生学习数学知识与技能提供支撑，为数学思维的发展提供土壤。

2. 情境创设艺术之二：生活味与数学味

曾经的数学课，计算教学总是那样的单调枯燥（复习→示例→模仿→训练），应用题教学则走进了人为编造、纸上谈兵的死胡同，计量单位和几何形体知识的教学也常常是只动口不动手、只计算不应用、一应用就闹笑话，学生学到的数学知识大多成了游离于生活之外的空壳。

如今的数学课，"生活味"渐渐浓了起来，有时甚至超过了"数学味"。

【案例】《搭配中的学问》

引入——周一的菜谱（肉丸子、白菜、冬瓜）。让孩子们按一荤一素搭配起来，使学生能初步理解搭配的意义。

展开——周三的菜谱（排骨、鱼、豆腐、油菜）。让孩子们按一荤一素自由地搭配，在搭配的过程中体验有序搭配的必要性与价值，从而使学生产生有序搭配的内在心理要求。

巩固——周五的菜谱（肉丸子、虾、白菜、豆腐、冬瓜）。让孩子们说一说，按一荤一素有哪几种搭配方法，并想一想怎样搭配不容易重复和遗漏。

应用——超市购物（出示超市食品柜台，自由选一瓶饮料、两样主食、三样副食）。

乍看上去，这节课可谓是具有浓浓的"生活味"，学生始终在具体的生活场景中学数学。但是我们在听课中发现，学生为了在纸上写出这些菜名，老师为了把学生的搭配结果一一板书在黑板上，费了很多时间（其实在教学时完全可以用符号来替代荤菜和素菜）；整堂课黑板上写满了菜名，大家说的也全是菜名，而且当学生汇报时，很容易把荤菜和素菜搞混淆，学生看到或听到这些菜名时都先要想一想是荤菜还是素菜，再想办法搭配，人为设置了不必要的障碍，更不用说学生看到这些美味所引起的条件反射了。尽管孩子们在挑选和搭配时显出了极其的可爱，教室里也不时有一阵阵笑声，但数学的力量与价值在这种有点异化或泛化的生活化中显得苍白与无力。

案例透视

数学课堂教学中的情境创设，需要必要的"生活味"，需要让孩子在生活场景中理解数学、应用数学。我们常说，数学教学要让学生知道数学知识的来龙去脉，不能只"烧中段"，应该是"烧全鱼"。这里的鱼头，应该是产生数学问题的情境和数学抽象；鱼中段应该是数学的符号变换，包括数量计算和逻辑演绎、经验归纳以及空间联想；鱼尾应该是数学的应用。所以，"生活化"应与"数学化"结合起来，而且，生活化情境也应是有选择的，应是现实的、有意义的和富有挑战性的，应有浓浓的"数学味"，应避免虚幻和幼稚化倾向。

我不是反对数学课堂的生活化，我反对的是把生活化作为数学课的单一追求甚至是唯一追求。既然"数学是人们对客观世界定性把握和定量刻画、逐渐抽象概括、形成方法和理论，并进行广泛应用的过程"，我们是否可以把数学与生活的关系做如下设定："生活问题→数学问题→数学模型→数学问题→生活问题"？这里特别需要指出的是第二个"数学问题"——在学生初步建立了数学模型之后，不应过早地让学生去面对复杂的生活情境，过早地去解决具体的生活问题。应该首先让学生解决相应的数学问题，使学生在理解的基础上逐步形成相应技能，然后再让学生运用相关知识和技能解决简单的实际问题。

正如郑毓信教授指出的，"我们所追求的不应是由'学校数学'向'日常数学'的简单'回归'，而应是两者在更高层次上的整合。"

3. 情境创设艺术之三：活动性与有效性

《课程标准》指出"数学教学是数学活动的教学"。这里所指的"数学活动"应是指数学观察、实验、猜测、验证、推理与交流、问题解决等思维实践活动。很多老师把这句话片面地理解为"数学教学是活动的教学"，甚至有老师以为课堂上活动越多越好。有时老师安排的活动为非数学活动，有的在活动时偏离了数学思维的轨道，有的活动安排过于饱和，过于追求表面热闹，常常将活动引向歧路，甚至出现老师无法控制的窘境。

【案例】《时、分》

（1）引入新课，猜谜语。（录音播放了 4 个有关时间和钟表的谜语，虽然学生经过思考最终都猜出来了，但是花五分钟时间用不同的谜面打同样的谜底，显得重复。）

（2）认识钟面，观察小组内自带的各式钟表。（学生拿出各式各样的钟表，有像小猫、小狗、小熊的，有的一按按钮就发出鸡叫、狗叫的，还有的放在桌上就不停地摇动和点头的，学生看到这么多奇异的钟表非常兴奋。）

（3）巩固钟面知识，让学生画钟面。（由于学生刚才的兴奋点都集中在钟面外形和功能上，再加上学生徒手画圆的技能较弱，展示学生画的钟面时竟没有一个把钟面指针、数字、大格、小格画全的，甚至还有很多学生画的是小猫、小狗。）

（4）认识 1 分，通过静坐、测脉搏、数数、跳绳等活动体验 1 分。（教师把学生分成四组同时开始活动，结果数数组有的数得很快有的数得很慢互相干扰，测脉搏组好多学生找不到脉跳处以至汇报时闹了很多笑话，跳绳组的两个代表跳到半分钟时就满头大汗直喘气实在跳不动了。在这么热闹的活动中，静坐组还能静坐吗？）

（5）认识 1 时，通过上课、课间休息等多媒体画面体验 1 时。

（6）认识几时几分，让两个学生说自己是怎样看出几时几分的。（这是本课的学习重点和难点，老师只叫了两个优生口答一带而过）。

（7）学生拨学具钟。（老师说时间学生拨，同桌说时间互相拨）。

（8）比赛修钟表。（把标明时间但缺少时针或分针的钟面添上指针，看谁修得准修得快。）

（9）排序——合理安排一天的作息时间。（选择了 8 个同学戴上写有时间的头饰到台上排序并说一说这个时间该干什么，这个活动花费了将近十分钟，但活动的目标与本堂课有多大关联呢？）

（10）故事"时光老人来做客"。

案例透视

在创设情境时设计一些数学活动，使学生能在活动中学习数学、感受数学，加深对数学的理解和掌握，对数学产生兴趣、产生情感，是十分必要和有效的，但不可将数学活动设计简单化、模式化。事实上，如果学生始终停留于实际操作的层面，而未能在头脑中实现必要的重构或认知结构的重组，则就根本不可能发展起任何真正的数学思维。要避免将数学课变成单纯的活动课。因为数学是思维的体操，而思维是一种内隐的心理活动。很难想象，一个手舞足蹈的人如何有效地进行缜密的数学思维？

在创设数学活动情境时要注意：首先应明确目标，数学活动要促使学生"真正理解和掌握基本的数学知识与技能，数学思想和方法，获得广泛的数学活动经验"，即通过活动达到"数学化"的目的；其次应明确内容，数学活动主要是围绕数量关系、空间与图形、数据与可能性等方面展开，即在活动中发现和思考数学问题；再次应明确方式，多采用观察、实验、猜测、验证、推理与交流、问题解决等思维实践活动，即运用数学的思想方法经历过程、体验数学、探索数学。同时，在数学活动中老师应该有效地对活动进行调控，不能只图活动的次数多和活动的形式热闹，应在启发学生展开数学思维上做文章，因为"数学教学是数学思维活动的教学"（苏联数学教育家斯托利亚尔语）。

（该文发表于 2006 年第 6 期《四川教育》，选录时标题和文字略有改动。）

上了一节没有电脑课件的公开课

（五）理想的教材处理艺术

小学数学备课，从某种意义上看，是把作为"学术形态的数学"转化为作为"教育形态的数学"，即把作为"科学的数学"转化为作为"学科的数学"，而这种转化过程的核心环节是对教材的处理艺术。

众所周知，所谓教材，从广义上讲是指教学活动中所能利用的一切素材和手段，即教师指导学生进行学习的教学材料。而狭义的教材就是人们习惯上认为的教科书，是指按照教学大纲或课程标准规定的教学目标和教学要求，遵循教学规律和学生的认识规律，由专家和学者编著并供学科教学使用的知识载体。其实，尽管教科书是学校教学中重要的和基本的教学材料，但并不是唯一的教学材料。凡是承载教学内容和信息的物化的材料，都可以视为教材。从这样的意义上说，教材的含义是很广泛的。

可见，依据新课程理念，教材不单单是教师教学的材料，更是学生学习科学知识、提高科学素养、发展科学情感最重要的资源。它是一种教学资源，更是一种教学思想，是学生学习的材料，是帮助学生实现三维目标发展的一种载体。如何合理地使用教材、有效地整合学生的学习资源，已成为我们进一步落实新课程标准理念，实现学生综合素质和谐发展的"瓶颈"。学校的课堂教学是合理使用教材的主阵地，如果处理不妥就可能出现"照本宣科"式的围绕课本教学、"空洞说教"式的围绕课标教学、"被学生牵着走"式的围绕学生教学等现象。因此，学习与尊重教材，领悟与理解教材，处理与创生教材，走课标、教材与学生"三结合"之路，对提高课堂教学效率、改进课堂教学能起到积极、有效的作用。

那么，备课时如何合理进行教材处理呢？我认为应该建立三个基本理念。

1. 理念之一：尊重教材

教材是课程实施的重要依据，也是课堂教学实施的重要范例。它的形成是一大批相关学科的专家与一线优秀教师经验与智慧的结晶，有着丰富的知识内涵。学习与尊重教材，首先要明确教材在教学中的重要性，即教材是教师教学和学生学习的重要工具；其次要认真研读教科书与深入了解学生已有的知识经验，看清知识内在的联系、情境背后的问题、过程当中的方法。

【案例】六年级《百分数的意义》

教材例题：

"绿峰林场去年种杨树 100 棵，成活了 98 棵；种杉树 400 棵，成活了 380 棵；种松树 500 棵，成活了 485 棵。"

教师更换：

"第 28 届奥运会上中国女排获得了金牌。为了评选最佳球员，把扣球情况进行了技术统计如下：1 号扣球 15 个得 9 分，2 号扣球 4 个得 3 分，3 号扣球 20 个得 14 分。"

学习过程：

学生 1：我认为 2 号是最佳球员，因为她得分率是 75%。

学生 2：我认为 3 号是最佳球员，因为她得分最多。

学生 3：我认为 1 号也有可能是最佳球员，她扣球得了 9 分，她还可能传球很好，或者拦网很好呢。

······

案例透视

教材是教育专家经过深思熟虑、精心选择的典型教学材料。作为使用者的老师，首先应该尊重教材，深入钻研教材，不要轻易改动和随意更换。上述案例中，教材精心选择了植树成活率这一典型素材，而教者更换为奥运会女排扣球和最佳球员评比的素材，表面上看好像体现了数学的生活化和时代性，但是在设计时却存在明显的缺陷，以致学生在数学本质之外纠缠不休，反而影响了数学学习。

【案例】三年级《分数的初步认识》

教材编排，如下图所示：

把每种食品都平均分成2份，每人各分得多少？

教材创设了学生经常遇到的分取物品问题，自然地引入"半块"蛋糕怎样用分数来表示的问题。

教师更换：

一位教师不满足于课本上图画式的分数问题的引入，把分数的引入更换成了实物操作演示的过程。

课始，教师拿出 4 个苹果问学生："现在老师想把这 4 个苹果（形状、重量都差不多）平均分给两个同学，怎样分比较合理？"学生："这还简单，每人两个。"教师满意地表扬了同学们。接着，又拿回分给一个同学的两个苹果问："现在老师想把这两个苹果平均分给另外两个同学，又该怎样分呢？"学生很顺利地回答："每人一个。"教师再取回其中的一位同学的那个苹果问："现在老师想把这个苹果平均分给两个同学，怎样分？"学生："每人一半"，说着教师用刀子把这只苹果切成了两半。接下来开始引领学生来用怎样的数表示这半个苹果。

就在这时，有个学生叫了起来："老师，你这样的分法不公平！也不是平均分！"

案例透视

教师在研究了教材之后，抛弃了教材中的编排思路，创设了这样一种实物操作演示引入分数的方法，结果分得苹果的数量从整数逐层递进到分数，看似比教科书上的画面生动多了，但这样的分法致使第一位同学拥有两个苹果，第二位同学拥有一个苹果，第三、四两位同学各拥有半个苹果，其中后两次分配苹果，每一次都是对分数"平均"意义的一次"冲撞"，学生在这样的基础上开始认识分数难免会产生歧义。

【案例】五年级《分数的意义》

师：今天学习的是分数。

（1）关于分数，我已经知道了什么？

生 1：分数的加减法。

（举例。）

生 2：$\frac{1}{3} + \frac{2}{3} = \frac{3}{3}$，就是 1。

生 3：分数是由三个部分组成的。

（举例，老师板书：$\frac{3}{4}$，分子，分母，分数线。）

生 4：我还知道，分数可以化成小数，$\frac{1}{10}$ 等于 0.1。

师：老师也来说一说我知道的，好吗？

（出示：分数的演变过程图。）

生：读 $\frac{1}{4}$。

师：其实这四幅图，都表示 $\frac{1}{4}$，这就是分数的变化。

（老师介绍分数的演变过程。）

（2）关于分数，我还想知道什么？

生 1：分数的乘除法。

生 2：分数能不能在应用题中应用？

生 3：我想更简便地运用分数的乘除加减。

师：同学们，我们带着问题去学习好吗？虽然有些问题，我们不可能一下子就全学完，但我们有很好的老师——课本。大家看一看课本，你就能明白了。看书时，会的就学着，不会的我们可以跳过去，用笔做一下记号即可。

（学生自学课本，教师巡视。）

（3）关于分数，自学课本后，我又知道了什么？

生：我又发现，把单位"1"平均分成若干份，表示这样的一份或是几份，就是分数。

师：这就是分数的意义。

生：我知道了什么是"整体"。

师：我们一个班可以看作是一个整体，一个人也可以看作是一个整体。

生：我知道了分数的产生。

师：得不到整数的结果，可以用分数表示。

（4）我还有什么地方不明白？

师：大家在自学的过程中，有什么不明白的地方，可以提出来交流。

生：有 4 个苹果，加上半个苹果，再平均分给 5 个小朋友，每个小朋友分得多少？

案例透视

教者通过层层递进的 4 个问题引领学生探究分数的意义，不仅尊重了教科书，让学生带着问题获取教材上原汁原味的知识；而且还尊重了学生，依据学生的回答，呈现出学生已有的知识结构，暴露出学生想进一步了解认识分数的方向，创造出生动鲜活的教学素材，即广义的教材。

由上述几则案例和分析可以看出，尊重教材的本质其实是对教材的准确理解和科学把握。作为老师，在开展教学之前处理教材时，要准确理解教材的编排意图，从而依据数学知识发生发展的规律组织学习内容。同时，要依据小学生的学习心理和认知规律设计教学过程，让学生在有效的数学学习活动中理解数学本质，获得和谐发展。

2. 理念之二：理解教材

在尊重与学习教材基础上，要深入理解教材，领会教材内容上的前后联系，摸清教材每一步知识呈现的意图，这样才能更好地发挥教材作用，有利于教师教得清楚，学生习得到位。

【案例】（苏教版九年义务教育六年制小学教科书）

四年级：《商不变规律》

"在除法中，被除数和除数同时扩大（或缩小）相同的倍数，商不变。"

五年级：《分数的基本性质》

"分数的分子和分母同时乘以或者除以相同的数（0 除外），分数的大小不变。"

六年级：《比的基本性质》

"比的前项和后项同时乘以或者除以相同的数（0 除外），比值不变。"

案例透视

数学是一门系统性、逻辑性很强的学科，各部分知识之间的纵、横联系十分紧密。学生学习新的数学知识都离不开其原有基础，教师只有理解了教材内容的前后联系，理清其来龙去脉，才能达到有效教学。上述案例中教学分数的基本性质时要联系商不变规律，因为分数和除法有着密切的关系。但是为什么商不变规律教学时用的是"同时扩大（或缩小）"，而且不说"0 除外"呢？其实只要稍微了解整套教材的知识编排体系就可以发现，四年级教学商不变规律时，学生的认数还主要处于整数领域，到了五、六年级，学生认数的领域扩展到分数和小数，学习分数的基本性质和比的基本性质，就和商不变规律有了区别。

【案例】四年级《求平均数》

教材是按照如下的步骤展开对平均数问题的引入与探究的：

第一步：教材创设了学生投篮比赛这一活动情境，如下图所示。

某小组有 5 名男生、4 名女生，进行投篮比赛。下面分别是男生队和女生队每个人在相同时间内投中情况统计图（●表示投中 1 个）。

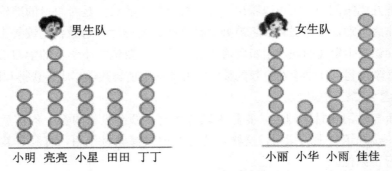

第二步：引发如何合理比较男生队与女生队的成绩问题，如下图所示。

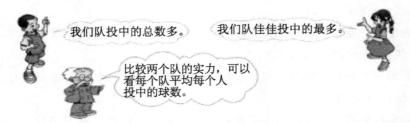

第三步：通过"移多补少"的操作演示，得出两队的平均成绩，把"平均数"这一实际上并不存在的数直观形象化，如下图所示。

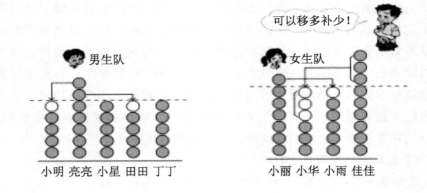

第四步：在实践操作的基础上再建立"求平均数问题"的数学模型，如下图所示。

也可以通过计算来求平均数。

男生队平均每人投中（4＋7＋5＋4＋5）÷5＝5（个）。

女生队平均每人投中（7＋3＋5＋9）÷4＝6（个）。

女生队平均每人投中的多，女生队实力强些。

案例透视

教材的编排，逐步展示了平均数的含义和求平均数的方法。只有深入领会教材有关求平均数问题的每一步意图，才能理解"平均数"这一数学知识由生活化到数学化的过程，在课堂教学实践中也就会把每一个学习环节落实到位。有了对教材的准确理解，就可以在问题的积极探究与解决的强烈驱动下，使得整个教学过程逐层推进，学生主动建模。

由以上的几则案例和分析可以发现，理解教材是有效教学的重要前提和保证。理解教材，不仅要理解教材编排的层次和目标，还要透过教材呈现的素材和方式，理清知识点的来龙去脉，更要瞻前顾后，从学生学习数学的整体过程来处理教材。对教材的深刻理解，有助于教师在备课时抓住重点、分解难点，有助于教学过程中有针对性地帮助学生逐步习得知识技能，有序地发展数学思维，获得全面发展。

3. 理念之三：创生教材

教材所提供的只是一个指导性的文本，针对不同地区、不同层次的学生很难放之四海皆准。因此，教师要善于把握教材所反映的精神实质，对教材进行灵活处理，创造与生成新鲜的学生学习资源，让教材成为教者、学生之间互动探究的载体。

【案例】三年级《除法》单元《复习》的第 6 题

84÷2÷2	78÷3÷2	96÷2÷4
84÷4	78÷6	96÷8

教材的编排意图是让学生在对比中感悟连除与除以两数积的异同点。

教师在实际教学过程中是这样来处理和教学这一内容的：

师："我们先来计算最左边竖行的一组题。算出答案后观察、比较，看看会有什么新的发现。"

生1："这两题的商一样。"

师："仔细比较这两题还有哪些地方相同呢？"

生2："这两题的被除数也一样。"

生3："这两题都是除法运算。"

师："联系这两个除法算式，被除数相同，第一行是经过两次除法运算，而第二行只经过一次除法运算，商即相同。你有什么大胆的设想吗？"

生4："我想到了上面一题的两个除数2加起来正好是下面一题的除数4。"

生5："我看上面两个除数乘起来也是下面一题的除数。"

师："这组题中连接两个除数的加法或乘法运算都能得出下面一道除法的除数，这两种猜想是不是都能适合其他类似的除法算式中呢？我们再来计算后面两组除法运算验证一下这两位同学的猜想吧！"

学生经过验证很顺利地掌握了这样的运算规律。

案例透视

看似简单的除法运算规律练习题，教师却能从教材提供的数字中拓展出学生猜想与验证的空间，拉开学生探究、领悟运算规律的训练层次，从而用活了教材安排的这三组运算规律练习题。

【案例】四年级《解决问题的策略》

教者进行了如下练习设计，如下图所示：

师：在生活中经常用到解决问题的策略。前两天，老师经过一家文具商店，听到商店里正播放着降价消息呢！

（录音播放。）

"顾客朋友们，你们好！本店由于街道拆迁，所有文具降价大甩卖喽！书包原价80元现价50元，文具盒原价20元现价12元，卷笔刀原价10元现价4元，钢笔原价15元现价8元……"

师：有三个小朋友准备买一些文具。

（出示文字信息。）

（小力：我买了3个文具盒。小红：我买4个书包。小芳：我买了10个卷笔刀。）

问题1：小红比小芳多付多少元？

问题2：小力比小红少付多少元？

师：请你选择解决一个问题，先设计一下表格怎么填，互相交流一下设计的表格，然后选择信息填表解答。

生：（选择问题、设计表格后）老师，刚才我们没有听清文具的价钱，能再播放一下吗？

师：好的，那在记录信息时，需不需要把全部的信息记录下来呢？

生1：不需要。我只记录我解决问题需要的价钱。

生2：我还要提醒大家，记录价钱时只要记现价，原价不要记，因为已经降价了。

（教师重新播放录音信息，学生选择记录并解决问题。）

案例透视

生活中到处有数学，教学资源无处不在。在完成了教材中有关解决问题的策略例题和习题教学之后，教者安排了这样一个有声的问题情境，向学生播放某商场有关物品降价的录音，呈现的不再是文本信息，学生自然产生了记录信息的需要。第二次播放录音时，学生记录并整理相关数据，根据信息各自提出心中想提的问题，用自己喜欢的方式整理信息、解决问题。这种既使学生进一步掌握了筛选、重组、整理信息的方法，又使他们获得了解决问题的成功体验，提高了学好数学的自信心的创造性设计，不失为一种"上佳"的策略。

由上述几则案例分析可以发现，对教材处理的过程就是发挥教师创造性的过程。通过对教材的创造性处理，常能使学生在获得必要的知识技能之后，在数学思维上获得更为有效的发展。

总之，尊重教材、理解教材、创生教材，是我们备课时应该树立的基本的教材观。教材只是一个载体，只是为有效的课堂教学提供了一种可能。教师只有认真研究与尊重教材，理解与把握教材，才能创造性地生成各种鲜活的教学资源，用活、用好教材就一定能成为现实。

（该文发表于 2013 年第 7 期《小学教学研究》，选录时标题和文字略有改动。）

钟情于计算教学研究

（六）理想的课堂反思艺术

新一轮基础教育课程改革实验已经走过十多个年头，最近又公布了《义务教育数学课程标准（2011 年版）》（以下简称《课程标准》）。课改的全新理念带来了全新的课堂教育生活，教师的教育观念、教学方式和学生的学习方式也都发生了可喜的变化。但是随着新课程改革实验的逐步深入，一些深层次的问题也随之出现。下面列举课改以来小学数学课堂教学中常见的几个误区，分别加以反思与分析，以寻求解决问题的对策。

1. 情境创设为哪般？

《课程标准》指出要"让学生亲身经历将实际问题抽象成数学模型并进行解释与应用的过程"，提出"让学生在生动具体的情境中学习数学"。确实，创设有效的数学情境能激发学生的学习兴趣，并为学生提供良好的学习环境。

我们知道，从数学的来源来看，一是来自数学外部现实社会的发展需要；二是来自数学内部的矛盾，即数学本身发展的需要。建构主义认为，学习总是与一定的社会背景即"情境"相联系的，在实际情境中学习，有利于意义建构。但是，创设情境不能只图表面上的热闹，更不能让过多的非数学信息干扰和弱化数学知识与技能的学习及数学思维的发展。数学课上的情境创设应该为学生学习数学服务，应该有利于学生用数学的眼光关注现实生活，应该为学生学习数学知识与技能提供支撑，为数学思维的发展提供土壤。

问题的另一方面，新课教学之前还要不要"复习铺垫"呢？其实，新课前复习铺垫的主要目的，一是为了通过再现或再认等方式激活学生头脑中已有的相关旧知，二是为新知学习分散难点。前者，只要有必要，则无可厚非。问题在于后者，常常有教师为了使教学"顺畅"，设计了一些过渡性、暗示性问题，甚至人为设置了一条狭隘的思维通道，使得学生无须探究或者稍加尝试，结论就出来了。这种把知识咀嚼烂了再喂给学生的所谓"铺垫"，对于发展学生主动获取知识的学习能力是不利的。

可见，创设情境和复习铺垫也不矛盾，并不是所有的数学教学都必须从生活中找"原型"，选择怎样的引入方式取决于教学的内容特点和学生的学习起点。

2. 调动积极性是教学目的吗？

曾几何时，数学课总是和抽象、枯燥、单调、沉闷联系在一起。有的教师为了让学生动起来，让数学课活起来，想了很多办法，可结果常常是教师"千呼万唤"，学生就是不动，有的教师又哄又奖，也只有少数学生在动。

如今，我们发现这样的情况一去不复返了。现在的课堂常常是热热闹闹，学生的积极性很高，有的时候整堂课学生都处在异常亢奋状态，甚至搞得教师招架不住无法应对。下面列举的是许多教师常常采用的一些调动学生积极性的做法。

一是过多廉价表扬。只要学生答对了问题，教师就是"很好""你真棒""真聪明"。有时学生仅是重复别人的答案，有的答案还不完整，甚至是错误的，教师都给予表扬。而那些确实表现突出的学生却在教师一视同仁的评价中失去了应得的肯定和激励。

二是不敢批评学生。为了保护学生的积极性，有的教师采用所谓延迟评价或模糊评价的方法，于是出现了在课堂上少评价甚至不评价的现象。学生对概念和方法理解不清或者出现偏差，教师不置可否；有的学生出现了错误，教师视而不见；甚至个别学生失去自控，严重干扰了正常教学，教师也不敢批评学生。一堂课下来，总是"好"声一片。

三是大搞物质刺激。上课坐得端正奖一朵红花，回答了一个问题奖一颗五角星，字写得工整奖一支笔，题目做得快奖一颗巧克力……无论学生回答得如何，总有物质的回报。一堂课下来，学生的脸上被贴上好多金星，身上花花绿绿。许多教师片面认为，笑一笑、点一点头的鼓励方式力度不大，似乎只有物质刺激的力度越大，学生才会越积极。

关注人的发展是新课程改革的核心理念。课堂学习过程应该成为学生一种积极的情感体验过程。在充满生命活力的课堂上，学生应该是自由的、充实的、快乐的、幸福的。

诚然，充分调动学生的积极性，对上好一节课来说是十分重要的。但更重要的是学生在课堂上学到哪些数学知识，受到什么启发，获得哪些发展，而不应该仅仅获得浅层次的满足。调动积极性不是教学目的，只是促进学生更好地学习和发展的手段。

我不反对表扬学生，也不反对物质奖励，更不是提倡教师经常批评学生。只是认为过多的廉价表扬会导致学生的浅尝辄止和随意应付，过分的模糊评价会导致学生的知识缺陷和是非不分，大搞物质刺激则会导致学生的急功近利和情绪浮躁。

3. "生活味" ＞ "数学味"?

曾经的数学课，计算教学总是那样的单调枯燥，应用题教学则走进了人为编造、纸上谈兵的死胡同，计量单位和几何形体知识的教学也常常是只动口不动手、只计算不应用，学生学到的数学知识大多成了游离于生活之外的空壳。

数学课堂教学需要必要的"生活味"，需要让孩子在生活场景中理解数学、应用数学。我们常说，数学教学要让学生知道数学知识的来龙去脉，不能只"烧中段"，应该是"烧全鱼"。这里的鱼头，应该是产生数学问题的情境；鱼中段应该是数学的抽象过程以及数学符号的变换，包括数量计算和逻辑演绎、经验归纳以及空间联想等；鱼尾应该是数学的应用。所以，"生活化"应与"数学化"结合起来。而且生活化情境也应是有选择的，应是现实的、有意义的和富有挑战性的，应有浓浓的"数学味"，应避免虚幻和幼稚化倾向。

我不是反对数学课堂联系学生的生活，我反对的是把生活化作为数学课的单一追求甚至是唯一追求。正如郑毓信教授指出的："我们所追求的不应是由'学校数学'向'日常数学'的简单'回归'，而应是两者在更高层次上的整合。"

4. 合作交流＝小组学习？

学习方式的转变是课程改革的一个亮点。《课程标准》也指出："有效的数学学习活动不能单纯地依赖模仿与记忆，动手实践、自主探索与合作交流是学生学习数学的重要方式。"而现在，我们在数学课堂上看到的几乎都是小组学习形式，这似乎成了一种时尚，尤其是在公开观摩课教学中。我清楚地记得，1993年参加全国首届小学数学课观摩评比时，26节课学生全都是坐成"秧田"式的；而2001年我参加全国第五届小学数学课堂教学观摩课时，发现32节课中有23节课都是采取的小组学习形式；最近我参加了某市小学数学观摩活动，14节课竟然全部都采用了小组学习形式。

在一些数学课堂上，我们常常见到如下的镜头：

几张桌子拼凑在一起，学生坐成"U"字形或围成一圈（小组内有大半的学生身体朝着左或右，头却要转过去朝着前，一堂课下来腰酸脖子痛）；当教师号令一下"现在开始合作"，学生马上动了起来，有的小组内所有学生都在做同样的事情，有的小组学生连合作干什么都还没有搞明白，教师又说"停止"，学生则马上恢复原状。过一会当听到教师的号令又来一次"合作"。当教师说"现在小组内交流一下"，小组内每个学生马上都开始发言了，你说你的，我说我的，教室里很是热闹，可小组内谁也没有听清同伴的发言，有的甚至连自己说了什么都不清楚；当教师让小组推选代表发言时，总有个别学生"代表"了全组，成了专门的发言人，更多的只是陪客、旁观者（在某种程度上，小组学习产生的旁观生的心理伤害程度比大班教学中更甚）。有的班级学生人数有六十多甚至七八十，教室里分成了十几组，教师想全面了解每一组的合作情况几乎不可能。

小组学习是一种重要的学习方式，能有效弥补一个教师难以面向众多有差异学生的教学不足，有利于培养学生的竞争意识和合作精神。但是，从另一个角度来看，小组学习只是众多学习方式中的一种，而且国外早就有专家研究指出，最适合进行小组学习的学生人数一般不超过 25 人。我国的教育现实是：绝大多数班级学生人数是超过 25 人的，有相当多的班级学生人数超过 50 人，甚至还有不少班级在七八十人以上。再从数学知识的特点来看，并不是所有知识都适合小组学习，也不是一节课的每一个环节都需要小组合作。班级教学、个人学习仍有着合作学习所不可替代的独特地位和作用。

因此，合作与交流首先应该是作为一种意识来激发，其次是作为一种能力来培养。在数学课堂进程中适合采用小组学习的时机一般有：个体操作条件不充分需要帮忙时，独立探索有困难需要相互启发时，形成不同意见有分歧需要交换时，学生争着发言教师不能满足其表现欲时等。

5. 算法多样化还是形式化？

"算法多样化"也是数学课程标准的重要理念之一。由于学生生活背景和思考角度不同，所使用的方法必然是多样的，教师应尊重学生的想法，鼓励学生独立思考，提倡计算方法的多样化。

算法多样化应是一种态度，是一个过程。算法多样化不是教学的最终目的，不能片面追求形式化。要真正实现算法多样化，应特别注意以下几点：

（1）应给学生更多独立思考的机会。教师要舍得放手，要相信学生，让每一个学生在面对数学问题时独立思考探索，尽可能自己找出解决问题的方法。

（2）并不要求每一个学生都能用几种不同的方法解决问题，不同于"一题多解"。"一题多解"是学生个体能力的表现，是对每一个学生提出的学习要求，是一种很高的学习要求，在某种程度上说是很难达到的要求。算法多样化是群体学习能力的表现，是学生集体的一题多解，是学习个性化的体现。

（3）教师不必"索要"多样化的算法，也不必为了体现多样化，引导学生寻求"低层次算法"。有时教材编排的算法在教学时学生没有出现，如果学生已经超越了的低层次算法，教师可以不必再出示，没有必要走回头路。

（4）在交流和比较中，让学生找到适合自己的最优算法。没有一种方法对每个学生都是最优的，只有学生自己喜欢的方法才是最优的算法。

我们还应该明白，算法多样化也是有前提的。各种不同算法要建立在思维等价的基础上，否则多样化就会导致泛化。从学生思维凭借的依据看，可以分为基于动作的思维、基于形象的思维、基于符号与逻辑的思维。显然这三种思维并不在同一层次上，不在同一层次上的算法就应该提倡优化，而且必须优化，只是优化的过程应是学生不断体验与感悟的过程，而不是教师强加的过程。而处于等价思维的算法，在优化时应特别关注"基本算法"，即：从教育学角度——教师易教学生易学的算法，从心理学角度——多数学生喜欢的算法，从数学学科角度——对后续知识掌握有价值的算法。

6. 活动越多越好吗？

《课程标准》指出"数学教学是数学活动的教学。"这里所指的"数学活动"应是指数学观察、实验、猜测、验证、推理与交流、问题解决等实践和思维活动。很多教师把这句话片面理解为"数学教学是活动的教学"，甚至有教师以为课堂上活动越多越好。有时教师安排的活动为非数学活动，有的在活动时偏离了数学思维的轨道，有的活动安排过于饱和，过于追求表面热闹，从而把数学活动引向了歧路。

我以为，设计一些数学活动，使学生能在活动中学习数学、感受数学，加深对数学的理解和掌握，对数学产生兴趣、产生情感，是十分必要的。但不可将数学活动设计简单化、模式化。事实上，如果学生始终停留于实际操作的层面，而未能在头脑中实现必要的重构或认知结构的重组，就根本不可能发展起任何真正的数学思维。要避免将数学课变成单纯的活动课。因为数学是思维的体操，而思维是一种内隐的心理活动。很难想象，一个手舞足蹈的人如何有效地进行缜密的数学思维？

在设计数学活动时要注意：首先应明确目标。数学活动要促使学生"真正理解和掌握基本的数学知识与技能，数学思想和方法，获得广泛的数学活动经验"，即通过活动达到"数学化"的目的。其次应明确内容。数学活动主要是围绕数量关系、空间与图形、数据与可能性等方面展开，即在活动中发现和思考数学问题。再次应明确方式。多采用观察、实验、猜测、验证、推理与交流、问题解决等实践和思维活动，即运用数学的思想方法经历过程、体验数学、探索数学。

7. "三无"现象

我们在数学课上常常见到这样的现象。

无看书。课堂上学生的数学书始终没有打开，有的甚至一上课教师就说"同学们，请把书合上，这一节课我们讲……"还有的课堂从开始到结束根本就见不到数学书。

无板书。一些公开教学的数学课，大多采用多媒体计算机辅助教学。多媒体课件的确给教学带来了一场革命，它的特点是形式多样，色彩鲜艳，富有动感。可我们也发现常常是课件牵着教师走，教师牵着学生走。课堂上教师被课件所累，学生成了课件的观众。课件里不断呈现精美的板书，但画面闪过之后，又到下一幅画面，一堂课下来黑板上仍旧是空无一字。

无作业。我最近参加某市小学数学课堂教学观摩活动，听了21节课，竟有15节课学生整堂不写一个字，占听课总数的71％。有1节课教师虽然布置了课堂作业，可是学生刚拿起笔，下课铃就响了。

小学数学课堂教学中的这种"三无"现象到底是什么原因造成的呢？

我在课程改革之初曾经调查了一些数学教师，不少高年级教师认为，现在的数学书（指原义务教育教材）缺乏可读性，主要是给教师看的，学生要么看不懂，要么看了也没有启发性。一些低年级教师则认为，现在的数学书（指课程标准实验教材）编得像卡通画册，一让学生看书，学生常常被那些精美的图片吸引，难以关注数学知识本身。有的教师认为，让学生看书、写作业，或者教师在黑板上板书，太"静"，有点"冷场"，缺乏观赏效果。还有的教师认为，"写"占用的时间相对多一点，安排"写"会耽误教师、学生表演的时间。

作为传统教学方法的看书、板书和作业，在课程改革后果真要被淘汰吗？我以为，数学课上必要的看书、板书和作业不仅不能被淘汰，在某些时候还应该强化。

现代心理学研究表明：任何学习都是学习者自主建构的过程。在这个过程中，离不开学习主体与文本之间的交互作用。数学书不仅是给教师用的，更是给学生用的。叶圣陶也曾说过，课本必须善读。阅读是学生学习权的重要内容，读书是学生主动学习的一种重要形式。在课前让学生看书预习，在课中让学生看书自习，在课后让学生看书复习，都是培养学生热爱学习、学会学习的重要途径。

数学课堂是学生习得数学知识与技能，学会用数学思考，发展思维能力，获得积极情感与态度的场所。对于这些目标，光靠眼睛和耳朵是远远不能达到的。古语云："好记性不如烂笔头""眼过百遍不如手写一遍"，书写有着无法替代的功能。写，既是思维外化的过程，也是思维格式化的成果。教师的写（板书），比课件的电子虚拟、一闪而过，有着无法替代的示范作用，更能显示数学知识的发生发展过程和思维的演变程序。而学生的写（作业），更是别人无法代替的。特别是一些计算教学课，需要通过一定量的练习模仿和针对性训练，才能形成必要的计算技能。课堂教学如果不能实现"当堂训练"，就会成为"夹生饭"，课堂教学的高效率就无从谈起。

8. 过程比结果重要吗？

《课程标准》在"课程基本理念"中指出："学习评价是为了全面了解学生数学学习的过程和结果。"小学数学课堂教学中，虽然不能让学生完完全全地去重复人类所经历的发现知识的过程，但适当地让他们参与知识发现和探索的过程，了解某些数学知识的由来，不但有利于学生理解和掌握知识，而且有利于激发他们学习的主动性和创造性。

如果说传统的数学教学只重结果、忽视过程，那么新课程改革后能否就应该只重过程、忽视结果呢？

我曾在某杂志上阅读过一篇教学"射线与角"的案例。

教师出示如下图所示的几个图形，让学生判断哪些是角，哪些不是角。

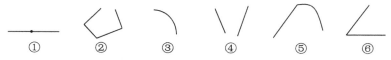

①　　②　　③　　④　　⑤　　⑥

学生在讨论时出现了以下的对话。

生1：我认为只有图①和⑥才是角。

生2：我的意见与生1一样。

生3：我想除了①和⑥以外，图②也应该是角。

师：我也这么想。

生4：我不赞成。因为图②与书上所讲的"角"的概念（从一点引出的两条射线所组成的图形）不同，那它肯定就不是角。

生5：我也认为图②应该是角。它虽然与书上所讲的"角"的概念不同，但书上所讲的关于"角"的概念是针对一个角而言，而图②有三个角，所以不能以此来说明图②不是角。

生6：图②不仅是角，它确实还有三个角。图④也应该是角，它是一个由两条直线组成的图形。既然直线可以向两端无限延伸，那它们就会相交于一点，因此，我认为它是角。

生7：但我想问，图④所表示的是同一平面上的两条直线呢，还是表示不在同一平面上的两条直线？如果是后者，那它们就根本无法相交！

……

那图②④到底是不是角呢？我们没有看到结论，我们见到的是教师在反思中所写的"听了学生们的这些对话之后，我觉得结论是什么已经不重要了，重要的是我看到了我的这些学生们个个充满信心的模样"。

从以上的案例中我们发现，在一些教师看来，过程似乎比结果更重要。这实际上是对课程改革理念的曲解。事实上，结论与过程是教学过程中面对的一对十分重要的关系。从教学角度来讲，所谓教学的结论，即教学所要达到的目的或需要获得的结果；所谓教学的过程，即达到教学目的或获得所需结论而必须经历的必要程序。如果说结论是数学课程的"肉体"，那么过程就是数学课程的"灵魂"。

数学的重要特点是抽象、简洁、明确。学生学习数学的重要目的之一就是理解和掌握具有统一性的正确结论，重过程的目的也是为了获得更多的结果。重过程轻结果的教学只会使问题悬而未决，降低课堂教学效率，难以完成教学任务。因此不能只关注学生学习和探索的过程，不能对学生的低效甚至是错误的结果不置可否，更不能"无果而终"。结果与过程有机结合才能体现数学的整体内涵和思想。数学教学只有结果与过程并重，才能有助于学生形成一个既有肉体又有灵魂的活的学科知识结构。上述案例中的图②应该不是角，只是折线而已，图④也不是角。

"极高明而中庸"（《中庸》），这是中国文化传统中极朴素的辩证思想。顾泠沅教授也认为：搞理论要走一点极端，搞实践应用必须"执其两端而用之"（〔宋〕朱熹），真理往往在两个极端的中间。每一次变革都是为了在对立面之间建立适当的平衡。随着课程改革实验的深入推进，人们逐渐以理性的态度对待课程改革中出现的新问题。小学数学课堂教学改革中出现的一些误区已经引起广大数学教育工作者的重视。以上只是列举了其中的八个比较突出的问题，旨在引发大家的思考，预防认识上的极端化和做法上的片面性，促进小学数学课堂教学改革的健康发展。

（该文发表于 2005 年第 7～8 期《小学数学教育》，选录时标题和文字略有改动。）

听课反思中

（七）理想的复习教学艺术

对于复习课的研究一直以来重视程度不够。复习课教学对于老师来说，存在不少认识误区：有一些老师认为复习课主要就是回忆旧知和题海训练；还有一些老师认为期末复习主要是再现知识点和加深练习题。复习课学习对于不少学生来说，也不大感兴趣：有一些学习基础较好的学生觉得复习主要是旧知炒冷饭，没有新鲜感和挑战性；而一些基础薄弱的学生则由于认知模糊而无法灵活运用，对复习具有学习畏惧感。针对这样的教和学的实际情况，加强复习课的研究显得十分必要，尤其是对期末复习课的专门研究。期末复习是对全册教材学习内容的一次全面整理和系统提高，是帮助学生形成认知结构的最佳时机，也是有效培养学生数学思维的重要载体。以下以小学阶段的解决实际问题教学为例，探讨理想的复习教学的艺术要点。

《义务教育数学课程标准（2011 年版）》在阐述课程目标时分为四个方面展开：

即知识技能、数学思考、问题解决、情感态度。在描述总目标时指出让学生"体会数学知识之间、数学与其他学科之间、数学与生活之间的联系，运用数学的思维方式进行思考，增强发现和提出问题的能力、分析和解决问题的能力。"

数学课程改革之前，在小学数学学习的内容领域中，应用题教学是重要的组成部分。课程改革以来，过去大量的应用题不再以单元集中编排的方式出现，而是结合各领域知识的教学进行分散编排，并且把过去的"应用题"改为"解决问题"，更重要的是把"应用题"从原来的内容领域上升为课程目标。而今，修改后的数学课程标准，又将课程目标中的"解决问题"改为"问题解决"，这给我们的教学带来新的启示。从"解决问题"到"问题解决"，不仅是概念词语的顺序发生变化，更重要的是所体现的理念发生变化。我以为，小学阶段的问题解决在总复习时要突出把握以下四个方面。

1. 明确"问题解决"的学习目标

《义务教育数学课程标准（2011 年版）》对于"问题解决"提出如下要求：

（1）初步学会从数学的角度发现问题和提出问题，综合运用数学知识解决简单的实际问题，增强应用意识，提高实践能力。

（2）获得分析问题和解决问题的一些基本方法，体验解决问题方法的多样性，发展创新意识。

（3）学会与他人合作交流。

（4）初步形成评价与反思的意识。

与实验稿一脉相承的是，修订后的课程标准把"问题解决"作为课程目标，而不是具体的内容领域。在阐述课程目标时，把过去的"解决问题"目标改为"问题解决"目标，这也启示我们，结合各领域数学内容教学，要更重视"问题意识"的培养。在数学的发展过程中，"问题是数学的心脏"。"问题"是任何事物发展的原动力，"发现问题→提出问题→分析问题→解决问题"是事物发展的全过程。因此，解决问题是数学教育的核心，培养学生解决问题的能力始终是数学教师需要研究的重要专题。基于"四基"的教学，新课标明确了不仅要培养学生分析问题和解决问题的能力，同时要注重发现问题和提出问题的能力培养。确实，曾经的数学教学在培养学生的问题意识方面成效不佳，尤其是如何培养学生发现问题和提出问题的能力。爱因斯坦说过："提出一个问题比解决一个问题更为重要，因为解决问题也许是一个数学上或实验上的技能而已，而提出新的问题、新的可能性，从新的角度去看旧的问题，却需要创造性的想象力，而且标志着科学的真正进步。"

在毕业复习阶段，教师要不断结合问题解决的相关内容整理，着力帮助学生梳理问题解决的具体方法，掌握问题解决的常见类型，形成问题解决的基本策略。同时，要使学生养成认真审题、分析数量关系的习惯，并学会合作、交流、讨论、反思和分享，形成灵活解决问题的技能和思维能力，培养应用意识和推理能力，促进良好数学素养的发展。

2. 掌握"问题解决"的具体方法

"所谓问题，是指没有现成方法可以解决的情境状态。"（孔企平：《小学儿童如何学数学》）数学课程标准中所提到的问题，既包括日常生活中的非常规性问题，也包括已经编好的形式化的数学问题，要解决这些问题，不但要有数学应用意识，而且还必须掌握问题解决的具体方法。

（1）问题解决的一般流程。

提高学生解决问题的能力，关键是找到克服困难的方法，找到绕过障碍的道路，达到不能直接达到的目的。正如不可能找到一把能打开一切大门的神奇的钥匙一样，我们也不可能找到解决一切问题的方法，只有通过适当的模仿和实践才能学会解决问题。因此，我们需要了解问题解决的一般流程。这里介绍著名数学家波利亚的"怎样解题表"，这是他多年分析人们解决数学问题的思维过程总结出来的具有一般性指导意义的解题思维程序表。

第一，你必须理解题目。	未知量是什么？ 已知数据是什么？ 条件是什么？ 画一张图，引入适当的符号。
第二，找出已知数据与未知量之间的联系。如果找不到直接联系，你也许不得不去考虑辅助题目。	你以前见过它吗？ 你知道一道与它有关的题目吗？ 观察未知量！ 最终你应该得到一个解题方案。

续表

第三，执行你的方案。	执行你的解题方案，检查每一个步骤。 你能清楚地看出这个步骤是正确的吗？ 你能否证明它是正确的？
第四，检查已经得到的解答。	你能检验这个结果吗？ 你能以不同的方式推导这个结果吗？ 你能在别的题目中利用这个结果吗？

以上"怎样解题表"的四个步骤浓缩后其实就是：理解题目→拟订方案→执行方案→回顾检验。这四个步骤构成了一般解决问题的主要过程。当然，现实生活中的问题千姿百态，结构变化多端，有时不容易发现其中的数量关系，这就需要不断形成解决问题的具体方法和基本策略。

（2）分析法和综合法。

分析是把整体分解成若干部分，通过对每一部分的研究，实现对整体的了解。分析作为一种思维方法应用于分析实际问题的数量关系，就是"分析法"，即把所求问题作为思考切入口，推理出所需要的条件。综合是把几个有关系的部分，按某种联系组织成整体。这种思维方法在分析实际问题的数量关系时，就是"综合法"，即从研究条件间的联系切入，逐渐向所求问题逼近。实际问题里有许多数学信息，包括已知条件、所求问题及相互联系，共同组成完整的、可解决的问题。挖掘、整理数学信息之间的内在关系，才能理解问题、形成思路、找到解法。综合与分析也是最基本的解题策略，这是解决任何实际问题必不可少的基础。

【例】某汽车制造公司计划装配 6000 辆小轿车，前 7 天已经装配了 2800 辆，照这样的装配进度，剩下的还要装配多少天？

思路点拨

①分析法（从问题入手）：要想求剩下的几天完成，就必须知道剩下多少辆和每天装配多少辆；要想知道剩下多少辆，可以用计划装配的总辆数减去已经完成的汽车辆数；要想知道每天装配多少辆，可以用 2800 除以 7 求出。

②综合法（从条件入手）：根据 7 天装配了 2800 辆，可以求出每天装配 400 辆；根据计划装配 6000 辆小轿车，已经装配了 2800 辆，可以求出还剩下 3200 辆

没有装配。再根据剩下 3200 辆和每天装配 400 辆可以求出剩下的还要装配多少天。

无论用分析法还是综合法，列成综合算式都是：（6000－2800）÷（2800÷7）。

（3）解题方法的多样性。

在解决实际问题的过程中，根据题目数量关系的特征及个人思考问题的习惯，常常可以从不同角度来思考，从而产生多样化的解题方法。

【例】 王超读一本书，已经读了 60 页，未读页数是已读页数的 $\frac{3}{4}$，这本书共有多少页？

思路点拨

①以分数实际问题的角度分析：从"未读页数是已读页数的 $\frac{3}{4}$"，可以求出未读页数$=60 \times \frac{3}{4}=45$（页），再用 $45+60=105$（页）。

②转化为份数和比的角度进行分析：从"未读页数是已读页数的 $\frac{3}{4}$"，未读页数和已读页数的比是 $3:4$，可知未读页数占 3 份，已读页数占 4 份，一共的页数就是（$3+4$）份，已读页数占总页数的 $\frac{4}{3+4}$，则 $60 \div \frac{4}{3+4}=105$（页）。

3. 了解"问题解决"的常见类型

课程改革之前，应用题作为专门的教学内容，几乎在每册教材中都集中编排，因此曾有很多老师根据小学阶段所学应用题整理成为十几种不同类型，比如和倍问题、差倍问题、和差问题、相遇问题、归一问题、归总问题、工程问题等，然后让学生对照各种类型分别模仿解题方法，导致学生对问题解决的学习陷入僵化境地。而今，课程标准实验教材已经不再专门编排问题解决的整体单元，而是把问题解决作为课程目标，在每个内容领域的学习过程中都结合相关知识点编排了一些问题解决的例题和习题。不过，从对学生的学习方法指导角度来看，还是应该对一些稍微复杂的问题解决类型进行重点复习。

（1）分数、百分数实际问题。

关于分数、百分数实际问题，学生重点是要正确找到单位"1"的量，熟练找出题目中的数量关系式，并能根据数量关系式选择直接列式计算或者列方程解决问题。

【例 1】

①星湖果园果树丰收，其中收梨共 180 吨，收苹果的吨数是梨的 $\frac{2}{3}$，星湖果园收苹果多少吨？

②星湖果园果树丰收，其中收苹果共 120 吨，收苹果的吨数是梨的 $\frac{2}{3}$，星湖果园收梨多少吨？

思路点拨

这两题都是将"梨的吨数"作为单位"1"的量，数量关系都是：梨的吨数 $\times$ $\frac{2}{3}$ = 苹果的吨数，但是第①题是已知单位"1"的量，求单位"1"的几分之几是多少；第②题是已知单位"1"的几分之几是多少，求单位"1"的量，可以列方程来解决。

第①题解：$180 \times \frac{2}{3} = 120$（吨）。

第②题解：设星湖果园收梨 x 吨。

$\frac{2}{3}x = 120$，解得：$x = 180$。

【例 2】 25 千克小麦能磨出 22 千克的面粉，小麦的出粉率是多少？现有这种小麦 200 千克，能磨出多少面粉？如果需要 200 千克面粉，大约需要多少千克小麦？（得数保留一位小数）

思路点拨

这是关于百分率的实际问题，小麦的出粉率 = $\dfrac{面粉的千克数}{小麦的千克数} \times 100\%$。

$\frac{22}{25} \times 100\% = 0.88 \times 100\% = 88\%$

$200 \times 88\% = 176$（千克）　　　　　　$200 \div 88\% \approx 227.3$（千克）

（2）比和比例实际问题。

关于比和比例实际问题，最为重要的是"按比例分配"解决问题，把一个数量按照一定的比来进行分配。这种分配的方法通常叫作按比例分配。"按比例分配"其实还用到了"转化"的策略，即将两个部分量的比转化为部分量占总量的几分之几，然后再通过求一个数的几分之几是多少，直接列乘法算式计算。

【例1】东岗小学把524本图书按照六年级三个班的人数，分配给各班。一班有42人，二班有45人，三班有44人。三个班各应分得图书多少本？

思路点拨

由"一班有42人，二班有45人，三班有44人"，可以求出三个班的人数比为42∶45∶44，再用"按比例分配"解决。

一班：$524 \times \dfrac{42}{42+45+44} = 168$（棵）

二班：$524 \times \dfrac{45}{42+45+44} = 180$（棵）

三班：$524 \times \dfrac{44}{42+45+44} = 176$（棵）

【例2】用水泥、黄沙和石子拌制成混凝土，它们的比是2∶3∶5。在工地上已有水泥9吨，黄沙18吨，石子28吨，如果要使这些原料不浪费，还需添加哪些原料？各添加多少吨？

思路点拨

这一题中水泥的量最少，要使这些原料不浪费，水泥要全部用完，再看黄沙和石子的量够不够，通过计算发现黄沙的量有剩余，再从黄沙的角度考虑，依此类推。

本题看似"按比例分配"，其实不然，而是把三个量的比转化为其中一种量是另外一种量的几分之几来解决。

黄沙全部用完；水泥：$18 \times \dfrac{2}{3} - 9 = 3$（吨）；石子：$18 \times \dfrac{5}{3} - 28 = 2$（吨）。

（3）列方程解决问题。

法国数学家笛卡尔曾经设想所谓的"万能方法"：

①把任何问题转化为数学问题；

②把任何数学问题转化为代数问题；

③把任何代数问题归结为解方程。

列方程解决问题的基本思路是：

①弄清题意，找出未知数，并用 x 表示；

②找出问题中数量之间的相等关系，列方程；

③根据等式的性质解方程；

④检验，写出答案。

【例1】 学校合唱组有 48 人，比舞蹈组人数的 2 倍多 6 人。舞蹈组有多少人？

思路点拨

仔细读题后，找出题目中数量之间的相等关系，"舞蹈组人数×2+6=合唱组的人数"或者"合唱组人数－舞蹈组人数的 2 倍＝6 人"，根据这样的等量关系，设"舞蹈组有 x 人"，列出方程：

$2x+6=48$ 或 $48-2x=6$，解得：$x=21$。

【例2】 学校合唱组和舞蹈组一共有 48 人，合唱组人数是舞蹈组的 50％。合唱组和舞蹈组各有多少人？

思路点拨

本题中数量之间的相等关系是，"合唱组的人数＋舞蹈组的人数＝合唱组和舞蹈组共有的人数"，根据这样的等量关系，设"舞蹈组有 x 人，合唱组有 $50％x$ 人"，列方程：

$x+50％x=48$，解得：$x=32$，$50％x=16$。

4. 形成"问题解决"的基本策略

经过六年的数学学习，学生积累了大量问题解决的经验，因此在总复习阶段，需要把这些经验进行整理和升华，形成解决问题的一些基本策略，从而在面对各种实际问题时能把握思考的方向和起点，找到解决问题的合适方法。解决问题的策略有多种，其中最基本的有如下六种（依据苏教版课程标准实验教材的编排）：画图、列表、枚举、倒推、替换、转化。

（1）画图策略。

画图策略是指解题者在解题过程中，运用画图的方式，画出与题意相关的示意图，借以帮助解题者观察、推理、思考，是解决数学问题的一种手段。数学是一门抽象的学科，尤其对小学生而言有些数学问题抽象度较高，因此画出图形常有助于问题的解决，通过画图的方式使问题具体化、形象化，进而找出解题的途径。

【例】 李镇小学有一块长方形试验田。如果这块试验田的长增加 6 米，面积比原来增加 48 平方米；宽增加 4 米，面积也比原来增加 48 平方米。你知道原来试验田的面积是多少平方米吗？

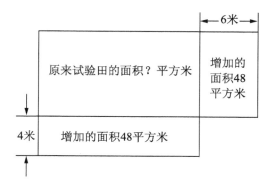

思路点拨

从表面上看，要求长方形的面积需要知道长和宽，而此题长和宽都没有告诉我们，似乎无从下手。但经过画图之后就会发现，如上图所示其实根据"长增加 6 米，面积比原来增加 48 平方米"，即可求出宽，根据"宽增加 4 米，面积也比原来增加 48 平方米"，即可求出长。

列式为：（48÷6）×（48÷4）＝96（平方米）。

（2）列表策略。

列表策略常常用来收集和整理数学信息，分析数量关系，从而排除非数学信息的干扰，便于找到解决问题的方法。

【例】

思路点拨

题目如图所示,其中既有文字信息,又有图画信息,而且数量之间的关系也比较分散,通过列表整理之后,如下表所示,就容易发现数量关系,从而顺利解决问题。

足球	每个 56 元	买 6 个
排球	每个 ? 元	买 8 个
篮球	每个 48 元	买 ? 个

总钱数:6×56=336（元）

排球单价:336÷8=42（元）

篮球个数:336÷48=7（个）

（3）枚举策略。

所谓枚举也叫——列举,即把事情发生的各种可能逐个罗列,并用某种形式进行整理,从而得到问题的答案。在解决一些特殊问题时,有时无法列算式,而利用枚举策略则能比较容易获得解决。在枚举时要做到有序思考,不重复、不遗漏。

【例】一张靶纸共三圈,投中内圈得 10 环,投中中圈得 8 环,投中外圈得 6 环。小明投中两次,他可能得多少环?

思路点拨

根据小明投中两次,分别把所有可能的情况一一列举出来。但要注意,列举时出现 6 种情况,得到的环数却是 5 种,因为其中有两种情况环数一样,即两个 8 环与一个 10 环一个 6 环,要避免重复。

（4）倒推策略。

倒推也就是"倒过去推想",也叫逆推策略或还原策略,即从事情的结果出发倒过去推想它开始时是怎样的。当知道"现在",要求"原来",常常可采用倒推策略帮助思考。

【例】甲、乙、丙三杯果汁共 900 毫升,从甲杯倒入乙杯 80 毫升,再从乙杯倒入丙杯 30 毫升,现在三杯果汁同样多。原来甲、乙、丙三杯果汁各有多少毫升?

思路点拨

根据现在三杯果汁同样多,即可先求出现在每个杯子装 300 毫升,然后分别运用倒推策略进行思考,还原到变化之前的杯中果汁量,从而简洁地解决问题。

列式解答:900÷3=300（毫升）　　　　甲杯:300+80=380（毫升）

乙杯:300+30-80=250（毫升）　　丙杯:300-30=270（毫升）

（5）替换策略。

替换策略常常用来解决几个数量与总量之间的关系问题。"替"即替代，"换"即更换。运用替换策略能把两个量与总量的关系简化为一个量与总量的关系，从而有助于解决问题。

【例】小明把720毫升果汁倒入6个小杯和1个大杯，正好都倒满。每个小杯的容量比大杯少20毫升。小杯和大杯的容量各是多少毫升？

思路点拨

可以把1个大杯替换为1个小杯，这样总量就比原来少20毫升；也可以把6个小杯替换为6个大杯，这样总量就多了120毫升。

列式解答：小杯容量（720－20）÷（6＋1）＝100（毫升），大杯100＋20＝120（毫升）。

或者：大杯容量（720＋20×6）÷（6＋1）＝120（毫升），小杯120－20＝100（毫升）。

（6）转化策略。

转化是解决问题时常用的策略，能把较复杂的问题变为简单的问题，能把未知的问题变为已知的问题。

【例】有16支足球队参加比赛，比赛以单场淘汰制（即每场比赛淘汰1支球队，如下图所示）进行。数一数，一共要进行多少场比赛后才能产生冠军？如果不画图，有更简便的计算方法吗？

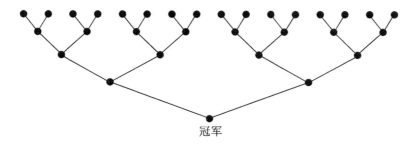

冠军

思路点拨

单场淘汰制就是一场比赛会淘汰一支球队，因为最终只有一支球队是冠军，就需要淘汰16－1＝15支球队，所以比赛的场数也就是16－1＝15（场）。

　　除了以上几种基本策略外，在解决问题时还有其他策略，比如模拟、实验、操作等，需要靠学生在具体问题中灵活判断和选择相关策略，从而提高问题解决的能力，形成良好的数学素养。

　　　　　　（该文发表于 2013 年第 1 期《小学教学》，选录时标题和文字略有改动。）

参加教研活动，上研究课后作讲座

走进课堂

一、1～6年级典型课例

　　我的数学教学经历中最具特点的是，我一直从事着循环教学，其中1～6年级的完整大循环就有三次之多，而其余进行的也是1～3年级的小循环教学。因此，工作二十多年来，我积累了每一个年级的诸多课例。现从每个年级的课例中各选取一个典型课例，从教学设计、教学、教学实录、教学反思等角度，阐述我的教学实践与思考。

公开教学，师生互动

（一）一年级课例——两位数加一位数（不进位）教学设计与反思

教学内容：义务教育教科书数学（苏教版）一年级下册第44～45页。

教材简析：

　　本课的学习内容是两位数加整十数（和不满100）、两位数加一位数（不进位）的口算。因为口算一般从高位算起，所以教材首先安排两位数加整十数，接着安排两位数加一位数。两位数加整十数的基础是整十数加整十数及整十数加一位数；两位数加一位数的基础是10以内的加法及整十数加一位数。学好这部分内容将为两位数加一位数（进位）的口算和两位数加两位数的笔算打基础。

　　例题通过分别求大客车和中客车、大客车和小汽车一共有多少个座位这两个实际问题，使学生从心理上喜欢这些计算并迅速进入思考算法的状态。在学生自主探索之后，教材安排了三种层次的算法：一是借助小棒操作进行计算；二是借助计数器拨珠进行计算；三是运用数的组成进行计算。为了帮助学生理解算理并掌握算法，教材还安排了两位数加整十数与两位数加一位数的比较，渗透个位上的数与个位上的数相加、十位上的数与十位上的数相加的思想。

"想想做做"第 1～3 题分三个层次进行安排：第 1 题用计数器拨一拨并说出结果，把直观操作与抽象思维结合起来理解算理；第 2 题让学生在对比中体会两位数加整十数与两位数加一位数的不同点，巩固算法；第 3 题应用新学知识解决实际问题，培养应用意识。

教学目标：

（1）使学生经历探索两位数加整十数、一位数（不进位）算法的过程，理解几个十和几个十相加、几个一和几个一相加的道理，能正确口算不进位的两位数加整十数、一位数。

（2）使学生在探索算法的过程中，培养初步的分析和比较能力，发展数学思考。

（3）使学生在有效的数学活动中获得成功体验，培养学习数学的兴趣和合作、交流意识。

教学准备：

师生准备 10 捆小棒、计数器。师准备卡片、多媒体设备等。

教学过程：

1. 复习铺垫

（1）复习。

①口算：40＋30＝　　20＋50＝　　40＋50＝　　20＋60＝　　50＋30＝

　　　　70＋5＝　　　40＋8＝　　　6＋90＝　　　7＋50＝　　　80＋4＝

②口答（如下图所示）：

（　　）个十和（　　）个一

合起来是 ☐ 。

☐ 里面有（　　）个十

和（　　）个一。

45 里面有（　　）个十和（　　）个一。

8 个十和 3 个一合起来是（　　）。

（2）谈话：春天到了，同学们准备去春游，想了解几种汽车的座位情况，这几种车你认识吗？

（出示 45 座大客车、30 座中客车、3 座小轿车图片，如下图所示。）

设计意图：作为非起始知识的两位数加整十数、一位数计算，其生长点主要有两个：一是学生已经学过的整十数加整十数和整十数加一位数，二是两位数的组成。教者设计了针对性很强的复习题，再现并激活学生原有认知结构中的相关旧知，使接下来的新知学习源于学生的数学现实，从而产生有效的正迁移。

2. 学习新课

（1）学习两位数加整十数。

师：大客车（图）和中客车（图）一共有多少座？用什么方法计算？（45＋30）

（板书课题：加法。）

你想怎样来计算 45＋30 呢？你能和同桌说说怎样算吗？

（学生自主探索、交流讨论。）

让学生汇报展示小棒操作和计数器拨珠过程，教师点评和强化。

小棒（指名在黑板上操作）：4 捆和 3 捆合起来是 7 捆，也就是先算 40 加 30 是 70，7 个十和 5 个一合起来是 75，如下图左所示。

计数器（指名操作演示）：十位上原来有 4 个珠，再拨上 3 个珠是 7 个珠，也就是先算 40 加 30 是 70，7 个十和 5 个一合起来是 75，如下图右所示。

师：如果没有小棒和计数器，该怎样来算呢？

引导学生先算 40 加 30 得 70，再算 70 加 5 得 75。

（板书：45＋30＝75。）

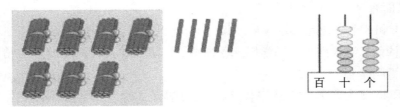

练一练——看图说说算算（如下图所示，先出示图，让学生叙说计算过程，再用动画演示计算方法，最后隐去图让学生叙说方法）。

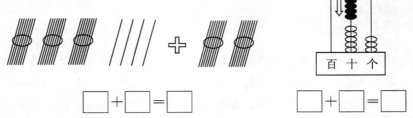

□＋□＝□　　　　　□＋□＝□

设计意图：例题的引入，教者没有拘泥于情境本身，没有所谓的让学生提出各种不同的问题从中选择新知，而是抓住三种汽车座位数的多少，直接提出问题，很快地让学生进入思考两位数加整十数（45＋30）的阶段。在学生自主探索时，教者有序地引导学生小棒操作、计数器演示和抽象叙述，通过这三种由具体形象到抽象思维的循序渐进过程把计算的思考过程展示出来。在展示过程中教者紧紧围绕"先算40加30得70，再算70加5得75"的算理，并通过"练一练"为学生搭建了直观算理到抽象算法的过渡过程：小棒和计数器图→移动小棒和算珠→隐去直观图→看算式说过程。

（2）学习两位数加一位数。

师：大客车（图）和小轿车（图）一共有多少座？怎样列式？（45＋3）

你想怎样算呢？

（让学生选择操作小棒或拨计数器或直接思考的方法探索算法并交流。）

学生汇报时用电脑演示的方法随机进行对应展示过程，如下图所示。

让学生脱离直观并说出思考方法。

（板书：45＋3＝48。）

 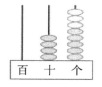

练一练——看图说说算算（如下图所示，先出现图让学生叙说，再对应演示并隐去图让学生叙说）。

□＋□＝□　　　　　　　　□＋□＝□

设计意图：学生经历了 45＋30 的算理理解和算法探寻，再来学习 45＋3，已经具备了相应的迁移条件。教者放手让学生自主探索，有学生选择操作小棒，也有学生选择拨计数器，还有学生脱离了直观操作，在头脑中运用符号和逻辑进行思考和计算，学生都体验了探索成功的快乐。通过学生分别运用数学语言叙述计算过程，再次让所有学生经历具体操作→形象思维→抽象计算的思维发展过程。相应的"练一练"继续发挥数形结合的优势，促使学生对两位数加一位数的算理和算法进行有效内化。

（3）比较归纳。

师：计算 45＋30 和 45＋3 有什么不同？

（结合板书进行比较，渗透几十和几十相加，几个和几个相加。）

设计意图：一年级学生的思维水平尚处于"具体运算阶段"，归纳比较和抽象概括能力还没有形成。教者结合刚才例题的教学，让学生比较 45＋30 和 45＋3的不同点，联系小棒操作、计数器运演中建立起来的动态表象，进一步提高学生的思维水平，逐步感受"几十和几十相加，几个和几个相加"的计算方法。

3. 巩固练习

（1）基本练习。

①拨珠计算（"想想做做"第1题，先拨珠再汇报。）

26＋20＝　　　　　　　　　50＋34＝

26＋2＝　　　　　　　　　5＋34＝

②画画算算（练习纸，如下图所示）。

32＋40＝　　　　　　　　32＋4＝

③算算比比（"想想做做"第2题，先填书再汇报并对比）。

41＋50＝　　　　　　53＋40＝　　　　　20＋67＝

41＋5＝　　　　　　　53＋4＝　　　　　2＋67＝

（2）提高练习。

①推木块游戏（看图抢答并归纳方法，如下图所示）。

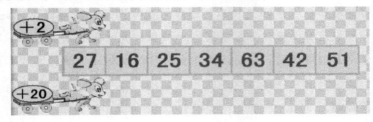

②跳伞游戏（指名口答，其余学生评价，如下图所示）。

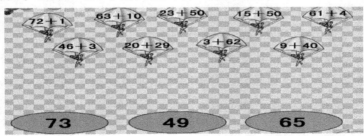

③解决问题（"想想做做"第3题，补充一筐西瓜有5个，让学生提问并计算，如下图所示）。

学生可能提的问题有：

苹果和梨一共有多少个？

苹果和西瓜一共有多少个？

梨和西瓜一共有多少个？

三种水果一共有多少个？

（3）拓展练习（在方框里可以怎样填？结合学生的回答用电脑随机输入）。

6□+□=68   6□+□0=86

设计意图：学生计算技能的形成需要足量的练习。学生练习的过程不应是机械训练的过程，而应该是学生主动参与的过程。教者设计了丰富多样、层次清晰的巩固练习，由浅入深，由具体到抽象，由基本练习到提高练习再到拓展练习，学生在练习中不断深化对算理的理解，在练习中逐步获得简约化的算法，同时适当结合具体生活情境，运用所学知识解决简单实际问题，培养学生的应用意识。

4. 总结延伸

（略）

教学反思：

本节课是一节平常的计算课。如何在平常的计算课中让学生快乐而有效地学习？如何在平常的计算课中让学生的思维获得发展？通过这节课的教学，我有如下三点体会：

（1）适当的复习铺垫是有效学习的前提。一段时间以来，创设情境似乎成了课堂教学开头的必然环节。确实，创设有效的数学情境能激发学生的学习兴趣，并为学生提供良好的学习环境。但是，这并不意味着传统教学中的复习铺垫就不需要了。因为，从数学发展的动力来源来看，数学有两个方面来源：一是来自数学外部现实社会的发展需要；二是来自数学内部的矛盾，即数学本身发展的需要。其实，复习铺垫的主要目的，一方面是为了通过再现或再认等方式激活学生头脑中已有的相关旧知；另一方面是为新知学习分散难点。本课的新知是两位数加整十数和一位数（不进位），学生的原有认知结构中存在着相关旧知，通过适当的复习和铺垫，能够发挥这些已有旧知的支撑作用，促进新知的生长，这也体现了教学要符合学生的数学现实的基本原则。

（2）合理的学习层次是思维发展的脉络。数学是一门讲求逻辑和层次的学科，在学习过程中采用合理的层次，能让学生循序渐进，逐步理解算理和掌握算法，并在不同层次的学习中发展思维能力。在复习铺垫的设计上，就开始体现了丰富的层次：整十数加整十数→整十数加一位数；看小棒图说数的组成→看计数器图说数的组成→直接说数的组成。在例题学习的过程中再次细化了学习发展的层次，从学习流程上看：创设情境、列出算式→自主探索、交流想法→演示算理、初建算法→专项练习、内化方法→比较归纳、掌握算法；从学习方式上看：小棒操作→计数器拨珠→抽象计算，具体操作→看图叙说→直接计算。再从巩固练习的层次来看，基本练习→提高练习→拓展练习。由于教学设计时就为学生预设了学习的层次性要求，在课堂学习时大多数学生都能循着感知→理解→掌握→应用的心理规律开展学习，学生的思维能力逐步得到有效的发展。

（3）多样的练习形式是内化提高的路径。教育心理学认为，计算是一种智力操作技能，而知识转化为技能是需要过程的，计算技能的形成具有自身独特的规律。学生计算技能的形成一般要经历四个阶段：认知阶段、分解阶段、组合阶段、自动化阶段。认知阶段主要是让学生理解算理、明确方法，这比较容易做到，而后面三个阶段常常被老师们忽视。一般说来，复杂的计算技能总是可以分解为单一技能，对分解的单一技能进行训练并逐渐组合，才能形成复合性技能，再通过综合训练就可以达到自动化阶段。诚然，过去计算教学中单调、机械的模仿和大量重复性的过度训练是要不得的，但是，在计算教学时只注重算理理解和解决实际问题，对计算技能形成的过程如蜻蜓点水一带而过，也是不利于培养学生的计算能力的。特别需要指出的是，在学生初步理解算理、明确算法后，不必马上去解决实际问题，因为这时正是计算技能形成的关键阶段，应该根据计算技能形成的规律，及时组织练习。本课的练习设计内容丰富、形式多样，既有基本练习，又有提高练习，还设计了拓展练习。具体地说，可以先针对重点、难点进行专项和对比练习，再根据学生的实际体验，适时缩减中间过程，进行归类和变式练习，最后让学生面对实际问题，掌握相应策略。

课堂上循循善诱

（二）二年级课例——9 的乘法口诀教学实录与分析

教学内容：义务教育教科书数学（苏教版）二年级上册第 80～81 页。

教学过程：

1. 课前交流

师：（播放视频动画片《西游记》及主题曲——《一个师傅三徒弟》）你们听过这首歌吗？会唱的小朋友就一起来唱一唱。

（学生跟唱。）

师：你们有没有发现歌词中还有数字呢？是多少呀？

生 1：孙悟空有七十二般变化。

生 2：还有"九九八十一难"。

师：唐僧师徒四人经历了九九八十一难终于取得了真经，我想我们学习同样也是这样呀！在学习过程中会出现各种困难，我们就要学好各种本领，努力克服困难，将来才能取得更大的成就。

设计意图：《西游记》是儿童喜爱的童话故事，孙悟空、唐僧等形象是小朋友熟悉的人物。课前交流时播放《西游记》主题曲，学生在不经意间进入了自己熟悉、喜欢的情境，为正式开始学习做好了心理上的准备。更为有意思的是，歌曲中的"七十二般变化""九九八十一难"等歌词，正是本课要学习的9的乘法口诀的得数。可见，这样的课前交流体现了设计者的教学智慧。

2. 准备铺垫

师：下面我们就来看看今天遇到的第一个困难。这里有一列数，如下图所示，你能看出它们排列的时候有什么规律吗？

9	18	27						

师：9 是加多少等于 18 的？18 又是加多少等于 27 的？

生 1：$9+9=18$，$18+9=27$。

生 2：是每次加 9 得到的。

师：你能根据每次加 9 的规律，把这列数填完吗？

（学生填写表格，汇报交流，教师再逐步完成表格填数。）

师：这列数中的第一个数是 9，再加一个 9 是 18，也就是几个 9 是 18？

生：两个 9 是 18。

师：再加一个 9 是几个 9 呢？

生：3 个 9 是 27。

师：依此类推，4 个 9 就是多少？5 个 9 呢？……9 个 9 呢？

生：（略）

师：这列数真有趣，还藏着这么多的规律，我们来读一遍好吗？

（学生自由读得数。）

师：刚才我们在找规律的时候，发现这些得数都和哪个数有关系呀？

生：和 9 有关系。

师：今天我们就来学习"9的乘法口诀"（出示课题）。

设计意图：乘法的本质就是一种特殊的加法。乘法口诀的来源与同数连加有着紧密的联系。让学生人人动笔，亲自加一加，在动手实践中经历每次加9的过程，感知这些得数的特点，初步了解得数之间的规律，为接下来学习乘法口诀的含义做了充分准备，也为后面探索9的乘法口诀规律做了必要铺垫。

3. 学习例题

（教师出示10个方格的图片，如下图所示。）

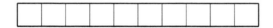

师：这里面有几个空格呢？一起来数一数。

生：10个。

师：（出示五角星图，如下图所示）那这里面有几个五角星呢？

生：9个。

师：你是怎样看出来的？

生1：我是一个一个数的。

生2：我一眼就看出来了！一共10个方格，摆的五角星比方格少1个，所以是9个。

师：你这个方法真好！

（板书：1个9，比10少1，就是9。）

（教师逐步出示五角星图，如下图所示。）

师：一行五角星有1个9，那么两行五角星是几个9呢？

（板书：2个9。）

师：2 个 9 是多少，你能从图中直接看出来吗？

生：这一共有 20 个方格，五角星的个数比 20 少 2，20－2 就是 18。

师：也就是说 2 个 9 比 20 少几？是多少呀？

（板书：比 20 少 2，就是 18。）

师：那 3 个 9 比几十少几？是多少呢？你能看出来吗？

（学生回答，同时出示课件，如下图所示，教师进行板书。）

★	★	★	★	★	★	★	★	★	
★	★	★	★	★	★	★	★	★	
★	★	★	★	★	★	★	★	★	

师：从这些图的五角星个数中，你发现有什么特点？

生 1：每次都多了 9 个五角星。

生 2：1 个 9 比 10 少 1，2 个 9 比 20 少 2，3 个 9 比 30 少 3。

师：大家观察得真仔细！那么 4 个 9 是多少？5 个 9、6 个 9……9 个 9 分别是多少，你能用这种方法来算一算吗？请大家自己来研究一下并填在书上第 82 页。

（学生在书本上填写、汇报。）

师：（指着板书）横过来看，你能发现什么规律吗？

生：几个 9 就比几十少几。

师：竖着看这些得数，你又发现了什么规律？

生 1：和刚才每次加 9 的得数一样。

生 2：上面的得数比下面少 9，下面的得数比上面多 9。

生 3：得数十位上的数字比几个 9 的几少 1。

设计意图：在正式编制 9 的乘法口诀之前，通过直观性的五角星图片，让学生再次感知几个 9 的数据由来及特征，为学习 9 的乘法口诀扫清了障碍。特别是，通过逐步出示五角星图片，让学生在了解几个 9 的得数特征的同时，通过 9 与 10 之间的微妙关系，初步探寻几个 9 的得数的特殊性。同时，结合教学有效培养了学生的观察、比较、归纳和概括的能力。

4. 编制口诀

师：同学们真聪明，在这张表格中发现了这么多的规律。那你能根据刚才的观察和计算，编出 9 的乘法口诀吗？

生：一九得九。

师：这句口诀表示什么含义？

生：表示 1 个 9 是 9。

师：其余的几句 9 的乘法口诀，你能根据这张表格来编吗？

（学生编写口诀并把口诀填在书本第 83 页上。）

师：你编的乘法口诀一共有几句？

生：9 句。

师：谁来把编的 9 的乘法口诀读一读？

（学生边读，教师边在黑板上出示乘法口诀。）

师：同学们刚才自己编出了 9 的乘法口诀，真了不起！让我们一起把 9 的乘法口诀大声朗读一遍吧。

师：你发现 9 的乘法口诀的得数有什么规律吗？

生：也是每次加 9 得出来的。

师：那么我们是如何来记忆 9 的乘法口诀的呢？

生 1：如果八九是多少忘记了，只要知道七九是六十三，再加上一个 9 就是七十二。

生 2：还可以这样想，如果知道九九八十一，用 81－9 也可以知道八九七十二。

师：你还有什么办法记忆 9 的乘法口诀呢？

生：几个 9 就是比几十少几。如七九就是比 70 少 7 是 63，所以是七九六十三。

师：这个方法也很好！如果四九多少忘记了，可以怎样想？

生：四九就是比 40 少 4，想 40－4＝36。

师：你还发现什么规律可以记忆 9 的乘法口诀？

生 1：得数的十位数总是比几 9 的几少 1。

生 2：得数的十位数字和个位数字的和都是 9。

生 3：得数是一对一对的，18 和 81、27 和 72、36 和 63、54 和 45。

师：同学们发现了这些规律，都非常不错，给我们记忆口诀提供了许多方法。下面请同学们把口诀默读一遍，记在心里。

师：你能看着得数直接背口诀吗？

生：（略）

师：接下来我们来做"对口令"游戏，老师出口诀上半句，大家立刻出下半句。

生：（略）

师：大家也可以同桌之间对口令。

生：（略）

师：谁已经把 9 的乘法口诀背出来了？谁还能从大往小来背？

生：（略）

设计意图：有了前面的铺垫准备和对五角星图的丰富感性积累，编制 9 的乘法口诀就水到渠成了。教者依据学生的学习现实，放手让学生自主编制口诀，使每个学生亲身经历口诀的由来过程。以此为基础，教者将着力点放在对 9 的乘法口诀规律的进一步探寻上。学生不仅能根据以前学习的前后口诀之间的一般规律进行推想，还能根据 9 的乘法口诀的特殊规律进行对比、归纳和推理。而这里记忆口诀的环节也比较有层次：边读边记、看得数记、对口令记、从小到大记、从大到小记等。

师：大家想了那么多的办法来记忆 9 的乘法口诀，其实 9 的乘法口诀就藏在同学们的身上，你想知道藏在哪里吗？其实就藏在我们灵巧的 10 个手指上。

（播放录像——手指记忆法。）

师：我们把手放在桌上，手心向上，手放平，依次弯曲每个手指，弯曲手指左面的手指代表十位上的数，右面的数代表个位上的数，看看是不是这样。

（学生模仿尝试。）

师：（录像放到九九八十一）谁来告诉大家，十位上的八在哪里，个位上的一在哪里？

师：我们跟着录像来试一试吧。

（学生再次跟着录像练习。）

师：请大家用刚才的方法同桌之间一个人出口诀，另一个人出手势。

（学生之间合作练习。）

师：这个方法神奇吗？大家回家后可以演示给爸爸、妈妈看。

设计意图：在学生编制口诀、探寻规律、记忆口诀之后，教者又一次让学生进一步探索 9 的乘法口诀的特殊规律。通过介绍手指记忆法，把每一个学生当作学习资源，运用每一个学生的双手来记忆 9 的乘法口诀，学生感到新奇、有趣。在介绍这一独特方法时，教者根据二年级学生的心理特点，采用录像播放、定格介绍、模仿尝试、互相交流等方式，使学生对这种原本比较抽象的记忆方法充满了浓厚的兴趣。而且，教师还相机让学生回家演示给家长看。可以想象，学生对 9 的乘法口诀的理解和记忆自然延伸到课外，有效提高了学生学习的主动性和积极性。

5. 练习应用

师：刚才我们一起运用了很多方法来记忆 9 的乘法口诀。你能运用今天所学习的知识解决一些数学问题吗？这里有一张百数图，你能很快地把 9 的倍数圈出来吗？请大家在练习纸上圈一圈。

（学生圈数练习。）

师：你发现圈出来的数有什么规律吗？

生 1：这几个数都是斜着排列的。

生 2：100 以内 9 的倍数其实就是 9 的乘法口诀中的得数。

师：刚才大家运用 9 的乘法口诀圈出了 9 的倍数，那么你能根据一句乘法口诀写出两道乘法算式和两道除法算式吗？每个同学选一句口诀试一试。

（学生选择口诀并试写，同桌交流。）

师：大家对 9 的乘法口诀掌握得真不错！接下来我们做一个推车游戏，你能很快算出上下两个数的积吗？你能说出你用的是哪一句乘法口诀吗？（题略）

师：你能够看到这些算式，抢答出得数吗？（题略）

师：学校旁边新开了一个"9 元超市"，让我们运用今天的知识去解决一些问题吧。

设计意图：学以致用是数学学习的重要目标。学生学习了 9 的乘法口诀，怎样在应用中进一步理解口诀的含义，逐步形成相关技能呢？教者在学生初步记忆了乘法口诀后，设计了多样化的针对性练习：圈百数表中 9 的倍数、选择口诀写乘除法算式、运用口诀计算两数的乘积（推车游戏）、灵活运用口诀计算（抢答）等。在多样化的情境中，学生不断经历运用 9 的乘法口诀解决数学问题的过程，逐步获得对 9 的乘法口诀的深层理解。最后，教者还设计了一个"9 元超市"，让学生运用所学知识解决生活中的简单实际问题，培养学生的应用意识。

执教《9的乘法口诀》并解读课堂

（三）三年级课例——倍的认识教学设计与解读

教学内容：义务教育教科书数学（苏教版）三年级上册第4～5页。

教材简析：

本节课的学习内容主要是倍的认识和求一个数是另一个数的几倍的实际问题。倍数关系是生活中最为常见的数量关系之一。建立倍的概念，有助于学生进一步理解乘法和除法的含义，拓宽应用乘、除法运算解决实际问题的范围。教材例题首先呈现了经过加工的生活场景，图中三个小朋友围着一个花坛数其中各种花的朵数，并根据每种花的数量进行比较，由此引出"蓝花有2朵，黄花有3个2朵，黄花的朵数是蓝花的3倍"，从而使学生初步认识倍的含义。在此基础上，通过红花有8朵，8朵里面有4个2朵，让学生学会用除法算式进行计算。最后通过相应练习帮助学生逐步理解概念，积累活动经验，掌握求一个数是另一个数的几倍的方法。

教学目标：

（1）使学生结合具体情境初步理解"倍"的含义，能初步解决求一个数是另一个数的几倍的实际问题。

（2）使学生在数学活动中充分感知"倍"的意义，了解相关知识之间的内在联系，发展学生的观察、比较、抽象、概括、推理等能力。

（3）使学生进一步积累数学活动经验，体会数学与生活的密切联系，获得解决问题的成功经验，提高学好数学的信心。

教学准备：学生准备直尺、小棒、水彩笔等，教师准备课件、卡片等。

教学过程：

1. 复习旧知，孕伏算法

谈话引入，提问口答（课件显示）。

师：6 里面有几个 3？

生：6 里面有 2 个 3。

师：用什么方法可以算出来？

生：$6 \div 3 = 2$。

师：10 里面有几个 2？15 里面有几个 5？

生：（略）

（分别对应显示，$10 \div 2 = 5$，$15 \div 5 = 3$。）

师：求一个数里面有几个另一个数用什么方法计算？

生：用除法计算。

设计意图：倍的认识与乘法和除法的含义直接相关，本课主要学习"求一个数是另一个数的几倍"的实际问题，计算时联系除法含义进行列式。因此，课始复习一个数里面有几个另一个数的口答题，让学生用除法进行计算。这样的复习，针对性强，能再现除法运算和含义的知识，激活学生认知结构中与本课新知相关的旧知，为新课学习做好必要的准备。

2. 引入新知，理解概念

（1）创设情境（课件显示，如下图所示）。

师：春暖花开，同学们来到学校花坛。花坛里开满了鲜花。图中有哪几种颜色的花？你能分别数数有几朵吗？

生1：有蓝、黄、红三种颜色的花。

生2：蓝花有 2 朵。

生3：黄花有 6 朵。

生4：红花有 8 朵。

师：根据这些已知信息，你能提出哪些数学问题？

生1：蓝花和黄花一共有多少朵？

生2：蓝花和红花一共有多少朵？

生3：红花和黄花一共有多少朵？

生4：三种花一共有多少朵？

生5：黄花比蓝花多几朵？

生6：蓝花比红花少几朵？

……

师：同学们提出的问题都很有道理。其中，不少同学提出了比较两种花多少的问题，也就是求两个数量相差多少。其实，比较两个数量除了我们已经学过的求相差多少，还有另一种方法——倍。

（揭示课题：倍的认识。）

师：关于"倍"，你了解多少？还想了解什么？

生1：我听妈妈说过现在的物价是过去的好几倍。

生2：我知道"倍"就是比原来多很多。

生3：我想知道为什么要学习"倍"？

生4：我还想知道什么时候要用到"倍"？

师：接下来我们就带着这些问题开始学习。

设计意图：倍的知识来源于比较。学生已经学过求两数相差多少的实际问题（用减法计算），从"差比"到"倍比"，是学生认识上的一个飞跃，需要教师从学生的认知特点出发，引领学生逐步学习新知。同时，让学生面对三种花的数量，自己提出数学问题，培养学生的问题意识，发展学生的数学思考。

（2）初步感知（教具演示）。

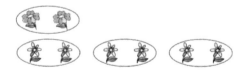

黄花有 3 个 2 朵，黄花的朵数是蓝花的 3 倍。

师：（根据学生数出的花朵，先把 2 朵蓝花排在一起并画上集合圈）我们把 2 朵蓝花看作 1 份。那么黄花有这样的几份呢？

师：（把 6 朵黄花 2 朵一份地排在一起并依次画上集合圈）我们一起来数一数，看黄花有几个 2 朵？

生：1 个 2 朵、2 个 2 朵、3 个 2 朵。

师：黄花有 3 个 2 朵，我们就说黄花的朵数是蓝花的 3 倍。

（逐步完成板书。）

（学生齐说一遍。）

师：黄花的朵数是蓝花的 3 倍，是什么意思呢？

生 1：蓝花有 2 朵。

生 2：黄花有 3 个 2 朵。

生 3：蓝花有 1 份。

生 4：黄花有这样的 3 份。

师：是呀！把 2 朵蓝花看作 1 份，黄花有 3 个 2 朵，也就是这样的 3 份，我们就说黄花的朵数是蓝花的 3 倍。

（3）动手操作（圈画图形）。

红花有（　　）个 2 朵，红花的朵数

是蓝花（　　）倍，8÷2＝4。

师：刚才我们比较了黄花朵数和蓝花朵数之间的倍数关系，那么红花朵数是蓝花的几倍呢？

师：我们还是把 2 朵蓝花看作 1 份，那么，红花有几个 2 朵呢？我们在图上一起圈一圈。

（教师带领学生在教材上圈一圈、填一填。）

（板书：红花有 4 个 2 朵，红花的朵数是蓝花的 4 倍，如上图所示。）

师：蓝花有 2 朵，红花有 8 朵，8 里面有几个 2？用什么方法计算？

生 1：8 里面有 4 个 2。

生 2：用除法计算。

师：（板书：8÷2＝4）在这里 8 表示什么？2 表示什么？4 表示什么？

生 1：8 表示红花的朵数。

生 2：2 表示蓝花的朵数。

生 3：4 表示红花朵数是蓝花的 4 倍。

师：那么，刚才我们比较黄花的朵数是蓝花的几倍，该怎样列算式？

生：6÷2＝3。

（板书补充：6÷2＝3。）

设计意图：一般说来，在学生生活中有关"倍"的知识储备并不多，因此"倍"的概念引入，主要靠教师的演示和讲述，并与学生的相关旧知进行沟通与对接。教者通过教具的动态形象操作，从几个几、一份与几份、一个数里面有几个另一个数等方面，帮助学生建立"倍"的概念意义，并学会用除法算式表达运算思维过程，体现数学的简洁性。

（4）变式训练（课件分别动态显示）。

①变化红花的数量。

师：我们刚才已经比较了红花的朵数是蓝花的 4 倍。那么现在老师适当改变红花的朵数，你还能比较吗（课件显示 10 朵红花，如下图所示）？

生：蓝花有 2 朵，红花有 10 朵，红花的朵数是蓝花的 5 倍。

师：你是怎样算的？

生：$10 \div 2 = 5$。

师：如果蓝花不变，红花有 12 朵，红花的朵数是蓝花的几倍？

生：红花的朵数是蓝花的 6 倍，$12 \div 2 = 6$。

师：如果蓝花不变，红花有 4 朵，红花的朵数是蓝花的几倍？

生：红花的朵数是蓝花的 2 倍，$4 \div 2 = 2$。

师：如果红花变为 2 朵呢（如下图所示）？

生：红花的朵数是蓝花的 1 倍，$2 \div 2 = 1$。

师："1 倍"表示什么意思？

生：表示红花和蓝花同样多。

师：是的。不过在比较时，两个数量同样多，一般不说"1 倍"，而直接说"同样多"。

②变化两种花的数量。

师：刚才我们已经知道，蓝花 2 朵，黄花 6 朵。现在蓝花增加 1 朵变成 3 朵，如果依旧要使黄花朵数是蓝花的 3 倍，可以怎么办（如下图所示）？

生：下面黄花也要每个圈里增加 1 朵。

师：这时黄花是几朵？怎样算式验证？

生 1：黄花是 9 朵。

生 2：$9 \div 3 = 3$。

师：如果蓝花变为只有 1 朵，依旧要使黄花的朵数是蓝花的 3 倍，又该怎么办

（如下图所示）？

生：把下面黄花变成每份也是 1 朵。

师：这时又该怎样列式？

生：3÷1＝3。

（5）归纳小结。

师：通过刚才的学习，你对倍有了怎样的认识？

生 1：倍是用来比较两个数量的。

生 2：刚才用除法计算几倍的。

生 3：刚才都是把蓝花看作 1 份，黄花和红花有这样的几份就是蓝花的几倍。

师：是啊！把一个数量看作一份，另一个数量有这样的几份，就是它的几倍，可以用除法进行计算。

设计意图：对概念含义的巩固除了需要模仿与重复，还需要变式训练。蓝花不变，红花从 8 朵变为 10 朵、12 朵、4 朵、2 朵等，通过改变份数，让学生熟练掌握用除法计算倍数的方法；倍数不变，改变一份的数量（从 2 朵变为 3 朵、4 朵、1 朵等），从而几份的数量相应改变，让学生理解倍的本质含义。在变式训练中，专门设计了"1 倍"这一特例，回到两个数量比较的出发点——同样多，把"倍比"与"差比"进行了沟通与关联，培养学生思维的完整性品质。归纳小结则帮助学生从具体逐步抽象，把倍的概念与"几个几"及"份数"关系进行了沟通，促进学生认知结构的形成。

3. 活动探索，内化新知

（1）拍手游戏。

$$×××$$

$$××× \quad ××× \quad ×××$$

（师先拍 3 下，要求学生拍的数是老师的 3 倍。）

师：怎样拍手让别人容易听出倍数关系？

生：拍了 3 下后要注意停顿一下。

（学生首先同桌进行拍手游戏，然后指名两个学生演示拍手游戏，其余同学根据拍手情况列式计算。）

（2）操作小棒（学具活动，如下图所示）。

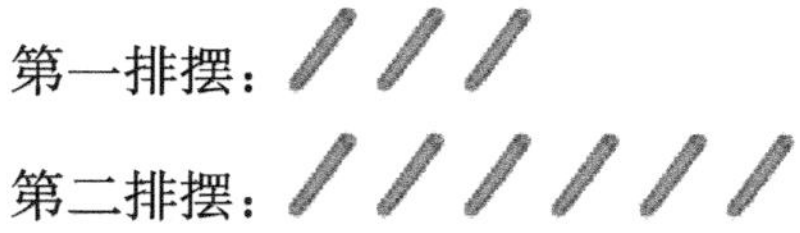

第一排摆：／／／

第二排摆：／／／／／／

6 里面有（　　）个 3，第二排小棒的根数是第一排的（　　）倍。

如果第二排摆 15 根，15 里面有（　　）个 3，第二排小棒的根数是第一排的（　　）倍。

（指名到台前摆小棒，并让学生先摆一摆，再互相说一说。）

师：怎样列式计算？

生 1：$6 \div 3 = 2$。

生 2：$15 \div 3 = 5$。

师：如果不摆小棒，你能直接说出 18 是 3 的几倍吗？

生：18 是 3 的 6 倍，$18 \div 3 = 6$。

师：我们刚上课时复习的三道题，求一个数里面有几个另一个数，其实也可以表示什么？

生 1：也可以表示求几倍。

生 2：6 是 2 的 3 倍。

生 3：10 是 2 的 5 倍。

生 4：15 是 5 的 3 倍。

（3）观察图形（教具动态演示，如下图所示）。

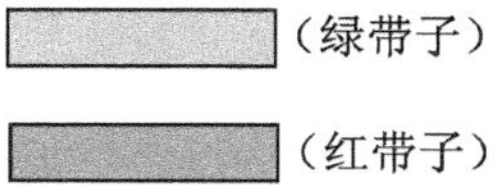

　　　　　（绿带子）

　　　　　（红带子）

师：这时，红带子的长是绿带子的几倍？

生：红带子的长是绿带子的 1 倍。

师：其实两根带子的长度是什么关系？

生：一样长。

师： 这时，红带子的长是绿带子的几倍（如下图所示）？为什么？

生：红带子有这样的 5 份，所以是绿带子的 5 倍。

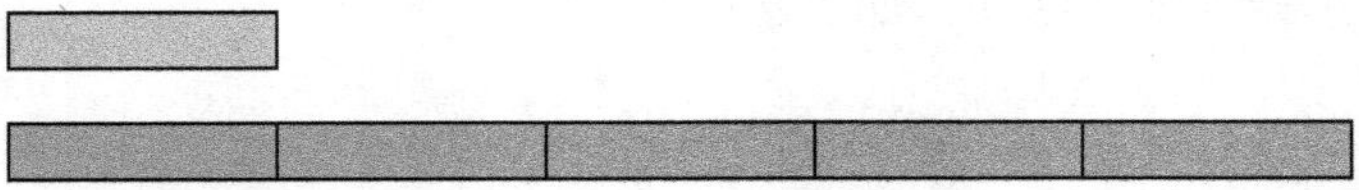

师： 现在，带子有了怎样的变化（如下图所示）？

生：带子变细窄了。

师： 这时红带子的长是绿带子的几倍？

生：还是 5 倍。

师： 带子变细窄了，为什么还是 5 倍呢？

生：因为长度没有变化。

师： 那么，现在两根带子又变成什么了（如下图所示）？

生：变成了线段。

师： 第二条线段的长度是第一条的几倍？

生：还是 5 倍。

（4）测量线段（学生操作，如下图所示）。

（　　）厘米

（　　）厘米

第一条线段的长度是第二条的几倍？

□○□＝□

（学生在课本上测量并列式计算填空，然后交流反馈。）

（5）连线填空（学生在课本上独立完成，如下图所示）。

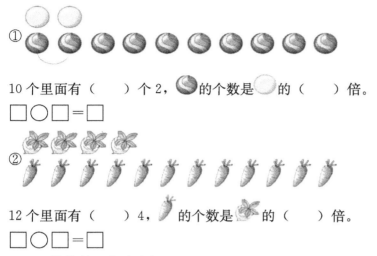

① 10个里面有（　　）个2，　　的个数是　　的（　　）倍。

□○□＝□

② 12个里面有（　　）4，　　的个数是　　的（　　）倍。

□○□＝□

（6）口答倍数（卡片选择）。

教师出示几张数字卡片，让学生选择两个数，说出两数之间的倍数关系。

（卡片上的数有1、2、3、4、5、6、7、8、9、10。）

设计意图：巩固练习的6个层次设计，从拍手游戏到小棒操作，从观察图片到测量线段，从连线填空到口答倍数，遵循了儿童的认识规律，从动作思维过渡到形象思维，再从形象思维发展为逻辑思维，由浅入深，由扶到放，由具体到抽象，不断内化对"倍"概念的理解程度，体现了知识与方法的发展过程，帮助学生积累数学活动经验，发展数学思想。

4. 应用拓展，积累经验

课堂总结后进行涂色游戏（要求先涂色，然后算出空白圆的个数是涂色的几倍）。

（课件随机显示，如下图所示。）

○○○○○○○○○○　□○□＝□

○○○○○○○○○○　□○□＝□

○○○○○○○○○○　□○□＝□

○○○○○○○○○○　□○□＝□

○○○○○○○○○○　□○□＝□

教学反思：

"倍的认识"这节课属于概念教学。著名心理学家奥苏伯尔说过："比起世界上的各种现象来说，人实际上是生活在一个概念的世界里。"概念是数学学科知识中的重要组成部分，概念教学历来是数学教学中的难点，因为数学概念通常比较抽象，而儿童的思维又是以具体形象思维为主。从概念学习的一般规律来说，本课主要抓住了以下四个方面的要点：

（1）了解概念的来源。小学数学的大多数概念来源于学生的生活经验，同时也常常能从学生的旧知中发展而来。"倍"的概念就是如此。一方面，学生生活中经常遇到两个量成倍数关系的现象，也经常听到有关"倍"的比较性说法，甚至有一些错误的说法；另一方面，学生认知结构中已经积累了一些数量之间进行比较的方法，尤其是比较多少的方法。在这样的基础上学习新知"倍"，可以充分利用学生的生活经验，同时在比较多少的方法基础上引出"倍"，有利于实现从"差比"到"倍比"的自然过渡。

课始，教者组织相关旧知的复习，突出求一个数里有几个另一个数的含义和除法运算，为本课学习求一个数是另一个数的几倍做好必要铺垫。而在生活情境中让学生搜集数学信息，提出数学问题，比较数量多少，再引出一个数是另一个数的几倍的新知。这样的设计，从学生的数学现实出发，以旧引新，以新促旧，新旧比较，使学生了解"倍"概念产生的来龙去脉，为深入理解"倍"的本质打下重要基础。

（2）突出概念的本质。"倍"的本质其实就是几个几，是乘法和除法意义的进一步发展。如何让学生在乘除法意义学习的基础上理解"倍"的本质，是这节课教学的重点。在新知教学过程中通过五步展开：第一步，初建"倍"的概念。用教具直观演示讲解，使学生在具体形象中了解 6 朵黄花是 2 朵蓝花的 3 倍。第二步，介入除法运算。让学生在动手圈画图形中进一步理解"倍"的概念，同时联系求 8 里面有几个 2 可以用除法计算。第三步，变化几份数。通过 8 朵红花变为 10 朵、12 朵、4 朵、2 朵，蓝花朵数不变，使学生在变式中理解"倍"的含义与算法。第四步，变化一份数。通过把蓝花由 2 朵变为 3 朵、4 朵、1 朵，要使黄花朵数依然是蓝花的 3 倍，让学生在变和不变中深入理解"倍"的意义。第五步，归纳概括。让学生结合具体的数量比较过程，归纳有关"倍"的概念含义，初步概括"倍"的本质特征。

新课程改革以来，数学概念教学倡导的是"淡化形式，注重本质"，因此，概念的教学，不像过去过早采用抽象的烦琐的文字来完整叙述，而是注重让学生不断积累感知经验，在具体形象中逐步感悟概念的含义，并逐步把相关数学活动经验进行归纳和提升，以达到对概念本质的丰富性理解。

（3）沟通概念的联系。孤立的概念容易被遗忘，而单一的概念也不成体系。"倍"的概念虽然是首次学习，但是学生在生活中偶尔也会听说过，更重要的是，"倍"的概念与学生已经学过的相关知识间存在着很多内在的联系，因此，在教学过程中，要不断地加强沟通和比较，使新建的概念纳入学生原有的认知结构中，从而加深对概念的深度理解。

在引入"倍"的概念时，从求两数相差多少的比较，介绍用"倍"来进行比较，体现从"差比"到"倍比"的发展需要；学习新知时，首先从乘法的基本含义"几个几"出发，并通过"1份"和"几份"的比较，初步建立"倍"的认知模型；接着在求一个数是另一个数的几倍时，联系除法的含义，通过运算思维再次形成"倍"的思维模型；然后通过变式练习活动，分别改变几份数和改变一份数，让学生巩固对"倍"的概念理解；在"1倍"这一特例处理上，结合数量的变化过程，直观地沟通起"1倍"与"同样多"的内在联系，并进一步沟通"1倍"和"几倍"的发展关系。

（4）体现概念的应用。学以致用是数学教学的重要目标，因此，数学教学中有意识地利用数学的概念、原理和方法解释现实世界中的现象，解决现实世界中的问题，是培养学生应用意识的重要途径。而低年级学生的认知规律启示我们，只有设计目标多层、内容丰富和形式多样的应用练习，才能顺应儿童的心理特点和数学的学科本质。正如乌申斯基所说："一般说来，儿童是依靠颜色、声音、动作等感觉来进行思维的。"

从概念应用的目标来看，本课的应用体现为基础性应用、对比性应用和发散性应用三方面；从概念应用的内容来看，本课主要体现为数学应用（应用"倍"的知识判断两数关系和列式计算倍数）、生活应用（判断白球和彩球的倍数关系、红萝卜和白萝卜的倍数关系等）和拓展应用（从12个圆圈中灵活寻找空白和涂色数量之间的倍数关系）三方面；从概念应用的形式来看，则有操作应用（摆小棒和测量）、运算应用（列式计算和选择卡片）、游戏应用（拍手游戏和涂色游戏）三方面。

从这节课的教学可以看出，数学概念教学应关注四个"要素"，即来源、本质、联系和应用。让学生了解概念的产生和来源，有利于引发学生的认知动机，有利于为概念寻找现实意义；理解概念的本质和意义，有利于经历概念的形成过程，有利于建构概念的数学模型；沟通概念间的内在联系，有利于丰富学生的认知结构，有利于形成有效的知识系统；加强概念的练习和应用，有利于提高学生的应用意识，有利于培养学生的数学素养。

执教公开课《倍的认识》

（四）四年级课例——平均数教学设计与心理学思考

教学内容：义务教育教科书数学（苏教版）四年级上册第49～51页。

教材简析：

本节课的学习内容主要是平均数，包括平均数的意义和算法。教学平均数的目的不限于怎样求平均数，更在于用平均数进行比较，用平均数描述、分析一组数据的状况和特征。全单元编写了一道例题、一次"想想做做"、一个练习和一次实践活动。编写了两篇"你知道吗"，分别是：联系平均数的实际应用介绍了演唱比赛时是怎样计算平均分的，结合实践活动讲述了心脏跳动和血液流动的知识。

本课例题选择一个小组男、女生进行套圈比赛的情景作为教学素材，4名男生和5名女生进行套圈比赛，每人套中的个数表示在条形统计图上，要比较男生套得准一些还是女生套得准一些。由于男生人数与女生人数不等，所以比较男、女生套中的总个数显然不合理。又由于女生中有2人套的成绩很好，另3人套的比男生少，所以很难对应着进行比较。在学生产生认知冲突的时候，教材提示学生：分别求出男生和女生平均每人套中的个数。虽然男生平均每人套中的个数、女生平均每人套中的个数都是新概念，但由于学生有"平均分"为基础，又在现实情境之中，因此，他们大都能够接受。怎样计算男生平均每人套中的个数？教材让学生自己想办法，可以在条形统计图上移多补少，使每人套中的个数同样多；也可以把各人套中的个数合起来平均分。无论哪种方法，都能清楚地体现了平均数的意义——在 4 名男生套中的总数不变的前提下，重新分配，让各人套中的个数都相同。学生在探索计算平均数的方法的过程中，领会了平均数的意义。求得男生平均每人套中 7 个后，继续求得女生平均每人套中 6 个，这时男生套得准一些就很清楚了。在这道例题里，学生学到了计算平均数的方法，体会到平均数能反映一组数据的状况，以及平均数作为一种统计量的作用。

　　从统计与概率的编排和教学的发展来看，第一学段主要教学对事物或数据进行分类，让学生经历简单的数据收集和整理过程，了解调查、测量等收集数据的简单方法，通过对数据的简单分析，体会运用数据进行表达与交流的作用，感受数据蕴涵信息。从第二学段开始，认识统计图和平均数，感受随机现象发生的可能性。从四年级上册的本单元开始教学平均数的意义、计算方法和实际应用。平均数是小学阶段最重要的统计量，其本质是反映一组数据的集中趋势。学生学习平均数，不仅要理解平均数的意义，掌握求平均数的方法，还要了解平均数的价值，感受其刻画数据集中程度的需要。

　　教学目标：

　　（1）在实际情境中使学生经历和感知平均数产生的必要性，初步理解平均数的意义。

　　（2）使学生探索求平均数的方法，初步掌握先求和再均分的计算平均数的方法，能初步运用平均数解决简单的实际问题。

　　（3）使学生进一步积累数学活动经验，发展数据分析观念，体会数学与生活的密切联系，提高学好数学的信心。

　　教学准备：课前学生进行套圈游戏活动，记录自己的成绩；每人了解自己的身高和体重。

　　教学过程：

　　1. 创设情境，引出平均数

　　谈话引入，提问口答（课件显示套圈场景图片）：

同学们玩过套圈游戏吗？

（请有经验的同学介绍规则及可能遇到的问题。）

如果两个人比赛，制定怎样的规则比较公平？

（每人一次，每人多次。）

如果两个队比赛呢？

（课件出示 4 组统计图，如下图所示：两队人数相等且每队各自套中个数相等；两队人数相等但各自套中个数不等；两队人数不等但每人套中个数相等；两队人数不等且每人套中个数与总个数均不等。）

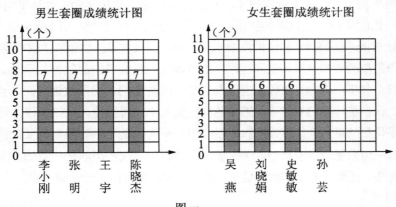

图一

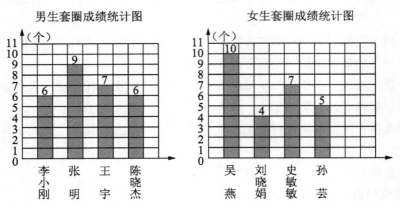

图二

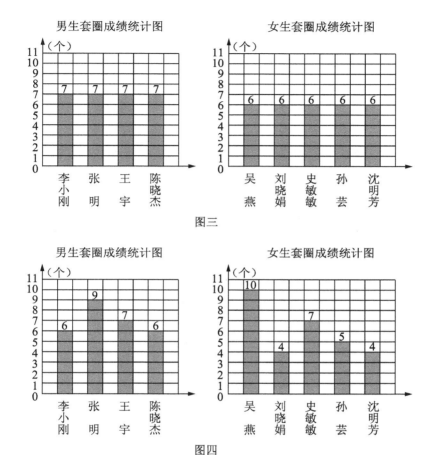

图三

图四

第一次比赛，你看了两个统计图，能判断哪个队套圈准一些吗？为什么？

（男生每个人都比女生套的多，板书：整体水平。）

第二次比赛，套圈情况与第一次比赛有什么不同？能判断哪个队套圈准一些吗？为什么？

（把总数加起来：6＋9＋7＋6＝28（个），10＋4＋7＋5＝26（个）。）

第三次比赛，哪个队套得准一些？把总数加起来能比较吗？

（人数不等，加总数不好比。）

第四次比赛，该如何判断呢？

（每个人套的不完全相同，参与人数不同，套圈总数也不同。）

需要一个什么样的数来进行比较呢？

（这个数要基本反映一组数的整体水平，揭示课题：平均数。）

设计意图：课程标准指出："能从报纸杂志、电视等媒体中，有意识地获得一些数据信息，并能读懂简单的统计图表。"学生的"读图"可以分为三个水平：数据本身的读取（用能够得到的信息来回答具体的问题，这些问题图表中有明显的答案）、数据之间的读取（插入和找到图表中数据的关系）、超越数据本身的读取（通过数据来进行推断、预测、推理）。4组统计图的依次出示与对比，培养了学生的读图能力，使学生在4次比赛的问题产生与解决中，不断引发认知冲突，产生对表达一组数据整体水平的平均数的需要。

2. 讨论探索，理解平均数

（1）直观操作，移多补少。

讲述：我们先来看男生套中圈的情况，如下图所示。套得最多的和最少的能代表整体水平吗？那么表示套圈整体水平的平均数应该在什么范围呢？

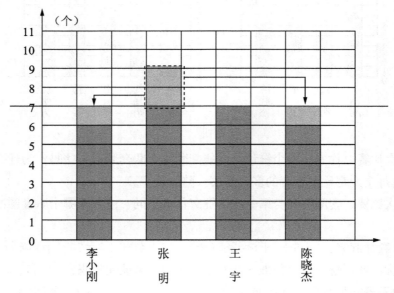

演示：通过移多补少，得出每人都同样多（课件可随机点击拖动小方格，板书：

移多补少）。

通过移动后得到的平均数画线，直观感知平均数的范围（板书：最大和最小之间）。

提问：得到的平均数"7"表示什么含义？你觉得平均数是一个怎样的数？这个平均数"7"与王宇套圈的"7"有什么不一样？

设计意图：由于有条形统计图的直观显示，再加上数据不大，让学生首先采用移多补少的方法求得平均数。同时结合直观操作，让学生初步感知平均数的范围，理解平均数的意义。

（2）抽象思考，列式计算。

提问：除了用在统计图上移动小方格的方法求出平均数，还可以怎样算出平均数呢？

学生讨论并尝试后得出：6＋9＋7＋6＝28（个），28÷4＝7（个）。

提问：为什么要先求和再平分？

（板书：求和平分。）

（演示：课件动态显示 6、9、7、6 个小方格合并起来，再均分成 4 份。）

（3）联系对比，感悟意义。

提问：用移多补少与求和平分的方法都能求平均数，你觉得这两种方法各有什么特点？

（4）迁移类推，解决问题。

提问：要求女生套中圈的平均数，你想用什么方法？估计一下平均数在什么样的范围。

学生自主选择方法进行探索，板书 10＋4＋7＋5＋4＝30（个），30÷5＝6（个）。

先在两个统计图上画出表示平均数的一条虚线，再直观比较。

提问：那么，现在可以比较出男生套的准还是女生套的准一些吗？

小结提问：通过刚才求出了两个平均数并进行比较套圈情况，你觉得平均数是什么样的数（在最大的数据和最小数据之间，代表整体水平）？

设计意图：如果说移多补少是从直观层面理解平均数，那么列式计算则是从抽象意义上理解平均数。在学生抽象运算之后，通过课件的动态演示，再次回到直观，让学生理解先求和再均分的原理，从算法角度加深学生对平均数的理解。然后把移多补少与数据运算的方法进行对比，沟通两种方法之间的联系与区别，比较两种方法的特点与优劣，帮助学生获得策略性知识。

3. 巩固练习，应用平均数

（1）移多补少（"想想做做"第 1 题：平均每个笔筒里有多少支笔？如下图所示）。

（课件先出示笔筒图，动态显示移多补少的过程，然后逐步变化为条形图，再点击显示下题不含数据的带子图，如下图所示。）

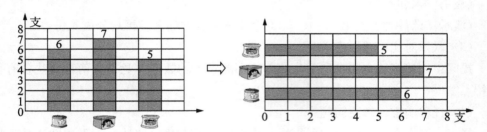

（2）取长补短（"想想做做"第 2 题）。

提问：如果用取长补短的方法，不标出长度，如下图所示，那最长的那条带子该剪下多长呢？中等长度的到底需不需要剪下一段呢？

（引导学生进行运算，求平均数。）

（3）假如我当经理（"想想做做"第4题）。

先估计一下苹果卖出数量和橘子卖出数量的平均数，再与同桌分工计算，然后画出表示平均数的那条线。

提问：如果你是水果商店的经理，你看到如下图所示的数据和平均数情况，有什么想法？

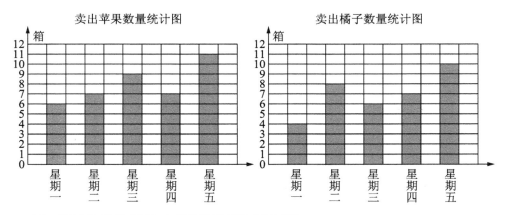

（4）篮球队员的身高（"想想做做"第3题）。

提问：李强是学校篮球队队员，如下图所示，他身高155厘米，可能吗？学校篮球队可能有身高超过161厘米的队员吗（显示篮球队5名队员的身高统计表）？

思考：如果姚明加入学校篮球队，平均身高会如何变化呢？

$160 \times 5 = 800$（厘米），$800 + 226 = 1026$（厘米），$1026 \div 6 = 171$（厘米）。

这时得到的平均身高，具有什么样的特点？

（具有极端数据的话，平均数也有失灵的时候，今后还会学到新的统计量来刻画这组数据的特征。）

［介绍资料］——我的身体正常吗？

课前每个同学都测量过自己的身高与体重，那么每组同学的平均身高和平均体重是多少呢？

（每组同学用计算器计算一下平均身高大约是多少厘米，平均体重大约是多少千克。）

课件出示我国 10 岁儿童身高、体重的正常值，如下表所示，让学生进行对比和分析。

中国 10 岁儿童身高、体重的正常值

	男生	女生
身高/厘米	140	141
体重/千克	34	33

思考：如果我的身高（体重）超过了正常值，有可能是什么原因？如果未达到呢？

设计意图：从移多补少到取长补短，从直观操作到抽象运算，从数学方法到生活问题，从正向思维到逆向思维，这样的练习设计，不仅能巩固平均数的运算方法，更重要的是能让学生对平均数的理解逐步走向深入，并通过观察与运算、判断与讨论、估计与对比，在实际应用和问题解决中获得对平均数的全面认识，培养学生的数据分析观念。

4. 总结经验，感悟平均数

提问：为什么需要平均数？平均数有什么样的特点？生活中哪些地方会应用到平均数？

最后回到套圈情境的例图，提出：第五次比赛时，男生人数不变，又来了一个女生，据说是一个神秘高手。要使得女生套圈成绩提高到和男生套圈一样准，她必须套中多少个呢？如果使女生套圈的准确程度超过男生，她要至少套中多少个？

执教公开课《平均数》

（五）五年级课例——解决问题的策略课堂实录与思考

教学内容：义务教育教科书数学（苏教版）五年级上册第 94～95 页。

教学目标：

（1）使学生初步学会用"一一列举"的策略理解题意、分析问题和解决问题。

（2）使学生在对解决实际问题过程的不断反思中，感受"一一列举"策略对于解决特定问题的价值。

（3）使学生进一步积累解决问题的经验，增强解决问题的策略意识，获得解决问题的成功体验，提高学好数学的信心。

教学过程：

师：今天我们要学习一个新知识，大家把课题一起读一遍。

生：解决问题的策略。

（教师板书课题。）

师：请大家回想一下，以前我们学过哪些解决问题的策略？

生：画图、列表。

师：是的（板书：画图、列表）。其实，从一年级开始，我们就开始学习解决问题的策略了。比如说，我们在认数和认图形的时候，动手摆一摆学具，也就是动手操作，其实也是一种策略。

（板书：操作。）

师：请看，在我们日常生活当中，经常会遇到这样的现象——飞镖游戏，玩过吗？

生：玩过。

师：这是飞镖的靶纸，如果让我们全班每人都来投一镖，大家有可能得多少环呢？

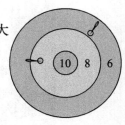

生1：有可能是10环、8环、6环。

师：（相应板书）还有其他可能吗？

生2：可能是0环。

师：对，可能连靶子都没有射中，那就是0环。

师：这些都是可能的结果，现在老师把它们都——

生：列举出来了。

师：说得很好！（板书：列举）列举就是一种策略，那刚才为什么要把它们列举出来呢？

生：我觉得应该是要知道它一共有多少种可能。

师：对，把每一种可能都列出来，就叫作——列举。

（板书：一一。）

师：今天这堂课，我们就来学习——一一列举的策略。

师：其实一一列举也不是什么新的策略，比如说，在我们四年级的时候，学习找规律（出示找规律例题）——两顶不同的帽子，要配到三个不同的木偶娃娃上面去，求有多少种不同的搭配方法。我们把每一种搭配方法都怎么样啊？

生：都一一列举出来。

师：这学期我们也用过一一列举的策略。在我们认识小数的时候，就有这样一道题（出示练习题）——用1、2、3三个数字和小数点来组成不同的两位小数，我们也是一一——

生：列举出来。

师：今天这堂课，我们继续应用一一列举的策略来解决一些实际问题。

师：（出示准备题）请看，王大叔家里养了很多羊，最近他想围一个羊圈，他用什么来围呢？

生：（把题目读一遍）王大叔用18根1米长的栅栏围成一个长方形羊圈，有多少种不同的围法？

师：这道题告诉我们什么？

生：王大叔用18根1米长的栅栏围成一个长方形羊圈。

师：这句话里有两个重要信息，一个是——18根1米长的栅栏，这里的"18"也就是指什么呢？

生：是羊圈的周长。

师：18米其实就是羊圈的周长（板书：周长），这是什么形状的羊圈啊？

生：是长方形。

师：对，由周长是18米，你还能想到什么？换句话说，周长与长方形的什么有关呢？

生：周长与长方形的长和宽有关。

师：那由18米你们可以推想出什么？

生：可以推想到长方形的长和宽一共是多少。

师：你能算出来吗？

生：$18 \div 2 = 9$。

（板书：$18 \div 2 = 9$。）

师：9米就是——长与宽的什么？

生：和。

师：那到底有多少种不同的围法？接下来，我们运用以前学过的几种策略（指着板书中的操作、画图、列表）每人来选择一种，可以用小棒在桌子上围一围，两个人合作，一个人围，另外一个人记录；如果你想画图，在练习纸的反面方格图上去画一画，画完之后，把几种不同的情况再整理到一个表格里（出示表格）。

（学生操作或画图、填表。）

师：大家探索出结果了吗？有的可能摆着摆着就不需要再摆了，还有的同学呢，在脑子里直接想好结果再列表，说不定也是一种好办法。那么，你们发现有几种不同的围法？

　　生：4 种。

　　师：谁来汇报一下你们合作操作小棒的情况。

　　生：我们探索下来，发现有 4 种不同围法。

　　师：哪 4 种？

　　生：第一种长是 5 米，宽是 4 米。

　　师：大家来看看，这一种符合不符合题目要求？长加宽的和就是——

　　生：9 米。

　　师：继续说，还有呢？

　　生：第二种长是 6 米，宽是 3 米。第三种长是 7 米，宽是 2 米。最后一种长是 8 米，宽是 1 米。

　　师：其他同学答案和他一样吗？

　　生：一样。

　　师：答案是一样，你们每次摆都是按照这样的顺序吗？像刚才那位同学说的，这样的排列方法，你感觉怎么样？谁来评判一下？

　　生：我觉得不错，因为这样长是 8、7、6、5，宽是 1、2、3、4，可以看得更清楚。

　　师：嗯，像这样，宽是从小到大，长是从大到小，这样就比较有——

　　生：规律。

　　师：对，比较有规律，我们就可以有顺序地把它列举出来（板书：有序）。

　　师：那么，不同的围法就这 4 种吗？有没有漏掉的呢？

　　生：没有。

　　师：你怎么知道没有漏掉的？

　　生：因为，如果再写下去的话，长是 4 米，宽就是 5 米。

　　师：（指表格）那其实就跟刚才一种是一样的。那么再摆下去，又会出现跟它一样的结果，只是长和宽颠倒了一下，对不对？

　　师：像这样子，一一列举出来，有没有重复的？

　　生：没有。

　　师：也就是说，在一一列举的时候，要注意不重复、不遗漏（板书：不重复，不遗漏)。其实，不重复、不漏掉，就是我们一一列举的基本要求。

师：这是长和宽的情况，这几个长方形的周长都是多少?

生：都是 18 米。

师：那它们的面积一样吗?

生：不一样。

师：我们来算算看（表格出示面积一栏，如下表所示），第一种长方形的面积是多少?

生：8 平方米。

长（米）	8	7	6	5
宽（米）	1	2	3	4
面积（平方米）	8	14	18	20

师：第二种呢?

生：14 平方米。

师：第三种呢?

生：18 平方米。

师：第四种呢?

生：20 平方米。

师：在这里，几种长方形的面积为什么会不一样呀? 你有没有发现什么规律呢?

生：因为长和宽不一样，它们的面积就不一样。长和宽的相差越大，它们的面积就越小；长和宽的相差越小，它们的面积就越大。

师：是啊，长和宽相差越大，面积反而越小。像最后一个长方形长和宽只相差 1，它的面积达到了 20 平方米，这又是什么原因呢? 如果我们联系图来看一看的话，说不定会更加清楚。大家看——（出示图，如下图所示）

师：如果你是王大叔，让你来选择一种形状做羊圈，你会选择哪一种，为什么?

生：我会选择长 5 米、宽 4 米的这种羊圈。因为它的面积比较大，羊也可以生活得比较好一点。

（师生都笑了。）

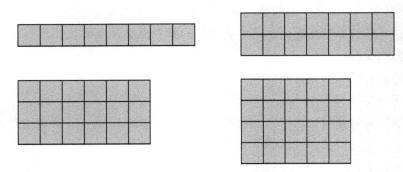

师：刚才这道问题我们已经解决了，我们用的策略是——

生：——列举。

师：而且我们在列举的时候，如果按照一定的顺序来列举，就会——

生：不重复也不遗漏。

师：其实在我们的生活中经常要用到一一列举的策略。最近我听说同学们在订一些杂志，在订杂志的时候，也要用到这种策略。比如说，有一个班级学生想订这三种杂志，大家看看分别是——

生：《科学世界》《七彩文学》《数学乐园》。

师：现在，有这样的一个问题，需要同学们来思考——"最少订阅一本，最多订阅三本，那会出现多少种不同的订阅方法？"

师：什么叫"最少订阅一本"？

生：就是只订其中的一本。

师：能不能不订呢？

生：不能。

师："最多订阅三本"是什么意思？

生：全订。

师：那么这道题目我们怎样列举呢？像刚才有同学说了，可能只订一本，最多可能订三本，也可能订两本。从订的本数情况来看，我们可以把它分成几类啊？

生：三类。

师：（板书：分类）分类之后，请同学们再来试一试，用列表的方法来整理信息，再用打钩的方式，把它们一一列举出来。

（学生在表格里打钩列举，如下表所示。）

订阅方法	只订1本		订2本		订3本	
《科学世界》						
《七彩文学》						
《数学乐园》						

师：谁来说说，你是怎样打钩的？

生1：在只订一本中，只钩一本。

师：可以钩什么呢？

生1：第一次钩《科学世界》。

师：对，一种。

生1：第二次钩《七彩文学》。

师：两种。

生1：第三次钩《数学乐园》。

师：这是只订一本的情况，一共有三种方法，谁能接下去说？订两本的话——

生2：第一次是订《科学世界》和《七彩文学》；第二次是订《科学世界》和《数学乐园》；第三次是订《七彩文学》和《数学乐园》。

师：噢，像这样又是三种，对不对？那订三本的，有几种呢？

生：1种。

师：一共有几种啊？

生：7种。

（板书：3＋3＋1＝7。）

师：刚才是老师给大家画好表格再打钩的，如果让你独立解决问题，你能不画表格，用简单一点的方法来列举吗？

生1：画图。

生2：操作。

生3：计算。

生4：写字母。

师：大家说得都很好！现在每人选一种你认为简单的方法，来一一列举试试看。
（学生列举活动。）

师：（巡视）看看和我们刚才得出来的结论是否一样。

师：下面我请同学汇报一下你是用的什么方法。

生1：写字母。

师：你具体说说看，写哪三个字母？

生1：A、B、C。

师：那订一种就是——

生1：A一种，B一种，C一种，共三种。

师：那订二本呢？

生1：AB，AC，BC，也是三种。

师：那订三本呢？

生1：ABC共一种。

师：很好！也是算出一共7种。那么，除了写字母，其他同学还有不同方法吗？

生2：我用的是写数字方法。

生3：我用的是连线的方法。

师：同学们的尝试都很有创意！刚才我们又一次试了一一列举的策略，那我们刚用的一一列举的策略，与王大叔围长方形羊圈用的一一列举策略相比，有什么不一样吗？

生：我觉得第二种方法比较简便。

师：简便在哪里？

生：只要打打钩就可以了。

师：是的，在表格里打钩很简便，而且更重要的是，在表格里打钩之前，首先要干什么？

生：要先把表格里几种情况分一下类。

师：围羊圈的时候，大家一定注意到了，如果按照一定的顺序列举，就不会重复和遗漏；订杂志问题，先分好类再列举，也不会重复或者遗漏。其实在运用一一列举策略的时候，不同的问题情境需要不同的对应策略。

师：接下来请大家一起来看，练习的第一题（出示题），先自己读题。

（学生自由读题。）

中山桥是 1 路和 2 路公共汽车的起始站。1 路车早上 6 时 20 分发车，之后每隔 10 分钟发一辆车。2 路车早上 6 时 40 分开始发车，之后每隔 15 分钟发一辆车。这两路车几时几分第二次同时发车？

你能列表找出答案吗？

1 路车	6：20	6：30	6：40				
2 路车	6：40						

师：第一次同时发车是什么时间呢？我们来整理整理看。

（学生填表整理。）

师：通过列举，第一次同时发车时间你找到了吗？

生：找到了！是 6 时 40 分。

师：对！这就叫"第一次同时发车"。那么，你能接下去列举并且找到第二次同时发车的时间吗？

生：第二次同时发车的时间是 7 时。

师：你能具体说说——列举的过程吗？

生：1 路车接下去是 6：50、7：00、7：10、7：20 等时间发车。

师：对！再具体说说 2 路车的发车时间。

生：6：55、7：10、7：25 等。

师：那这两路车第二次同时发车是什么时间？

生：7：10。

师：如果大家感兴趣，下课之后可以继续往下找，看看第三次、第四次同时发车是什么时间。

师：现在我们回过头来看一下，像刚才这道问题（指发车表格），我们是先列举（板书：先列举），然后再怎么样啊？

生：比较。

师：对！比较、观察，然后要找到规律。

（板书：再找规律。）

师：是不是每次解决问题都要先列举呢？请看像这样的问题（出示题）。

生：（读题）有一个音乐钟，每隔一段相等的时间就发出铃声。已经知道上午 9：00、9：40、10：20 和 11：00 发出铃声，那么下面哪些时刻也会发出铃声？

师：这个钟比较奇怪，隔一段时间它就会发出铃声，现在我们看看这 4 个时间，你能很快判断出下面哪个时刻会发出铃声吗（13 时、14 时 40 分、15 时 40 分）？

生：拿不准。

师：是啊！我不知道从哪儿开始列举，哪个同学能给大家一点提示？

生：从 11：00 开始列举。

师：那从 11：00 开始列举，接下去又该怎么写呢？

生：我发现，从 9：00 到 9：40 是 40 分钟，从 9：40 到 10：20 又是 40 分钟，这样，每隔 40 分钟就往后写一个时间。

师：说得真好，也就是要先找规律（板书：先找规律），再列举。不过要注意的是，每隔 40 分，加的时候要注意，不能加错时间。

（学生尝试先找规律再列举。）

师：哪位同学来汇报一下？

生：11：00、11：40、12：20、13：00、13：40、14：20、15：00、15：40、16：20。

师：13：00 在你们列的时间里面吗？

生：在。

师：打上钩。那 14：40 呢？

生：不在。

师：15：40 呢？

生：在。

师：16：00 呢？

生：不在。

师：这道题我们也解决了，而且我们用的还是哪一种策略？

生：一一列举。

师：同学们，大家来回想一下，我们这堂课是怎样用一一列举的策略解决问题的？大家还记得王大叔围羊圈的问题吗？

生：记得。

师：这样的问题我们在列举的时候要注意什么呢？

生1：要注意长和宽的和一定要等于9。

生2：要注意不要重复或者遗漏。

师：对，要做到不重复不遗漏，那我们最好按照一定的——

生：顺序。

师：那我们在解决订杂志问题的时候，首先要把订杂志本数的情况——

生：分类。

师：像刚才我们解决公交车发车的问题时，我们是先——

生：列举。

师：再找规律。

师：而音乐钟问题，我们要——

生：先找规律，再列举。

师：是啊，生活中的问题常常是复杂多变的，要靠我们同学仔细观察，开动脑筋，灵活运用策略。

师：同学们还记得上课开始，徐老师给大家看的飞镖游戏吗（出示"练一练"第一题）？现在就有这样一个数学问题，请看——还是刚才的飞镖靶子，投中内圈得10环，中圈得8环，外圈得6环，问题是：小华投中两次，可能得多少环？请同学们自己想办法，独立完成。

（生列举，师巡视，随机交流。）

师：刚才我听有同学说一共有6种情况，还有的说是5种情况，你们认为呢？

生1：我认为是6种。第一种是6＋6＝12环；第二种是6＋8＝14环；第三种是6＋10＝16环；第四种是10＋8＝18环；第五种是8＋8＝16环；第六种是10＋10＝20环。

生2：但是6＋10和8＋8都是16环，只能算一种，所以应该是5种。

师：有道理。从环数的角度，可能得到 5 种不同的环数。最少是多少环？

生：12 环。

师：最多呢？

生：20 环。

师：但是要注意，同样得 16 环，那它一定是 6＋10 吗？也可能是——

生：8＋8。

师：所以，从环数的情况来看，应该是几种？

生 1：5 种。

师：刚才我们注意到，题目中是"投中"两次，如果老师把题目改一改，把投中的"中"改成"了"，情况还跟刚才一样吗？

生 1：不一样。

生 2：复杂多了。

师：如果大家感兴趣，可以参照刚才的策略——列举出来，然后同学之间互相交流一下，好吗？

生：好。

师：今天这堂课我们就学习到这里，下课。

教学反思：

本课教学设计具有以下几个特点：

（1）引发学生对策略的心理需要。解决问题的策略教学不同于一般的应用题教学，解决问题策略的教学不是以解决问题为目的，而是为了让学生获得有关策略意识。因此，在教学之初，应该让学生产生对策略的心理需要。课始，让学生回顾已经学过的解决问题的策略（画图、列表、操作等），为本课综合应用多种策略列举做铺垫；再通过一个活动化的游戏情境引入，唤醒学生的相关活动经验，产生列举的动机；然后通过本学期前面单元里学习的两则习题（"搭配规律"和"组合不同小数"），激活学生的相关旧知。这样的设计，使得学生在正式学习例题之前，回顾旧知，唤醒经验，激活了策略需要，为新课学习做好了心理准备。

（2）让学生经历策略的形成过程。解决问题的策略不能直接从外部输入，只能在方法的实施过程中通过体验获得，而体验是一种心理活动，是在亲身经历的过程中获得的意识与感受。因此，在解决问题策略教学中，让学生经历策略的形成过程是必须追求的重要目标。本课教学的——列举策略，在不同情境中有不同的表现形式（有的直接列举，有的先计算再列举，有的先分类再列举，还有的先列举再找规律等），但其基本思想不变，即把事情发生的情况——列举出来，做到不重复、不遗漏。在教学过程中，教者没有事无巨细地讲解，也没有不负责任地放手，而是引导学生整理信息、操作活动、选择策略、尝试列举、讨论思路、回顾对照，让每个学生亲身经历——列举策略的形成过程，获得丰富的策略体验。可见，教学解决问题的策略时，重要的是让学生经历策略的形成过程，让学生通过自己的探索和实践，逐步建立起相应策略，并对该策略的基本特征有准确的把握。

（3）使学生体验策略的独特价值。作为教者和学习者，都应该思考：解决问题策略的价值到底是什么？在数学教学中，解决问题策略的价值并不局限于获得具体问题的结论和答案，其更重要的意义在于每个学生获得对问题的深入理解，形成自己解决问题的基本策略，并深深体会作为策略的独特价值。本课教学中，教者结合学生每次运用策略的过程，不断让学生思考：为什么要使用——列举的策略？怎样使用好——列举的策略？——列举时要注意什么？使用——列举的策略有什么好处？在什么情况下需要使用——列举的策略？等等。这样的及时性反思十分必要，让学生在解决问题的全程中，紧密围绕这些问题分析和思考，从而逐步体验策略的价值所在，培养学生判断和选择策略的能力，达到对策略的深度理解。

（4）在策略学习中发展数学思维。策略是什么？所谓"策略"是"根据事情发展而制定的方针和对策"，实质是一种对解决问题方法的理解、体会和升华。从字面上看，解决问题的策略也可理解为解决问题时的计策与谋略。策略是介于方法和思想之间的一种过渡状态。策略是方法的灵魂，是对方法本质的认识，是运用方法的指导思想；策略是思想的雏形，是形成数学思想的有力支撑。不过，方法和策略的获得并不是教学的终极目的，我们应该通过策略的学习，帮助学生不断积累数学活动经验，感受解题策略价值，提升数学思想方法。本课教学中，结合学生形成——列举策略的过程，让学生操作学具、画图列表、建立符号模型，从具体活动到图形直观，从图形直观到符号表达，从符号表达到抽象模型。在学生发现问题、提出问题、分析问题和解决问题，其中贯穿着思维能力的培养，体现了"数学活动是数学思维活动的教学"这一重要理念。

　　（本课数学对象为苏州工业园区第二实验小学五年级 2 班的学生，上课时间是2009 年 11 月 3 日。本文由张玉平老师根据徐斌老师上课录像整理。）

执教公开课《解决问题的策略》

（六）六年级课例——分数乘法实际问题教学实录与解读

教学内容：义务教育教科书数学（苏教版）六年级上册第 78～79 页。

教学过程：

1. 复习铺垫，引入新知

师：我们已经学过分数的意义。谁能以 $\frac{5}{9}$ 为例，说说它可以表示什么意义？

生：把单位"1"平均分成 9 份，表示这样的 5 份。

师：由 $\frac{5}{9}$ 这个分数你能想到什么？

生 1：我能想到这个分数比 $\frac{1}{2}$ 大，因为 5 份比 4 份多。

生 2：我还能想到另外的 4 份可以用 $1-\frac{5}{9}=\frac{4}{9}$ 表示。

师：有这样一句话——"其中男运动员占 $\frac{5}{9}$"（板书），表示什么意义？

生：把全体运动员作为单位"1"，平均分成 9 份，其中男运动员占 5 份。

师：（继续板书成）"岭南小学六年级同学参加学校运动会，其中男运动员占 $\frac{5}{9}$"，你能知道什么？

生 1：单位"1"是岭南小学六年级的运动员。

生 2：仍然把单位"1"平均分成 9 份，男运动员占 5 份。

师：（进一步板书成）"岭南小学六年级有 45 个同学参加学校运动会，其中男运动员占 $\frac{5}{9}$"，你又能知道什么？

生：这时的单位"1"就是 45 个同学了。

师：根据以上信息，能直接求出什么？

生 1：能直接求出男运动员有多少人。

生 2：列式是 $45 \times \frac{5}{9} = 25$（人）。

设计意图：上课伊始，教者开门见山地揭示课题，通过几个关联性问题让学生复习了分数的基本意义，并联系实例初步理解了 $\frac{5}{9}$ 和 $1-\frac{5}{9}$ 的实际意义，以及分数乘法 $45 \times \frac{5}{9}$ 的简单应用。这样的复习与铺垫，看似简单，实则是对本课新知学习所需要的相关旧知进行了针对性复习，激活了学生原有认知结构中的可利用经验，为接下来有效学习稍复杂的分数乘法实际问题打下基础。

2. 学习新课，构建模型

（1）出示例题，初步理解题意。

师：（在黑板上完成例题板书）岭南小学六年级有 45 个同学参加学校运动会，其中男运动员占 $\frac{5}{9}$，女运动员有多少人？

（学生阅读例题，初步感知题意。）

师：题目中的已知条件和所求问题分别是什么？

生 1：题目已知有 45 个运动员，其中男运动员占 $\frac{5}{9}$。

生 2：要求女运动员有多少人。

师：题目中 $\frac{5}{9}$ 表示什么意义？把什么看作单位"1"？

生：把 45 个运动员看作单位"1"，平均分成 9 份，男运动员占了 5 份。

师：能一步求出女运动员有多少人吗？

生：不能求。

（2）画线段图，分析数量关系。

师：在理解题目意思时，如果只看着抽象的文字来分析数量关系，你感觉怎样？

生：不容易看清楚。

师：可以用什么方法来帮助我们表达数量关系？

生：画线段图。

师：如果画线段图的话，你想先画什么？

生：先画一条线段表示单位"1"。

师：（在黑板上画出一条线段）你能自己试着画画看吗？

（学生在课本上尝试完成线段图。）

（在实物投影上展示学生线段图并讲述思路，教师在黑板上逐步补全线段图，如下图所示。）

师：男运动员占 $\frac{5}{9}$，那么你能直接求出男运动员的人数吗？

生：$45 \times \frac{5}{9} = 25$（人）。

师：女运动员占几分之几？

生：$1 - \frac{5}{9} = \frac{4}{9}$。

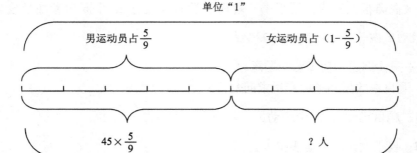

（3）列式解答，完善解题思路。

师：要求女运动员有多少人，可以先算什么？

生 1：可以先求男运动员有多少人。

生 2：也可以先求女运动员占几分之几。

生 3：还可以先求其中的一份是多少人。

师：请同学们根据自己的理解，列式解答。

（学生尝试列式解答，指名到黑板上板演。）

解法一：$45-45\times\dfrac{5}{9}$　　解法二：$45\times\left(1-\dfrac{5}{9}\right)$　　解法三：$45-45\div9\times5$

$\qquad\qquad=45-25$　　　　　　　　$=45\times\dfrac{4}{9}$　　　　　　　　$=45-25$

$\qquad\qquad=20$（人）　　　　　　　$=20$（人）　　　　　　　$=20$（人）

师：解法一中，先求的是什么？根据什么数量关系？

生 1：先求男运动员有多少人，再从总数里去掉男运动员的人数就是女运动员的人数。

师：解法二中，先求什么？根据什么数量关系？

生 2：先求女运动员占几分之几，再用总人数乘几分之几，求出女运动员人数。

师：解法三呢？

生 3：先求出 9 份中的每一份是多少人，再求出男运动员人数，然后求出女运动员人数。

（教师对应在线段图上做相应的标注。）

（4）比较异同，小结解题方法。

师：这三种解法有什么相同点和不同点？

生 1：前两种解法都用了分数乘法和减法，第三种解法是整数运算。

生 2：第一种解法是先算男运动员的人数，再用总人数减男运动员人数得到女运动员的人数。

生 3：第二种解法是先算女运动员占总人数的几分之几，再用单位"1"的量乘这个分数，得到女运动员的人数。

生 4：第三种解法和第一种解法类似，只是用整数列式。

设计意图：新课例题的出示，由复习铺垫的旧知变化而来，使得学生觉得新知不新，让学生在不知不觉中开始了新知的学习。新课的学习过程分四步进行：首先依据题中呈现的文字信息进行初步分析，了解已知条件和所求问题，理解关键信息"男运动员占 $\frac{5}{9}$"的实际含义，并提问"能一步求出女运动员有多少人吗"，为新知生长提供了必要的固着点；然后采用数形结合的方法，让每个学生动手画线段图，借助直观形象的图示理解数量之间的关系，引发学生的解题思路；接着让学生根据先前的分析和图解尝试列式解答，并展示典型的几种解法；最后在比较几种解法的异同中小结解题方法，初步构建起运用分数乘法和减法解决实际问题的模型。这样的新知学习过程，顺应学生的认知心理规律，能发挥学生的动作思维、形象思维和抽象思维的合力，使之能更好地初建认知结构。

3. 练习应用，发展思维

（1）基本训练。

师：（出示线段图，如下图所示，学生独立看图）题目告诉我们什么？要求什么问题？

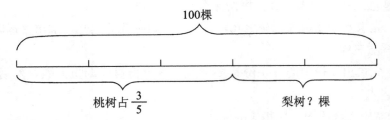

生1：题目已知桃树和梨树一共有 100 棵。

生2：把桃树和梨树的总数看作单位"1"，平均分成了 5 份。

生3：已知桃树占了总数的 $\frac{3}{5}$。

生4：要求梨树有多少棵。

师：你能看懂图后自己列式解答吗？

（学生独立列式解答。）

师：谁能说一说自己的列式和解题思路？

生1：我先用乘法求出桃树的棵数，再用总棵数减去桃树的棵数就得到梨树的棵数。列式是 $100-100 \times \dfrac{3}{5}$ 。

生2：我先用除法求出每份是多少，再求出桃树棵数，然后求出了梨树的棵数，列式是 $100-100 \div 5 \times 3$ 。

生3：我先求出梨树占总数的几分之几，再求出梨树的棵数，列式 $100 \times (1-\dfrac{3}{5})$ 。

（2）分组练习。

师：（出示教科书上的"练一练"）刚才我们画线段图帮助理解题意，分析数量关系。接下来请大家根据今天学习的解决问题的方法，试着独立解决如下两个实际问题。如果有需要，可以先画线段图再列式解答。

①李林看一本 150 页的故事书，已经看了全书的 $\dfrac{2}{3}$ ，还剩多少页没有看？

②学校饲养组养白兔和黑兔共 28 只，其中白兔占 $\dfrac{3}{7}$ ，黑兔有多少只？

（学生有的先画线段图理解题意，再列式解答；也有的直接分析数量关系，并列式解答。）

（教师投影展示学生的解题过程，并相应提问。）

（3）对比辨析。

师：接下来，请同学们只列式、不计算。

（教师依次出示下列问题。）

①一堆煤 20 吨，运走 $\dfrac{1}{4}$ 吨，还剩多少吨？列式为 $20-\dfrac{1}{4}$ 。

②一堆煤 20 吨，运走 $\dfrac{1}{4}$ ，运走多少吨？列式为 $20 \times \dfrac{1}{4}$ 。

③一堆煤 20 吨，运走 $\dfrac{1}{4}$ ，还剩多少吨？列式为 $20-20 \times \dfrac{1}{4}$ 或 $20 \times (1-\dfrac{1}{4})$ 。

④一堆煤 20 吨，运走一些后，还剩 $\dfrac{1}{4}$ ，还剩多少吨？列式为 $20 \times \dfrac{1}{4}$ 。

⑤一堆煤 20 吨，运走一些后，还剩 $\dfrac{1}{4}$ 。运走多少吨？列式为 $20-20 \times \dfrac{1}{4}$ 或

$20 \times \left(1 - \dfrac{1}{4}\right)$。

生：（分别结合已知条件和所求问题列出算式。）

师：第①题和第③题，一字之差，为什么列式不相同？

生1：第①题是 $\dfrac{1}{4}$ 吨，是具体的量，可以直接用总量减去运走的吨数，得到剩下的吨数。

生2：第③题的 $\dfrac{1}{4}$，不是具体的量，而是分率，不能直接求出剩下的吨数。

师：为什么第②题和第④题列式都是一样的？

生：这两题都是直接求总数的几分之几，所以列式一样，而且只用一步列式。

师：为什么第③题和第⑤列式也是一样的？

生1：第③题已知总数和运走的占 $\dfrac{1}{4}$，求还剩的吨数；第⑤题已知总数和剩下的占 $\dfrac{1}{4}$，求运走的吨数。

生2：两题都需要先求出其中的一个部分量，所以列式相同。

师：是啊！通过刚才的比较可以发现，有些题目一字之差，但解题方法却不一样；有些题目看上去不相同，解题思路却是相同的。看来，在解决问题时，仔细读题，认真审题，是一种良好的数学学习习惯，希望同学们从小养成这种好习惯。

（4）综合应用。

①补充条件。

师：（出示补充条件的实际问题）苏州园区科文中心上映电影《变形金刚》，共有 300 张票，＿＿＿＿＿＿。还剩多少张票没卖完？

（学生自主补充问题，并列式解答。）

师：谁能汇报一下自己补充的问题条件并列出算式？

生1：我补充的条件是"已经卖掉 $\dfrac{1}{3}$"，列式是 $300 \times \left(1 - \dfrac{1}{3}\right)$。

生2：我补充的是"已经卖掉一些，还剩 $\dfrac{1}{3}$"，列式是 $300 \times \dfrac{1}{3}$。

生3：我补充的是"已经卖掉100张"，列式是300—100。

生4：我补充的是"剩下的比卖掉的多100张"。

生5：我补充的是"剩下的比卖掉的多总数的 $\frac{1}{3}$"。

······

②补充问题。

师：（出示补充问题的相应情境）阳澄湖蟹庄计划销售大闸蟹1400千克，结果第一个月销售了计划的 $\frac{2}{7}$，第二个月销售了计划的 $\frac{3}{7}$，＿＿＿＿＿＿？

（学生自主补充问题，并列式。）

学生补充的问题有：

第一个月销售多少千克？或第二个月销售多少千克？

第一个月比第二个月少销售多少千克？或第二个月比第一个月多销售了多少千克？

两个月一共销售多少千克？

还差多少千克可以完成计划？

学生补充问题后相应出现的列式情况如下：

$1400 \times \frac{3}{7}$ 或 $1400 \times \frac{2}{7}$；

$1400 \times \frac{3}{7} - 1400 \times \frac{2}{7}$ 或 $1400 \times (\frac{3}{7} - \frac{2}{7})$；

$1400 \times \frac{3}{7} + 1400 \times \frac{2}{7}$ 或 $1400 \times (\frac{3}{7} + \frac{2}{7})$；

$1400 - 1400 \times \frac{2}{7} - 1400 \times \frac{3}{7}$ 或 $1400 - (1400 \times \frac{2}{7} + 1400 \times \frac{3}{7})$ 或 $1400 \times (1 - \frac{2}{7} - \frac{3}{7})$。

设计意图：课程改革后教材中的"解决问题"不再单独成块编排，而是结合"数与代数"等领域知识教学分散出现，教师如果不能整体把握教材的前后联系，教学容易出现就题论题的现象。初建解题模型后，需要让学生在有序的练习中巩固新知、形成技能、发展思维。这部分练习，教者设计了通过"基本训练""分组练习"

"对比辨析""补充条件""补充问题"等环节，引导学生在实际应用中对比、深化，归纳出解答稍复杂的分数乘法实际问题的关键所在，从而将零散的知识"串联""结网"，并进一步拓展提升，形成认知网络体系。

4. 总结全课，积累经验

课堂总结（略）。

课堂作业是教科书上"练习十六"的第一、二两题：

（1）一桶油漆重 8 千克，用去 $\frac{5}{8}$，还剩多少千克？

（2）陈征有 84 张邮票，其中 $\frac{5}{7}$ 是中国邮票，其余是外国邮票。陈征有多少张外国邮票？

【同行解读】

在"格式塔"中成就"格式塔"

教师怎样呈现信息才有助于学习？一个权威性的研究综述将相关研究成果综合为以下各方面：结构化、循环递进、清晰性（参见怀特·布雷德《小学教学心理学》，中国轻工业出版社，2002 年）。以这一研究成果来观照徐老师这堂课，我们不难发现，整堂课具备这样的特征。

面对结构性本来不是很强的"分数乘法实际问题"，教者没有就事论事，就题讲题，而是重新进行资源整合，进行符合学习认知规律的排列与组合，形成了"有结构的材料"。这里的"整合"，是指将教材中的各个知识点联动起来，使各个知识点之间相互照应，形成"知识的力量"，虽然它是无形的，但一定是"格式塔"的。"格式塔"即完形，注重的是整体性，"格式塔"的活动原则是简化和张力（参见百度词条"格式塔"）。

依据这样的教学预案，进行师生共探、层层递进、有序展开，让学生始终在无形的"结构"中进行认知，又在类比、内化、顺应中，使认知结构不断完善，最终达到教学的三维目标，使学生的认知和情感得到和谐发展。

1. 先行组织者：建构学习打好基础

实现成绩最大化不仅要求教师积极呈现材料，而且要使材料具有良好的结构，最好的办法之一就是使用"先行组织者"策略。所谓"先行组织者"是指在有意义接受学习过程中先于新学习材料呈现的一种引导性材料。它充当新旧知识联系的"认知桥梁",为同化新知识提供固定点(参见朱智贤《心理学大词典》,北京师范大学出版社,1989 年)。如本课起始,教者就提问:"分数的意义是怎样的?例如 $\frac{5}{9}$ 可以表示什么意义?"这里,从分数的意义入手,找准了学生学习新知的起点和固着点,为建构学习打下了良好的基础。

2. 联想与类比:建构学习得以延伸

客观事物是相互联系的,客观事物或现象之间的各种关系反映在人脑中就有了各种联想。亚里士多德提出,一种观念的产生必伴以另一种与之相似的或相反的,或在过去经验中曾与之同时出现的观念的产生。

联想是暂时神经联系的复活,它是事物之间联系和关系的反应。目前为止,人们总结出的一般性联想规律有四种:接近联想、类似联想、对比联想、因果联想。就数学联想而言,主要由某一概念(意义)而引起其他相关的概念(意义)。本课中,教者为了以下教学的需要,提出:"由 $\frac{5}{9}$ 这个分数你能想到什么?"有的学生从 $\frac{5}{9}$ 本身来剖析它的意义(接近联想),有的从 $\frac{5}{9}$ 表示的分数意义联想到 $\left(1-\frac{5}{9}\right)$ 表示的意义(对比联想),有的从 $\frac{5}{9}$ 的意义想到 9 份、5 份、4 份等(类似联想)。这样的联想,直接诱发了后继学习中出现的算法多样化。可以试想一下:如果没有联想去沟通事物之间的联系,就不可能有算法多样化;没有算法多样化,也就没有类比;没有类比,又何来建构的延伸?在这里,我们可以从教学的前后关联中窥见教者设计的精妙之处。

3. 循序与递进:认知结构得以完善

"循序渐进"既是我国优秀教育传统中的精髓,也是现代学习心理学十分重视和强调的教学策略,更是徐老师倡导的"无痕教育"的显著特征之一。徐老师在设计新知学习过程时,在一定程度上反复呈现信息,特别是以"温故而知新"、结构良好的信息方式循环递进,十分有利于学习者"自组织"的形成和完善。

本课新知学习后的训练有四个层次:基本训练→分组训练→对比训练→综合训练。"基本训练"是对新知的"重复"(记忆心理学中有一句话——"重复是学习之母")与巩固;"分组训练"后的交流与评价,是对"最近发展区"中"脚手架"的拆除,有利于新知的进一步内化；"对比训练"消除了学生的思维定势，培养了学生"抗干扰"的能力；而"综合训练"的过程，则确保学生在"最近发展区"的范围内有"挑战性学习"的内容，激发孩子进入下一个"最近发展区"，为后继学习打下最好的伏笔。

循环往复，周而复始。但这里的"始"已经不是原来的"始"了——因为循序与递进，学生的认知结构已经呈现"自组织"状态，即"不存在外部指令，系统按照相互默契的某种规则，各尽其责而又协调地、自动地形成有序结构"。

4. 交流与分享：知情目标和谐发展

《论语·述而》告诫我们："不愤不启，不悱不发。"按宋代朱熹的解释："愤者，心求通而未得之意；悱者，口欲言而未能之貌；启，谓开其意；发，谓达其辞。"可见，"愤"就是学生对某一问题正在积极思考，急于解决而又尚未搞通时的矛盾心理状态。这时教师应对学生思考问题的方法适时给以指导，以帮助学生开启思路，这就是"启"。"悱"是学生对某一问题已经有一段时间的思考，但尚未考虑成熟，处于想说又难以表达的另一种矛盾心理状态。这时教师应帮助学生明确思路，弄清事物的本质属性，然后用比较准确的语言表达出来，这就是"发"。由此可见，它不仅生动地表现出进行启发式教学的完整过程，而且还深刻地揭示出学习过程中遇到疑难问题时将会顺序出现两种矛盾的心理状态，或者说两种不同的思维矛盾，以及这两种矛盾的正确处理方法。

从本课来看，教学的交流与分享不是随意展开的。在课始，为了联想的展开，提问：分数的意义是怎样的？例如 $\frac{5}{9}$ 可以表示什么意义？由 $\frac{5}{9}$ 这个分数你能想到什么？又结合学生的回答进一步提问 $(1-\frac{5}{9})$ 表示什么意思。这里，发学生的"愤"（学习初期急于解决又尚未搞通）处"启"，十分有利于新知的学习。

再如，当学生出现了以下几种典型解法：

$$45-45\times\frac{5}{9} \qquad 45\times(1-\frac{5}{9}) \qquad 45-45\div9\times5$$
$$=45-25 \qquad\qquad =45\times\frac{4}{9} \qquad\qquad =45-25$$
$$=20（人）\qquad\qquad =20（人）\qquad\qquad =20（人）$$

这时，教者不仅要求学生分别说出列式的理由和解题的思路，而且提问：这几种解法有什么相同点和不同点？这里，在学生处于"悱"（有一段时间的思考，但尚未考虑成熟）"发"状态，则有利于知识的深化与完善。

教学中，分享与交流的恰到好处，学生在"最近发展区"内完成了"一般社会互动"，即包括与能力较强合作者的互动，还包括与能力相当合作者的互动，与能力较弱合作者的互动等，在与他人的交互体验中，认知、情感并行不悖，得到和谐发展，而达成教学三维目标，也就水到渠成了。

总之，本课是在"格式塔"中成就"格式塔"。本课的信息呈现是"格式塔"的，体现了教者的课程智慧；教学过程也是"格式塔"的，体现了教者的教学智慧。在"师生共探"的教学中，教者努力做到了以下几点：一是突出学生主体地位，注意选择难易适中的问题，让尽可能多的学生参与到建构知识的过程中；二是竭力保护探索热情，避免以老师的思维代替学生的思维，让学生当时曲折的探索过程真实而自然地反映出来，并完成了对知识的逐步建构；三是引导"逐步归纳"，既让学生自主发现问题、提出问题、分析问题和解决问题，同时不断引导反思、总结、提炼解决这类实际应用问题的一般规律，从而着力培养了学生的问题意识，有效提升了学生的数学素养。

（全国科研型教师、苏州工业园区车坊实验小学　缪建平）

【磨课花絮】

本课在教学设计上力求体现数学无痕教育的思想，突出表现在对以下两个辩证性观点的实践性思考上：

（1）从简单出发。为了让学生在不知不觉中开始新知的学习，教者在上课开始并没有直接出示例题，而是和学生进行谈心："分数的意义是怎样的？例如 $\frac{5}{9}$ 可以表示什么意义？由 $\frac{5}{9}$ 这个分数你能想到什么？"看似简单随意的谈话，其实是让学生回顾之前学习的分数意义的旧知，并通过一个分数例子让学生把对分数意义的理解"外化"为具体模型，从而再现分数的本质含义，为新知介入提供了良好的生长点。接下来的教学更是顺着刚才的谈话和回忆，进一步思考"$1-\frac{5}{9}$ 的含义"，并在学生熟悉的校园运动会情境中逐步出示"其中男运动员占 $\frac{5}{9}$，表示什么意义？""岭南小

学六年级同学参加学校运动会，其中男运动员占 $\frac{5}{9}$，又表示什么意义？""岭南小学

六年级有 45 个同学参加学校运动会，其中男运动员占 $\frac{5}{9}$，你能直接求出什么？"至

此，随着已知条件信息的不断呈现，学生对题意的了解逐步深入，并能运用学过的一步计算的分数乘法解决实际问题。这样的复习铺垫和逐层引入，看似平常，其实正是符合儿童学习的心理规律，即由旧知到新知、由简单到复杂、由零散到整合。这样的设计，起到"先行组织者"（奥苏伯尔提出的一种提高教材可懂度的技术）的作用，是对教材的组织和呈现方式的有效改进，有助于为新的学习提供必要的准备知识，有助于促进学习的正向迁移。

（2）向本质迈进。数学教学的理想状态是通过学习使学生走进数学本质，进而通过数学学习使学生学会思维。本课在设计学生新知学习的过程和练习巩固的层次方面，力图体现以上观点。首先，在新知建构过程中，教师没有直接让学生列式解题，也没有完全由老师直接讲解过程，而是精心设计了逐步深入的学习进程：理解题意→画图分析→尝试列式→比较异同→反思解法。这样的学习过程，通过对学习内容的探索、经历、反思与回顾，让学生进一步体验现实生活中有关稍复杂分数乘法实际问题的解决过程，感受解决问题策略的价值，积累解决问题的经验，鼓励学生从不同角度、用不同思路自主探索，倡导解决问题策略的多样化。学生在与他人合作、交流中，共享解决问题的思维成果，思维的灵活性培养得到加强。同时，由于借助了几何直观，让学生直观理解不同解法的方法依据，从而对这类稍复杂的分数乘法实际问题有了感性基础和理性认识，初步形成完整的认知结构。其次，在练习巩固中，循序渐进地设计了新知不断结构化的发展过程，并通过题组对比练习和综合应用练习，引领学生逐步向着本质迈进。例如"对比辨析"中，呈现一组类似的已知条件和所求问题信息，学生通过比较发现，相同的列式源于不同的情境，相同的情境产生不同的列式。学生在分析和比较中，对运用分数乘法意义解决实际问题累积了更丰富的感性经验和理性思辨。而最后的"综合应用"，通过补充条件和补充问题，针对学生的学习差异，设计了个性化和弹性式学习要求，让每个学生都能在自己的学习基础之上有所发展和提升，使每个学生都能走进数学本质，走向理性思维。

【赏课心得一】

教学细节中彰显"无痕教育"的魅力

一堂好课常常是由一些精彩的细节所组成的。听了徐斌老师执教的《分数乘法实际问题》一课，启发很大。徐老师把本来平常、抽象甚至有些单调、枯燥的解决问题的课堂，演绎成了一次深入浅出、生动活泼的师生智慧之旅，体现了他对数学无痕教育的独特理解和对课堂艺术的不懈追求。下面细数徐老师课堂上的几个细节处理，分享他的教育智慧。

细节1：精心设计复习铺垫。本课是在学生熟悉了分数乘法意义基础上教学的，例题是求一个数的几分之几是多少的简单实际问题的发展。所以教师有意安排这样一组铺垫型复习，有利于学生对今天所学知识的理解，同时通过"由 $\frac{5}{9}$ 这个分数你能想到什么？并结合学生的回答进一步提问 $1-\frac{5}{9}$ 的含义"的问题引领，不但拓展了学生的想象空间，而且为学生自己发现另一种解法做了思维和心理上的铺垫。

细节2：巧妙引出所学新知。新课程背景下如何进行新知引入教学？这里徐老师做了很好的示范，值得细细品味。首先教师通过引领学生"读题——说已知条件和问题"的"常规方法"进行审题（这是目前应用题教学中被许多老师忽视的地方），接着通过问题" $\frac{5}{9}$ 表示什么意义？把什么看作单位'1'？能一步求出女运动员有多少人吗？"让学生进一步理解题意，为解决问题提供思维支撑。

细节3：合理采用数形结合。《义务教育数学课程标准（2011年版）》中提出要培养学生的形象思维和抽象思维。在问题解决过程中，利用线段图可以将题中蕴含的抽象数量关系以形象、直观的方式表达出来，启迪学生的思维，从而有效促进问题的解决。线段图是帮助学生由形象思维过渡到抽象思维的认知桥梁，所以教师通过"只看着抽象的文字来分析数量关系你感觉怎样？如果画线段图的话，你想先画什么？你能自己试着画画看吗？"等问题，让学生试着画线段图，将复杂的数量关系直观形象地显现出来，从而有效建立数学模型。这个过程中，教师引领学生思考、操作，从扶到放，突出方法指导，环环相扣，相得益彰。

细节4：尊重学生学习个性。"鼓励解决问题策略的多样化"是数学课程改革提出的要求。本课学习的是比较复杂的分数应用题，其解决问题的方法是多样的，教学时，只要教师引导得当，学生便可在老师的引领下，想出多种个性化的方法来。通过数形结合的方式，让学生画线段图理解题意后，学生自己解决问题已水到渠成，所以教师让学生独立列式解答。这里值得一提的是，在学生解决问题后，教师让学生分别说出列式的理由和解题的思路，并在对应的线段图中标注，利于思维层次不同的学生理解解决问题的方法。

细节5：帮助学生积累经验。解决问题是教学的终极目的，解决问题之后的反思和提炼是帮助学生积累经验的有效途径。而比较是确定事物之间相同、相异及差异的思维过程和逻辑方法，也是学生理解和掌握知识的一种学习方法，它是"各种认识和思维的基础"。我们知道，学生每一种个性化的策略，都是他们自己知识积累或是生活经验的再现。这种再现，有的是简捷的，有的却是烦琐的，学生有时比较难体验其中的优劣。所以，在学生出现多种思考方法后，教师通过"这几种解法有什么相同点和不同点？"等问题，引导学生比较。这样学生可以根据自身的实际情况调整思路，选择算法，有利于降低学习难度，促进学生更好地利用已有的解决问题的知识和经验。

细节6：由浅入深逐步提升。数学教学中基本技能训练是必要的，所以教师在巩固提高环节中的练习设计别具匠心，极富层次性，"基本训练——分组练习——对比辨析——综合应用"的有机组合，对学生理解和掌握所学知识具有重要意义，特别是对思维层次不同的学生的发展起到了很好的引领作用。

（江苏省特级教师、苏州工业园区新城花园小学　赵云峰）

【赏课心得二】

渐进中发展，无痕中提升

特级教师徐斌一直将"数学无痕教育"作为自己的研究对象和追求目标。在徐老师的课堂，学生经常是在不知不觉中开始新课，在不露痕迹中理解新知，在潜移默化中掌握技能，在春风化雨中提升素养。听了徐斌老师的"分数乘法实际问题"一课，更是深深领略了"无痕课堂"的魅力。特别是本节课的练习环节，徐老师用他匠心独运的设计，让学生在循序渐进中发展解决分数实际问题的技能，不断地向着数学本质迈进，在不露痕迹中提升了对稍复杂分数实际问题的理解水平。具体表现在以下三个方面：

（1）循序渐进，无痕中隐方法。《义务教育数学课程标准（2011年版）》提出：数学要面向全体学生，适应学生个性发展的需要，使得人人都能获得良好的数学教育，不同的人在数学上得到不同的发展。本课的练习设计在面向全体学生的基础上，充分体现了"数学是层次的艺术"，分为"基本训练""分组练习""对比辨析""综合运用"四个层次，循序渐进，层层跃升，让不同的学生都能得到锻炼和提高。徐老师首先出示的是和例题类型一致的"看图列式解答"，通过例题的数形结合提示、动手画线段图，借助直观形象的图示理解数量之间的关系并列式解答，学生已经基本建构了运用分数乘法和减法解决实际问题的模型，因此学生解决该题都非常轻松；第二部分的"分组练习"是教科书"练一练"的两道题目，徐老师让学生独立解决这两个实际问题，并指出如果有需要，可以先画线段图再列式解答，大部分学生在熟练掌握数量关系的基础上，不再需要借助线段图列式解答；而接下来的"对比辨析"和"综合运用"则对学生提出了更高的要求，需要学生灵活运用所学知识来解决分数乘法实际问题。这样的练习设计，如山涧溪流，由浅入深，层层递进，学生亦步亦趋，在无痕中深度洞察了分数乘法实际问题的数学模型。

（2）对比辨析，有痕中见精彩。教师在教学中根据实际情况适时、恰当地巧妙设计对比练习，不仅对学生有效、全面、系统地掌握知识具有十分重要的作用，而且对提高学生的学习兴趣、学习能力及促进学生智力发展具有深远影响。练习的第三个环节，徐老师就巧妙设计了 5 道看似相似实则不同的分数实际问题，引导学生抓联系，辨差异，巩固所学知识。5 个问题，有的是"一题多解"，有的是"多题一解"，徐老师通过充满智慧的追问——"第①题和第③题，一字之差，为什么列式不相同？""为什么第②题和第④题列式是一样的？第③题和第⑤列式也是一样的？"激发学生进一步思考。学生的回答精彩纷呈，迸发出了绚丽的思维火花。这样的设计，让学生在对比中迈进本质，在辨析中提升理解，有助于培养学生从事物表面现象找出本质差异的分析能力，从而收到排除干扰、把握实质的效果，使学生对于分数乘法实际问题的认识达到深度理解的水平。

（3）综合运用，开放中显个性。《义务教育数学课程标准（2011 年版）》将义务教育阶段学生学习的能力目标修改为："发现问题——提出问题——分析问题——解决问题"。相比以往，更加重视培养学生发现问题和提出问题的能力。爱因斯坦也曾经说过："提出问题比解决问题更重要。"本节课练习的最后环节，徐老师让学生补充条件，自己提出问题，再自己解决问题，给学生一个自由翱翔的思维空间和表现发挥的舞台，开放的情境使课堂气氛达到了一个新的高潮。"海阔凭鱼跃，天高任鸟飞"，在这样的开放环境中，学生真正地成为一个发现者、探索者。虽然补充的条件和提出的问题有浅有深，但是不同层次的学生都最大可能地得到了展示自我的机会，充分彰显了自己的个性，使得人人都能感受到成功的喜悦，增强了学生的自信心，促进了学生的自主发展，培养了他们的创新思维和综合运用的能力。

真所谓"教学无痕，精彩有迹"。在无痕教育理念的指导下，通过循序渐进的练习环节，使学生构建起了完整的知识网络，逐渐由感性认知发展到理性梳理，从而一步步地迈向思维品质，也在潜移默化中渗透和提升了数学思想。

（苏州市骨干教师、苏州工业园区第二实验小学　董良）

【辩课观点】

观点 1："教什么"与"怎样教"？

对于分数乘法实际问题的基本内容，本不难教，但是对于学生实际掌握来说，容易出错。因此，在设计教学时，如何处理"教什么"和"怎样教"之间的关系，值得我们去深入思考。本课教材编排的内容不多，包括一道例题，两道"练一练"，四道"练习十六"中的相关习题。如果仅局限于解决这七道题目，是远远达不到教学目标的。因此在组织本课的学习内容时，我首先考虑的是"教什么"，在学习素材上做了深入加工：一方面，结合例题素材，设计了相应的复习铺垫，帮助学生搭好"脚手架"；另一方面，补充了根据线段图列式解题和对比性习题，针对学生的思维特征和容易出现的思路模糊进行了专项练习；此外还组织设计了补充条件和补充问题的应用性发散练习，培养学生思维的灵活性。

有了合适的学习材料，如何组织引导学生主动学习？针对六年级学生的认知规律，首先引导学生用画线段图的方式整理信息，分析数量关系；然后放手让学生根据自己的理解寻找解题思路，并列式计算；最后让学生交流汇报，并进行不同解题方法的对比，修正和调整自己的解题方向，积累解题经验。

观点 2："深挖洞"还是"广种粮"？

对于数学知识的学习，历来存在深入挖掘提升（"深挖洞"）和广泛解决问题（"广种粮"）的矛盾。我以为，对于分数乘法实际问题的解题模型的构建来说，"深挖洞"和"广种粮"，都是必需的。要建构分数乘法实际问题的数学模型，需要让学生从分数的基本意义出发，逐步根据已知条件和所求问题的变换，从一步计算到两步计算，再发展到三步计算（甚至有个别四步计算），从而使学生建构起有关分数乘法实际问题的数学模型。在建构过程中，不能只停留在教材例题层面，要循着数学知识的特点和学生认知的规律，向数学本质和思维深处进发，从而使学生获得结构化的知识，获得具有生长力的知识。同时，建立了数学模型之后，还应该应用到实际问题中去，让学生面对多样化的现实情境，学会整理相关信息，学会发现和提出数学问题，并会运用数学语言、符号、方法、思想来分析和解决问题，从而积累基本活动经验，培养数学素养。

观点3：“数形结合”到什么程度？

中科院院士张景中先生认为，“数形结合”是小学数学最重要的三种基本思想之一（另两种是“函数思想”和“寓理于算”的思想），因为“数学要研究的东西，基本上是数量关系和空间形式”。教学实践表明，运用分数的相关知识解决实际问题，比较抽象，尤其是分数乘除法的实际应用问题。所以，本课的复习铺垫、新知学习、巩固练习三个阶段，都介入了线段图，让学生画图整理信息，画图分析数量关系，看图提出数学问题，看图分析和解决问题。但是，这种“数形结合”的方式也不是“一刀切”的要求。画图不是教学目的，画图作为解决问题的一种“脚手架”，是源于学生的需要，源于学生的思维特征。因此，随着教学的进程，对画图的要求越来越弹性化，结合具体的问题和学生自身的实际情况，需要画图则画图，画的示意图自己能看明白就行，最终是为了理清数量关系，引发解题思路，发展抽象思维能力。

磨课研讨中

二、特色课例研究

经常上课的人总会留下一些难以忘记的特色课例，这些课例或是因为内容的独特，或是因为过程的奇妙，或是因为效果的反差，常常使我翻出来咀嚼和回味，进而寻找课堂的美丽，发现课堂的遗憾。这一组特色课例，既有成名课的惊喜之情，也有经典课的对比之痛；既有活动课的好玩之意，也有计算课的抽象之美。

享受课堂

（一）活动课例解读—— 鸡兔同笼教学实录与评析

教学内容： 自编二年级活动课"鸡兔同笼"。

教学目标：

通过学生自己动手、动脑、想想、画画，运用形象思维来解决"鸡兔同笼"问题，从而发展学生的思维能力；结合教学，渗透"假设"的思想方法，培养学生学习数学的兴趣和合作意识。

教学准备：

交互式多媒体课件，实物展示台，5个〇，6个▭（背面贴4张5元、2

张 10 元的人民币）；每小组一只信封（内装 2 分、5 分硬币 7 枚）等。

教学过程：

1. 创设情境，引入课题

师：我小时候，像你们这么大。一天，在放学回家的路上，一个白胡子老爷爷拦住我说："小朋友，你上学了，我考考你！"我从小爱动脑筋，就说："老爷爷，您考吧！"白胡子老爷爷说："听着，我出题了——鸡和兔关在同一个笼里，数它们的头共有 5 个，数它们的腿共有 14 条。有几只鸡？有几只兔？"我一听就愣住了，心想太难了！怪不好意思的。白胡子老爷爷说："你现在还小，不会不要紧。记住吧，这叫'鸡兔同笼'问题。好好读书，以后再学。"我记住了白胡子老爷爷的话。到了上五年级时，一次在新华书店里见到一本《小学数学趣题巧解》，书上讲了"鸡兔同笼"问题的解法。我学会了，特别高兴。直到今天，我还记得呢！小朋友们，你们愿意自己动手、动脑，想想、画画，解决"鸡兔同笼"这个难题吗？

（揭示课题——鸡兔同笼。）

2. 自主探索，构建模型

（1）分析题意。

师：①"鸡和兔关在同一个笼里"是什么意思？

②"数它们的头共有 5 个"是什么意思？

③"数它们的腿共有 14 条"是什么意思？

④要问我们什么问题？

生：（略）

师：我们知道，一般每只动物一个头，而腿的条数有些不一样。每只鸡几条腿？每只兔几条腿？

生：每只鸡 2 条腿，每只兔 4 条腿。

（教师出示鸡和兔的图像。）

（2）指导画图。

师：笼里可能有几只鸡、几只兔呢？大家先猜猜看！

生 1：可能是 3 只鸡、2 只兔。

生 2：可能是 2 只鸡、3 只兔。

生3：可能是1只鸡、4只兔。

生4：可能是4只鸡、1只兔。

师：大家猜的都有道理！笼子里到底有几只鸡、几只兔呢？我们可以画一些简单的图来帮助思考。请大家想想办法，用什么图形表示它们的头，用什么图形表示它们的腿？

生1：我想用圆形表示头（到黑板上画◯）。

生2：我想用竖线表示腿（到黑板上画成🪑🪑）。

师：刚才两个同学想出了好办法。其他同学可以参考他们的画法，也可以用另外的表示方法画一画。

（生在纸上画图，师巡视指导。）

（3）讨论汇报。

根据学生汇报的情况，用电脑进行互动演示（电脑课件中的腿和头均可根据学生汇报的情形随机进行拖动，如下图所示）。

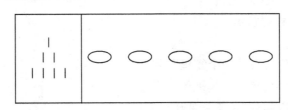

生1：我是先画1只鸡、1只兔，再画1只鸡、1只兔，再画1只鸡，一数正好是14条腿。笼子里有3只鸡、2只兔。

生2：我是先画2只鸡，再画2只兔，一数有了12条腿，还差2条，我就又画了1只鸡，正好14条腿。也发现有3只鸡、2只兔。

生3：我是先画1只兔、1只鸡，再画1只兔、1只鸡，再画1只兔，一数有16条腿，多了2条，就擦掉2条腿。这样就有3只鸡、2只兔。

生4：我是先全部画成鸡，二五一十，一算还少4条腿，我就2条2条地添上，就是2只兔、3只鸡。

生5：先全部画成兔，四五二十，多了6条腿，我就2条2条地擦去，这样也得到有3只鸡、2只兔。

生6：我先没有急着画！我想1只鸡和1只兔共有6条腿，画两次，二六十二，还少两条腿就是再画1只鸡，我是先知道有3只鸡、2只兔，再画下来的。

师：生6能在脑子里边想边画！真不简单！

生7：我的画法和他们都不一样！我先把14条腿全部画好，再用头去套，套2条腿的就是鸡，套4条腿的就是兔，也能知道笼子里有3只鸡、2只兔。

师：生7能想出与别人不一样的画法，真了不起！

（演示先画14条腿，再用头去套腿的方法，如下图所示。）

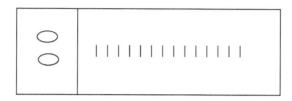

（4）验证小结。

师：小朋友们想出了这么多方法，得到的结果都是3只鸡、2只兔，与笼中的结果是不是一样呢？

（电脑显示笼中的鸡和兔。）

师：小朋友们的本领真大，一下子想出了这么多的方法，而且结果完全正确。以后碰到这类问题时，我们可以用想想、画画的方法帮助思考。怎样画更快呢？

（把刚才生4和生5的画法再演示一遍，如下图所示。）

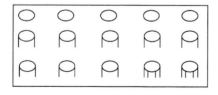 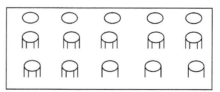

3. 巩固应用，解决问题

师：用这种想想、画画的方法可以帮助我们解决日常生活中遇到的一些问题。

（1）（电脑显示自行车和三轮车）自行车和三轮车共有7辆，共有18个轮子。自行车有几辆？三轮车有几辆？

师：可以用什么样的简单图形表示自行车和三轮车？

（鼓励学生想出不同的表示法。）

师：大家画图时，可以先假设全部是自行车，也可以先假设全部是三轮车，再数一数轮子的个数，少了就添上，多了再擦去。

（生独立画图，互相讨论，师巡视指导。）

生：（汇报略）

（实物投影展示学生的不同画法，电脑演示两种假设的思路。）

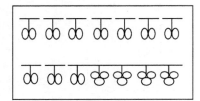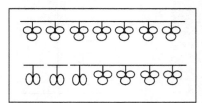

（2）师：老师这儿有 6 张长方形纸，它们的背面各有一张 5 元或 10 元的人民币，合起来是 40 元。能知道 5 元的有几张，10 元的有几张吗？

师：我们可以先在脑中画图，也可以在纸上画图，还可以把画图与口算结合起来。

（学生画图后在实物投影上展示不同画法，如下图所示。）

生 1：我是这样画的：｜5元｜ ｜5元｜ ｜5元｜ ｜5元｜ ｜10元｜ ｜10元｜

生 2：我比生 1 画得简单：｜5｜ ｜5｜ ｜5｜ ｜5｜ ｜10｜ ｜10｜

生 3：我画得还要简单：5　　5　　5　　5　　10　　10

生 4：我在脑子里想好了再写下来：4 张 5 元　2 张 10 元

（3）小组活动（猜硬币游戏）。

师：每个小组桌上信封里都有 2 分和 5 分的硬币共 7 个，总共的钱数写在信封上。请大家先猜一猜，有几个 2 分的，有几个 5 分的？猜出结果后先在小组内讨论一下，再打开信封，看猜的结果对不对。比一比，看哪一组最先猜出来！

（学生先分小组猜，再大组交流。）

（学生汇报时，老师用电脑随机拖动的方法演示思考过程，如下图所示。）

1角7分 2角 2角3分 2角6分 2角9分 3角2分	◯　◯　◯　◯　◯　◯　◯
2 5	

4. 总结全课

师：今天，大家学习了什么？我们是怎样学习的？

生：（略）

师：这节课小朋友们自己动手，用画画的方法来帮助思考，解决了"鸡兔同笼"的问题。有的小朋友还能在脑子里画画，并且把画画和口算结合起来，真了不起！老师告诉大家一个秘密：这种"鸡兔同笼"的问题原来是五、六年级的大哥哥、大姐姐学的，现在我们二年级小朋友也学会了，大家高兴吗？让我们为自己鼓鼓掌！

生：（鼓掌）

设计意图："鸡兔同笼"问题是我国传统的古典难题，曾经在一段时期的小学教材中出现过，由于其解题思路比较抽象，现行一般的义务教育教材中没有编排，只是在一些数学奥林匹克训练题中作为典型应用题出现。《数学课程标准（实验稿）》在"课程实施建议"中的第二学段特地编排了"鸡兔同笼"案例。我选择这一教学内容，是想尝试一下，采用数形结合的方法，让二年级的学生在一堂课的时间里，轻松愉快地解决这一所谓的"难题"，并让学生在学习的过程中获得积极的、丰富的情感体验。

本课的教学目标包括知识技能、数学思考、解决问题、情感与态度等方面，其中一个重要目标是着力培养学生的形象思维能力。

我国思维科学的创始人钱学森先生将人的思维方式分为形象思维、逻辑思维和直觉思维三种。1993年颁布的《义务教育小学数学大纲（试用本）》在"教学目的"中指出，要"培养初步的逻辑思维能力"，而2000年修订的"大纲"将这句话改为"培养初步的思维能力"。虽然文字叙述中少了两个字，但其内涵却大大丰富了。我以为，思维能力的方式除了包括逻辑思维外，还包括形象思维、直觉思维、合情推理等方面。我国心理学家朱智贤先生研究指出，小学生的思维处于由具体形象思维向抽象逻辑思维过渡的阶段，而且这时的抽象逻辑思维在很大程度上仍然带有很大的具体形象性。尤其是低年级学生，更是形象思维占主导地位，正如乌申斯基所说，孩子们习惯"用形状、颜色、声音和一般感觉来思维"。

作为一名数学老师，我们有责任思考——数学是什么？《数学课程标准（实验稿）》在"前言"的第一句中就指出："数学是人们对客观世界定性把握和定量刻画、逐渐抽象概括、形成方法和理论，并进行广泛应用的过程。"同时又强调"让学生亲身经历将实际问题抽象成数学模型并进行解释与应用的过程"。我认为，好的数学教学应该是从学习者的生活经验和已有的知识背景出发，提供给学生充分进行数学实践活动和交流的机会，使他们在自主探索的过程中真正理解和掌握数学知识、思想和方法，同时获得广泛的数学活动经验。

【评析一】

数学教学是数学活动的教学

前不久，在北京举办的一次数学教学研讨会上，我有幸听了江苏省特级教师徐斌给二年级学生上的一节数学活动课"鸡兔同笼"，收获颇大，现选取其中三个片断简析如下。

片断一：创设问题情境

苏联心理学家鲁宾斯坦曾指出："思维过程最初的时刻通常是问题情境。"上课开始，采用孩子们喜爱的讲故事方式："老师小时候，像你们这么大。一天，在放学回家的路上，遇到一位白胡子老爷爷……"在故事情境中引出数学问题："鸡和兔关在同一个笼里，数它们的头共有 5 个，数它们的腿共有 14 条。有几只鸡？有几只兔？"在故事里徐老师特别讲道，"老师像你们这么大时还不会做这道题"，既显示难度，引起认知冲突，又促使学生对老师产生一种心理认同感，拉近了师生间的心理距离。我想，这对任何阶段的学生都是必要的、适宜的。德国弗赖堡师范大学海纳特教授在《创造力》一书中写道："创造性教学的一个特征是，教师尽量关怀学生的学习，努力使自己返回到学生阶段，也就是开始一个倒回的过程，这样他才有可能把自己与学生看成一致的，并使学生把他视为同一。"

片断二：建立数学模型

第一步——分析题意。教师出示颜色鲜艳、形象生动的兔子和鸡的实物图，唤起儿童有关的生活经验，儿童的脑海里呈现出这两种动物的具体形象。

第二步——指导画图。用"◯"表示头，用"╷"表示腿，用"⊤""⫟"表示鸡和兔。这时，鸡和兔各自的颜色不见了，它们生动的形态也不见了，甚至连它们的躯体也被忽略了，而只抽取了与数学有关的"头"和"腿"的数量特征，得到的这些"符号画"既是形象的图画，又是抽象的符号。这一过程是儿童将头脑中的表象概括化的过程。如果说抽象思维的细胞是概念，形象思维的细胞则是表象，而这种"符号画"就是形象思维运演的"算子"，也是形象思维过渡到抽象思维的"脚手架"。

第三步——讨论交流。在猜想、画图、凑数之后进行汇报交流。学生汇报时，课件中设计了交互界面（鼠标拖动演示），并根据学生的实际，随机准备了"先画腿，再套头"的备用方案。

第四步——验证小结。验证结果后，小结时介绍"假设"的画图思路。

建立数学模型的过程，体现了建构主义思想：从学生为主体的角度看，这是一个主动建构的过程；从知识与技能的形成来看，这又是一个意义建构的过程。

片断三：解释、应用与拓展

建立一个数学模型不是目的，重要的是要让学生进行"数学化"，即用数学的眼光去解释生活中的一些现象，解决生活中的一些简单问题。这一阶段分了三步：

第一步——"自行车和三轮车共7辆，共有18个轮子，有几辆自行车？几辆三轮车？"学生自己创造出自己能看懂的"符号画"。

第二步——"有5元和10元的人民币6张共40元，5元有几张？10元有几张？"学生有的在纸上画图，有的在脑中画图，还有的把画图与口算结合起来。不同的学生用不同的思维方式解决问题。

第三步——"猜硬币游戏"（2分和5分硬币共7枚）。设计了6种情况，每组不一样，组内和组间既有合作，也有竞争。

解释、应用与拓展，儿童的头脑中不断经历"数学化"的过程。教师及时、尽可能多地把不同的画法和想法通过实物投影展示给所有学生，并让学生说出自己是怎么得到这个结果的，让大家共同分享探索的过程、结果和快乐。

课堂的最后，与新课引入时相呼应，并进一步告诉学生一个"秘密"：这本来是五、六年级大哥哥大姐姐学的，你们才二年级就已经学会了。让学生为自己鼓掌！体验数学思考的快乐和克服挑战性问题后的精神满足，使学生在经历成功后反刍成功的快乐，建立起更强的学习信心。

总之，这堂课的教学，充分体现"数学教学是数学活动的教学"，让学生在观察、实验、猜测、验证、合作、交流、应用与反思等数学活动中学习，让学生体验到了数学学习过程是快乐的活动过程，让学生分享到了数学学习活动的成功与快乐！

（全国著名特级教师　钱守旺）

【评析二】

数学，就这么简单

自我感觉一直以来都与"鸡兔同笼"颇有缘分。这是一道数学名题，却困扰了我整个小学生活。而今身为人师，苦恼依然——因为我正在对我的四年级学生进行这方面的辅导。"鸡和兔关在同一个笼子里，头有 5 个，腿有 14 条。问鸡有几只？兔有几只？"这道题我换汤不换药已经教了三遍了，但仍有孩子不明所以：为什么一会儿假设 5 只都是鸡，一会儿假设 5 只都是兔呢？要知道这些孩子还是班级中的佼佼者呀！对此，我唯有苦笑。

机缘巧合，前不久我有幸听到了特级教师徐斌面向二年级学生开设的数学课"鸡兔同笼"。当时一看到大门口黑板上的这个课题，我着实吓了一跳——他竟敢上这内容？

然而现在，我只想说："数学，就这么简单！"

亮点一："怎么画才最简单"——学画数学画

在让学生充分估计了笼子里鸡、兔可能有的只数后，教师问："我们在美术课上画过鸡和兔吗？""画过！"在孩子们的齐声回答声中，教师借助多媒体演示出了色彩斑斓、栩栩如生的鸡和兔。接着教师话锋一转："现在我们来画数学画，不过数学画不用这么麻烦，怎么画才最简单？"话音刚落，教室里便热闹起来，小朋友围绕"简单"二字做起了文章："用'○'表示头""用'｜'表示腿""有两条'｜'表示鸡"

"有四条'|'表示兔"……不久鸡和兔的数学画定稿了——"⍁"（鸡）"⍀"（兔）。教师适时引导："应该先画几个头？""5个！"学生兴趣盎然地边说边画了5个"〇"，"那么画腿时怎样画得既快又不容易出错呢？"同学们开展了讨论，最后交流得出：可以先画5只鸡，有10条腿，还多4条腿没画，再2条2条地添上去。"那能不能先画兔再画鸡呢？"真是一石激起千层浪，小朋友们又开始了新的思索与探究。结果令我瞠目结舌的是：全班同学几乎都能用两种画法求出鸡和兔的只数，而这正是我在辅导学生时一再强调却仍令他们感到万分头疼的"一会儿假设5只都是鸡，一会儿假设5只都是兔"。

亮点二："用最简单的方法"——算车子的辆数

教师出示了这样一道题目：自行车和三轮车共有7辆，共有18个轮子，自行车有几辆？三轮车有几辆？而后，他并未做过多的分析，而是轻描淡写地问了一句："能不能用最简单的方法？"其实这题同属"鸡兔同笼"的范畴。小朋友并不明白这一概念，但是由于他们已经学会了画简单的数学画，所以这对于他们来说是一个充满信心的挑战。教师有意识地选取了几份，学生甲说："我根据鸡和兔的样子，把自行车画成了两条腿，三轮车画成了三条腿。"学生乙说："因为自行车有两个轮子，我就画两个圆；三轮车有三个轮子，就画三个圆。"听着孩子们富有思想的回答，看着他们简单而又有创意的数学画，我不由得为孩子们的可爱、孩子们的善于抓本质而暗暗喝彩。对于他们来说，这不就是最简单的方法吗？随后教师又看似无意地补充了一句："能不能先画车轮，再画车把呢？课后我们试着画一画。"原以为孩子们课后才不会把这当一回事儿，但跟踪调查的结果是：不少学生进行了尝试。这不由得令我想到了这样一句话："数学不是听懂的，也不是教会的，而是领悟的。"只有让孩子们真正领悟了，他们才乐意去当成功的探索者。

亮点三："越简单越好"——猜钱

教师设计了一个小组合作的猜钱游戏：每个信封里各装有面值2分、5分的硬币共7枚，但总钱数不同，有1角7分、2角、2角3分、2角6分、2角9分、3角2分，每个小组各领一份，要求大家根据总钱数猜一猜2分硬币、5分硬币各有多少个？并把想法在组里交流，要求越简单越好。

在汇报时，有孩子说："我先写了7个2分，共14分，还多9分，我就3分3

分地加。"说着，把他的创意展示给大家看：2＋3、2＋3、2＋3、2、2、2、2。这时又有一名孩子急着说："我跟你正好相反，先写了7个5分，共34分，多了12分，就3分3分地减，5－3、5－3、5－3、5－3、5、5、5。"还有的更绝："我比你们都简单，是在脑子里画出来的，结果也和你们一样。"就这样，猜钱游戏在孩子们的探索、体验与感悟中简简单单、轻轻松松地实现了它的数学价值。

《数学课程标准解读》中明确倡导："我们不能假设孩子们都非常清楚学习数学的重要性，并自觉地投入足够的时间与精力去学习数学，也不能单纯依赖教师或家长的权威去迫使学生们这样做。事实上，我们更需要做的是让孩子们愿意亲近数学、了解数学、喜欢数学，从而主动地从事数学学习。"让他们觉得数学就这么简单。然而"简单"二字说起来容易做起来难，对于教师来说，它不仅是一种技巧，更是一种智慧。看着那一份份略显粗糙但却充满创意的数学画，我仿佛看到了孩子们灿烂如花的心灵——稚气而富有个性，顽皮而长于创造。我想正是徐老师为他们搭建了具有创意的学习平台，摒弃了一些人为的"烦琐分析"，让数学回归了本真与简单，才使得他们勇于在活动中彰显个性，敢于在实践中打造探索的钥匙。从这一点上来说，"简单"难道不是我们数学教学所要追求的一个境界吗？

（江苏省张家港市江帆小学　徐芳）

又一次执教公开课

（二）成名课例解读——万以内数的读法教学实录及解读

背景说明：

1990 年，我当时在江苏省南通市如东县掘港小学工作。三月份，21 岁的我代表如东县参加了南通市小学数学青年教师封闭式上课比赛，获得了一等奖的第一名。十月份，我代表南通市参加了江苏省教研室举办的全省小学数学青年教师封闭式赛课活动，再次获得一等奖的第一名。作为一名刚参加工作不久的青年男教师，执教低年级的数学课，取得了令人瞩目的优异成绩，在省内引起了同行极大的关注。省级赛课结束后，该课教学实录在《中国小学数学教育》杂志发表，个人获奖照片刊登在当年的《江苏教育》杂志上，教学录像被江苏省电教馆制作并在全国公开发行。1990 年至 1991 年期间，应省内各市区教育局教研室的邀请到各地讲课 10 余次，并获得了广泛好评。1992 年，应中国教育学会小学数学教学专业委员会的邀请，到北京为全国第五届小学数学年会做观摩课教学。1993 年，我又代表江苏省参加了全国首届小学数学观摩课教学评比活动。真可谓"一课成名"！

《万以内数的读法》教学实录之一

教学内容： 义务教育小学数学教科书（苏教版）第三册第 117～119 页例 7 和例 8。

教学目标：

（1）初步掌握万以内数的读法，能正确、熟练地读万以内的数。

（2）培养学生动手操作、观察比较、归纳概括和类比推理等能力。

（3）使学生感受到数学与生活的密切联系，培养学习数学的兴趣和善于合作的精神。

教学准备：

师准备——计数器、实物投影仪、数位卡片、数字卡片、练习纸等。

生准备——数字卡片 10 张、空白卡片 5 张，课前收集生活中有关三位数和四位数的信息 2～3 条。

教学过程：

1. 复习

师： 用幻灯依次出示 12、57、20、100。

生：很顺利地读出。

师：读数时要从高位读起。

（板书：万　千　百　十　个）

师：相邻计数单位之间的进率是十（没请学生说）。

2. 新授

（1）教学例5。

师：在计数器上拨出4357。

生：（读出）

师：（板书——数位顺序表，在复习部分的板书上补充完：

……　万位　千位　百位　十位　个位）

师：（交代省略号的意思——我们以后还要学习比万位高的数位）

师：（在数位顺序表下写4357，并板书读作四千三百五十七）

师：一个数读作7543，它的最高位是什么位？

生：（略有难色）

（教师在此处暂时降低了要求。）

（2）教学例6。

①师：今天我们学习"万以内数的读法"（板书）。

②师：（逐次贴出写有数字的卡片）请学生读出，并回答有关问题。

生：657的百位上有六个百……读作六百五十七。

师：百位上是几读作几百……个位上是几读作几。

师：3812怎么读？……

师：203、5006怎么读？……

师：（贴出写有"中间有一个0或者两个0的，只读一个0"的卡片。）

生：（看了幻灯读出下例各数）203、4005、3078、2506。

③师：（板书400、8000）

生：（在教师启发下与203、5006进行比较）

师：贴出写有"末尾有几个0，都不读"的卡片。

生：（看了幻灯读出下例各数）200、3000。

师：在老师要求下齐读读数方法。

师：（先板书 3040）说出两个 0 所在的位置，怎么读？

生：（依次回答，没有困难）

生：（看了幻灯读出下列各数）4050、6080。

3. 巩固

（1）学生阅读课本第 73 页上例 5、6，齐读和散读书上的两段结语。

（2）教师出示读数转盘。

（3）学生分别读出 4375、6375、6005、6000、6020。

（学生对个别数读得不熟练，经过老师启发，最终教师高兴地说："你们终于读出来了！"）

（4）学生看了幻灯读出下列各数：463、9528、4000、2089、9030、8006、3507、2800。

（5）教师要求学生读出书上第 75 页上的第 3 题，自己加了一题：读出——育红小学向灾区人民捐款 4050 元。

（6）游戏：

①出示 4 张卡片 6、6、0、0，根据教师要求排队：读出一个 0，一个 0 也不读，一个 0 在中间另一 0 在末尾。

②戴小面具，传小红花，吹口哨，哨音停止者上台摸一张纸，回答一个问题，回答不出的可请朋友代替。

（本实录根据 1990 年 10 月 16 日在江苏省仪征化纤联合公司第三小学的现场赛课整理而成，记录者为著名特级教师、赛课评委王之华。）

《万以内数的读法》教学实录之二

教学过程：

1. 创设情境，引入新课

师：小朋友们，最近你们经常看电视吗？刚结束的第十四届亚运会在哪里举行的？你知道获奖牌总数前三名的国家吗？

生：我从电视上知道，第十四届亚运会在韩国釜山举行的，获奖牌总数前三名的分别是中国、韩国、日本。

师：老师把获前三名国家的金、银、铜牌数统计在一个表格里，你能分别读出来吗（出示统计表，如下表所示）？

名次	参赛队	金牌	银牌	铜牌
1	中国	150	84	74
2	韩国	96	80	84
3	日本	44	73	72

生：（读略）

2. 自主探究，学习新知

（1）学习数位顺序表。

师：10 个一是多少？ 10 个十是多少？ 10 个一百、一千呢？

（板书：万　千　百　十　个）

（学生在各自课前准备好的空白卡片纸上分别写上"个""十""百""千""万"等字。）

师：我们已经学过哪几个数位？

生：个位、十位和百位。

师：你还知道哪些数位？

生 1：我还知道百位、千位、万位。

生 2：我还知道亿位。

生 3：我还知道十万位、百万位、千万位。

生 4：我还知道兆位。

师：同学们知道的真多！你能把刚才做的计数单位卡片改做成数位卡片吗？

（学生分别在卡片上已写好的计数单位下面写上"位"字。）

师：你能把自己做的 5 张数位卡片按顺序排列起来吗？

（学生各自按顺序排列数位，同桌、前后交流。）

（教师在同学汇报的基础上板书成数位顺序表。）

师：每人先打乱卡片顺序，再很快排成数位顺序表。

（同桌比赛。）

师：我们来做个"数位排队"的游戏。请每人选一张自己喜欢的数位卡片，拿到前面来，站成数位顺序表。

（学生自由选择卡片，5 个人一组，灵活站位。）

（2）在计数器上拨珠读数。

师：（拨 357）3、5、7 各表示多少？你能读出来吗？

生：（略）

（学生上台在计数器上拨 4682。）

师：这个数是由几个千、几个百、几个十和几个一组成的？你能读出来吗？

生：它是由 4 个千、6 个百、8 个十和 2 个一组成的，读作四千六百八十二。

师：4682 是个几位数，最高位是什么位？一个三位数的最高位是什么位？

生 1：四位数最高位是千位。

生 2：三位数最高位是百位。

（3）学习读数方法。

师：大家读得很好。谁能说一说在读这些数时，你是按怎样的方法来读的？

生 1：我是从左边往右边读的。

生 2：我认为读数时应从高位读起。

师：今天老师又带来了几个大一些的数。

（出示写在卡片上的数：567　8312　704　9005　600　7000）

师：大家先试着读一读这些数，有不会的可以互相商量商量。

（学生自由读数，小组讨论。）

师：请大家仔细观察这些数，你能根据这些数目的特点把它们分成几堆吗？

生 1：我是这样分的（边说边到黑板上把数分成两堆：567　704　600；8312　9005　7000），左边三个是三位数，右边三个是四位数。

生 2：还可以这样分（边说边上前把黑板上的数重新分成两堆：567　8312；704　9005　600　7000），左边两个数的数字都没有 0，右边的都有 0。

生 3：我把它们分成了三类（到前面摆数成三堆：567　8312；600　7000；704　9005）。

师：大家能从不同的角度进行分类，非常好。那么，以生 3 的分类为例，你觉得哪一类数容易读一些？哪一类数比较难读？

生 1：我觉得 600 和 7000 这两个数最好读，只要看 6 在百位上就读"六百"，7

在千位上就读"七千"。

生2：我觉得最难读的是567和8312，像8312要读成"八千三百一十二"，要读很长时间。

（同学们都笑了起来，老师也笑了。）

师：5060怎么读？

生：（略）

（4）小结读数方法。（略）

3. 巩固练习，应用拓展

（1）读生活中的数（师生交流各自收集的生活中有关三位数和四位数的信息，如下图所示）。

教师收集的有：

苏州市实验小学有学生2960人，
其中男生1502人，女生1458人。

第14届亚运会共设奖牌1350枚，
中国获得其中的308枚。

世界上最高的山峰是珠穆朗玛峰，
高约8848米。

南京长江大桥铁路桥全长6772米。

学生收集的有：

生1：我家的电视机3060元。

生2：我爸爸的手机1980元。

生3：我的身高是125厘米。

生4：我知道2008年在北京举办奥运会。

（2）数字排队。

（教师出示分别写着0、0、8、8的四张卡片，让学生推荐4人到台前，每人选一张自己喜欢的卡片并举起来。）

师：请台下的同学想一个三位数或四位数，让台上的同学按要求站数。比一比谁最灵活！

生1：我请你们站成一个三位数，只读一个"零"。

（台上4名同学商量了一下，派出其中3名同学站成了808。）

生2：请站一个三位数，一个"零"也不读。

（台上3名同学先站成了880，再换一名同学又站成了800。）

生3：请站一个四位数，一个"零"也不读。

（台上4名同学很快站成了8800。）

生4：我想请你们站成一个四位数，读作"八千零多少"。

（台上学生一时犹豫不决，片刻，两个分别举着8和0的同学站在了左边，剩下两个同学又思考了一会儿，站成了8008。台下学生都帮他们松了口气。）

生4：（故作神秘地）只对了一半！

（台上同学先是一愣，继而受到启发，很快做了调整，又站成了8080。下面同学鼓掌。）

（3）卡片摆数。

每个学生准备0～9十张数字卡片，按要求摆三位数或四位数。

（先老师说数学生摆数，再指名说数大家摆，然后同桌互相说数、摆数。）

其中一个片断——

生1：我请大家摆出8566。

（学生摆了一会儿，纷纷摇头，有的自言自语"摆不出来"，这时候……）

生2：我摆出来啦！把"9"倒过来就是"6"！

（同学们都笑了，老师不由得也笑了。）

生 3：我请大家摆出 200。

（学生摆了一会儿，没摆出来。）

生 4：（趁同桌不注意，拿过来一个"0"，用手按住，高声叫起来）我摆出来啦！我摆出来啦！

生 4 的同桌：他抢了我的 0！

生 4：（脸涨得通红）是我拿的，是我，不！是我们先摆出来的！

（同学们都笑了起来，老师也笑了。）

（本实录根据 2002 年 10 月 22 日在苏州市实验小学举办的苏州市新课程启动仪式上的执教整理而成。）

【磨课心得】

十年磨一课

1. 成名之实

1990 年 10 月 16 日，江苏省仪征市仪征化纤联合公司第三小学。在江苏省小学数学青年教师优秀课比赛中，我执教的这一课获得了一等奖的第一名。因赛课是采用封闭式独立备课，故听课的只有专家评委，在随后举行的大会颁奖仪式上，应组委会要求我又做了该课的第二次现场展示。前面呈现《万以内数的读法》教学实录之一的是江苏省著名数学特级教师王之华先生（当时赛课的评委）的听课笔记中的记载原文。

2002 年 10 月 22 日，江苏省苏州市实验小学。在苏州市新课程改革启动仪式上，我又一次执教了这节课，《万以内数的读法》教学实录之二是根据这次公开教学整理而成的。

2. 成名之道

时隔十多年，翻看两份教学实录，心里感慨颇多。

二十世纪九十年代初，正是我刚刚参加工作不久，也是传统教学观念比较盛行的时候。我执教的这节课之所以能获得成功，主要是我的课堂教学打破了封闭式的精讲多练模式，采用了开放式的活动化教学，让学生在比赛游戏中学习知识，让学生在丰富活动中获得发展，让学生在轻松愉悦中得到提升。

而十多年后的 2002 年，正值课程改革初期，我又一次执教这节课，也获得了成功，那是因为我依据新课程理念，准确地把握了学生的已有知识和生活经验，采用精心预设与动态生成的方式展开教学，把学生的主动性充分地发挥出来了，体现了为学生的数学学习服务的思想。

更为巧合的是，1990 年我参加江苏省赛课时的评委、著名特级教师王之华老师还保留着当年的听课笔记，并且在 2002 年我再次执教这节课时又正好借的是王老师的班级。不过有些遗憾的是，第二次执教时，王老师正好另有要事没能再听我上这节课。后来，王老师在他的博客上还专门记录了如下感言：

"由于一些原因，2002 年 10 月的这次上课，我没有到现场去听他的课，但徐斌要借我教的班，所以我们也见了面，进行了亲切的交谈。暑假里为了作专题讲座，认真地看了两遍他的录像课，发现就这堂课而言，徐斌已经达到了大师的水平。"

"徐老师从上课开始短短的几分钟内，将计数单位、数位、数位顺序、几位数等易混概念，辨析得十分清晰。徐老师让学生独立试读以后教师再讲解，学生是在有意注意的情况下听课，教学效果好。还有就是教案设计者善于调动学生的学习主动性。"

"'万以内数的读法'这段教材内容比较琐碎，徐老师能使学生的思维从发散状态集中起来，及时归纳。学习万以内数的读法，学生本身不会感到困难，但会感到没有趣味。徐老师的设计不仅使许多概念，如数位、位数、数位与计数单位等出现有序，而且读数方法也层次清楚。用计数器作为教具，更突出数位和数的组成，使读数更易于掌握，学生的积极性被徐老师充分地调动了起来。"

"徐老师重视学生的思维训练，设计了发展性练习，让学生独立地迈向'最近发展区'，不仅突出了多位数读法的特点，而且对发展学生智力起着促进作用。如出示 4 张卡片，按老师和学生的要求排出指定的多位数，不仅可以练习读数，检查学生对'万以内数的读法'是否理解，还可以培养学生有序地处理问题的思想方法，渗透排列的知识。这样的练习，比单纯地让学生读数的教学效果要好得多，学生的主体性和教师的指导性处理得恰到好处。"

"对照徐老师的新旧两堂课，我觉得好像是两重天，徐老师完成了从青年骨干教师到教学专家的转变。"

3. 成名之续

"十年磨一剑"。其实，今天来看，算起来距离成名课的第一次执教已有二十多年了，这期间经历了我初登讲台时的略显稚嫩，比赛成功后的意气风发，课程改革初期的观念冲击，以及现在的趋于理性。对比十年前后的两节课，我有如下体会：

（1）让学生"做数学"。《数学课程标准（实验稿）》（以下简称《标准》）在其"前言"的第一句就指出："数学是人们对客观世界定性把握和定量、逐步抽象概括、形成方法和理论，并进行广泛应用的过程。"数学的过程性决定了学生学习数学应该是一个"做数学"的过程。数位顺序表是学生正确读数、写数和今后进行计算的重要基础。十年前的教学过程中，数位顺序表的形成是在老师细致的指导下，采用一问一答式的小步子前进，逐步形成数位顺序表，并通过齐读和问答式的方法进行记忆。十年后的教学过程中，数位顺序表的形成是在教师的引导下，学生自己把它"做"出来的。先在空白卡片上分别写上"个""十""百""千""万"等计数单位，再分别写上"位"，做成数位卡片，然后按照数位顺序自主排列数位，并让同桌或前后同学交流排列情况，不仅使每个同学都参与了数位顺序表的形成过程，而且及时反馈了学生的学习状况。同样做"数位排队"游戏，十年前的实施过程与十年后也大不一样。前者只是指名 5 位同学上台，把老师发给的数位卡片按顺序排列起来；而后者是在每一位同学都用自己做的数位卡片自主排列后，再选择自己喜欢的一张数位卡片到前面站成数位顺序表。这里，由于是"自己喜欢"的一张数位卡片，可能有学生拿的是同一个数位，也可能一下子上台好多同学，这是对教师组织能力和应变艺术的挑战与检验。

（2）确立合适的教学起点。奥苏伯尔有句名言："假如让我把全部教育心理学仅仅归结为一条原理的话，那么，我将一言以蔽之曰：影响学生学习新知的唯一最重要的因素，就是学习者已经知道了什么，要探明这一点，并应据此进行教学。"对一个二年级的学生来说，"万以内的数"的知识绝不是一张白纸。上面"学习读数方法"教学片断中，十年前的教学，根据万以内数的 4 种情况，分 4 步展开教学，层次清楚，讲练结合，逐步小结，逻辑性强，有利于学生按照数的具体特点进行读数。这样的教学看上去条理清晰，结构性强，但是，教学的出发点依据的是教材、教参、教案，忽视了作为学习主体的学生的已有知识经验和基础。十年后的教学，教师从百以内数的读法入手，充分利用学生的已有旧知和生活基础，重组教学材料，把例题中的各种特点的数一次出现，放手让学生观察、比较、分类，并发挥作为差异的教学资源，让学生试读、讨论、交流，互相分享学习体会。这里特别有趣的是，在教材里和我们老师的想象中，最难读的数应该是中间或末尾有 0 的数，但学生可不这么认为，他们反而认为数字中没有 0 的最不容易读，因为"要读好长时间"。由此可见，确立合适的教学起点，应从学生的实际出发，充分了解学生的基础知识和生活背景。如果某些内容学生已经有了很好的基础，在教学中就可以把进度加快一些，而对学生比较陌生的内容，就要适当减缓进度。

（3）在交流中学习。教学的本质是一种沟通与合作，是教师与学生围绕着教材进行对话的过程。"合作交流"是《标准》中倡导的重要学习方式。数学学习过程充满着观察、实验、类比、模拟、猜测、推断、反思等探索性与挑战性活动，学生对万以内数的读法掌握也不会一帆风顺的。尽管如此，我们也不一定非要面面俱到，统一步伐。十年前的教学，是老师出示一组又一组不同类型的数，学生读数、小结、再读数，教师很少关注学生的读数体验，很难有深入的交流与合作，这就使学生对所读的数产生隔膜，对学习有一种依赖感和冷漠感。十年后的教学过程中，无论是回忆百以内数的读法，还是对万以内数进行分类，都是以学生的交流为主要学习方式，交流读数的体会，交流分类的结果和依据，分享学习的成功体验，逐步构建起"学习共同体"。同时，学生从不同的角度对这些数进行了分类和交流，锻炼了学生独立思考的能力，培养了学生的数感，渗透了归纳和类比等数学学科理念。

（4）培养学生的应用意识和推理能力。《标准》指出："课程内容的学习，强调学生的数学活动，发展学生的数感、符号感、空间观念、统计观念，以及应用意识与推理能力。"在上面的教学片断中，教师设计了读数的活动化的练习形式，让学生在具体情境中应用刚掌握的读数方法进行读数和站数游戏。在十年前的教学过程中，先做"站数游戏"，再做"传花游戏"。从表面上看，学生气氛活跃，动静结合，场面热闹，高潮迭起，但深入反思却觉得仍然停留在表面，大部分学生缺乏深层次的参与。十年后的读数练习，虽然只做了一个"站数游戏"，但学生从这个游戏练习中有效地培养了应用意识和推理能力。在站数时，教师没有限定学生一定要站四位数，也没有指定先怎么站，再怎么站，而是放手让学生自主开展站数活动。有的学生想出了三位数，有的想出了四位数；有的数要读"零"，有的数不读"零"；有的按要求只能站一个数，有的答案不止一个等。学生能主动尝试应用本堂课所掌握的读数知识和方法及初步建立起来的数感探索解决问题的策略，并能够通过观察、试验、讨论、合作等途径，获得问题的解决方法。

参加教育部"送培到藏"项目

（三）经典课例解读——认识乘法教学实录与分析

教学内容：义务教育教科书数学（苏教版）二年级上册第 20～21 页。

教学目标：

（1）在认识几个几的基础上学习乘法的含义，知道乘法算式各部分的名称，会读、写乘法算式。

（2）能初步用乘法观念观察现象，在与加法的比较中体会求几个几是多少有时用乘法写比较简便。

（3）培养学生的观察推理能力和学习数学的兴趣及合作意识。

教学过程：

1. 引入新课

师：今天我们一起到动物学校去参观（画面大门上写着一些加法算式，如下图所示）。

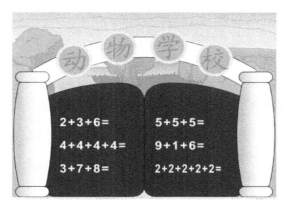

师：你喜欢做哪道就选择哪道题。

（学生自由选择算式并计算。）

师：观察这些加法算式中的加数，谁能把这些算式分成两类？

生：（到黑板上把算式卡片分成两类）我觉得"5＋5＋5，4＋4＋4＋4，2＋2＋2＋2＋2"每道算式中的加数都是一样的。

2. 认识"几个几"

师：（出示主题图，如下图所示）看，小动物们正在活动呢！在这块草地上，有几种动物？它们是怎样排列的？

生：有两种动物，鸡和兔。

师：兔子有几只？鸡呢？你是怎样数的？

生1：我数兔时是2个2个数的，因为它们是2只2只地站在一起的。

生2：我数鸡时是3个3个数的，因为它们都是3只3只地围在一起的。

（板书：2＋2＋2＝6　　3＋3＋3＋3＝12）

　　　　3个2　　　　4个3

（引导学生数一数各是几个几。）

师：两个加法算式有什么共同的地方？

生：第一个算式中的加数都是2，第二个算式中的加数都是3。

师：请大家拿出圆片摆一摆。每堆摆2个圆片，摆4堆。摆了几个2？求一共摆了几个圆片，用加法怎样列式？

生：是4个2，列式是2＋2＋2＋2＝8。

师：再请每堆摆4个圆片，摆2堆。看一看是摆了几个几？怎样列式求摆了多少个圆片？

生：是2个4，列式是4＋4＝8。

师：请大家任意摆出几个几，说给同桌听。

师：（出示花片图，如下图所示）提问：一共摆了多少个花片？你是怎样看图的？怎样列式？是几个几？

（根据学生的回答显示并列式。）

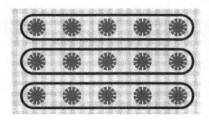

生1：我是横着看的，每排有5个花片，5＋5＋5＝15，是3个5。

生2：我是竖着看的，每排有3个花片，3＋3＋3＋3＋3＝15，是5个3（如下图所示）。

师：这两道加法算式的得数相同吗？为什么？

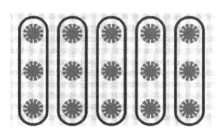

生：得数相同，因为还是这么多花片，没有拿来也没有拿走。

3. 认识乘法

师：我们再去参观动物学校的电脑教室（出示电脑图片，如下图所示）。一共有多少台电脑？你是怎么知道的？

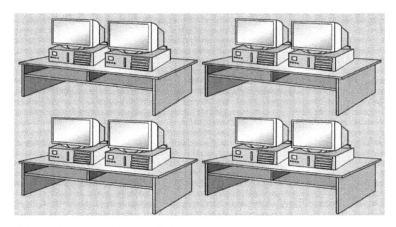

生1：我是一个一个数的，一共有8台电脑。

生2：我是2个2个数的，2、4、6、8，一共有8台电脑。

生3：我是用加法算的，2＋2＋2＋2＝8。

（板书：2＋2＋2＋2＝8。）

师：求4个2是多少还可用一种新的运算方法——乘法计算。

（板书：乘法。）

师：乘法像我们以前学过的加法和减法一样，也有表示乘法的符号，乘法算式各部分也有自己的名称，请大家看课本后先互相说一说，再说给全班同学听。

（学生自学课本，讨论交流。）

（教师结合学生的汇报交流形成板书。）

$$4 \quad \times \quad 2 \quad = \quad 8$$
$$或 \quad 2 \quad \times \quad 4 \quad = \quad 8$$
$$\vdots \qquad \vdots \qquad \vdots \qquad \vdots$$
乘数　乘号　乘数　　积

师：（电脑图出示 8 个 2）这间电脑教室有多少台电脑呢？是几个几？用加法和乘法你会列式吗？

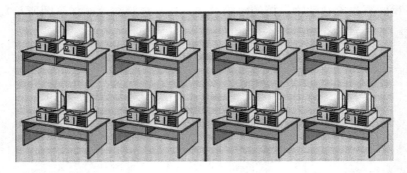

生：是 8 个 2，加法是：$2+2+2+2+2+2+2+2=16$，乘法是 $2 \times 8 = 16$ 或 $8 \times 2 = 16$。

师：（电脑图变成 100 个 2）现在有多少个 2？用加法怎样列式？

生：$2+2+2+2+2 \cdots\cdots$

（有的学生渐渐地不说了，有的叫了起来，还有的学生憋住气在继续说，脸涨得通红，终于也停了下来。）

师：你们感觉求 100 个 2 用加法算，算式写起来怎样？

生 1：要写很长时间，要写很长的算式，黑板不够写。

生 2：太麻烦了。

生 3：可以用我们刚学的乘法，写成 100×2 或 2×100，快多了！

4. 练习应用

（1）课中活动——拍手游戏。

先让学生听老师拍手，说出是几个几，并列出乘法算式；再让一名学生拍手，其余同学说一说；最后让同桌游戏。

（2）阅读课本。

先指导看跳绳图，如下图所示，再让学生独立列式。

汇报之后讨论：

求 4 个 5 是多少，列加法算式和列乘法算式，哪种写法简便？

（3）"想想做做"第 1 题。

师：1 盒钢笔有几支？一共有几个 2 支？用加法怎样列式？用乘法呢？

1 束花有几朵？一共有几个 5 朵？先用加法列式，再列乘法算式。

（学生填书、汇报、交流。）

（4）沟通联系。

联系复习引入的算式和新课学习中的主题图，让学生运用所学知识沟通加法与乘法之间的联系。

（5）联系生活。

师：在我们日常生活中经常会碰到这种可以用乘法计算的问题。请大家想一想，说给大家听一听。

生1：我妈妈给我买了 3 袋铅笔，每袋都是 4 支，用乘法就是 $4×3＝12$ 或 $3×4＝12$。

生2：我家有 5 个人，吃饭时我拿筷子，拿 5 个 2 支，用乘法是 $2×5＝10$ 或 $5×2＝10$。

生3：我们教室里有 3 排日光灯，每排 3 根，用乘法是 $3×3＝9$。

生4：我们每个人都有两只手，每只手 5 个手指，一共有 10 个手指，用乘法是 $2×5＝10$ 或 $5×2＝10$。

生5：我们还有两只脚，手指和脚趾一共就是 20 个，$4×5＝20$ 或 $5×4＝20$。

（同学们都笑了起来，老师不由得也笑了。）

自我分析：

《数学课程标准（实验稿）》在"课程实施建议"中指出："数学教学是数学活动的教学，是师生之间、学生之间交往互动与共同发展的过程。"这堂课之所以取得了较好的教学效果，我以为主要是把学生的数学学习过程当作了数学活动的过程，让学生在充分的活动中学习数学，享受数学活动带来的快乐与成功。反思以上的教例，我觉得有以下四点体会：

（1）在具体情境中认识"几个几"。首先组织学生按群数出鸡和兔的数量，列出连加算式，对几个相同数连加有初步的感性认识；再让学生人人动手操作圆片，将刚刚形成的感性认识加工成动态表象，在亲自操作中体验几个几；然后引导学生从不同的角度观察花片，分别列式求数量，在比较中进一步理解几个几的实际含义。教学中，学生通过看图数数→操作体验→比较感知，在鲜活的具体情景中初步建立起"几个几"的表象。

（2）在现实问题中引入乘法。通过解决"一共有多少台电脑"这个实际问题，在数数、连加等方法后，自然引出乘法，让学生了解乘法产生的背景。至于乘法各部分名称、读写方法等数学事实，让学生通过看书自学和交流来解决。数学概念的教学容易陷入枯燥灌输的泥潭，必须赋予抽象概念以实际含义，并发挥学生已有知识经验和学习方法基础，通过学生自学、讨论、交流，形成"学习共同体"，培养其学习兴趣和合作意识与共享精神。

（3）在强烈反差中感知求几个几用乘法写比较简便。由于学生是初次认识乘法，再加上未系统学习乘法口诀，学生暂时尚不能体验乘法计算的简便。教学时通过创设对比强烈的情境,从"4个2"到"8个2",再到"100个2",让学生实际列式并数一数、写一写,让学生在具体的数和写的过程中体会到求几个几是多少,体会有时用乘法写算式比较简便,为今后进一步感受学习乘法的必要性打下基础。

(4)在应用中培养学生的乘法意识。有效的数学教学应着力培养学生的数学意识,让学生初步学会运用数学的思维方式去观察、分析现实社会,去解决日常生活和其他学科学习中的问题,增强应用数学的意识。乘法意识作为数学意识的一种,在学生初步认识乘法时就应该进行培养。整堂课中,结合乘法知识的学习,始终注意培养学生自觉沟通几个几的生活经验和乘法的联系,让学生不断联系生活实际,用乘法的眼光去观察生活现象,解决实际问题。尤其是课末,让学生到生活中寻找乘法现象时,学生联系生活实际,展开丰富想象,说出了许多有趣的乘法现象。在这样的过程中,学生的乘法意识潜移默化地得到了培养。

在课堂教学实践中我也认识到,学生的学习过程是无法预设的,老师不可能完全按照课前设计的内容,也不可能完全按照既定的程序按部就班地上课,而应随着课堂的推进,充分利用学生的知识经验和心理规律,创设一个又一个生动有趣、直观形象、开放的数学活动情境,让学生在观察、操作、猜测、合作、交流、反思等活动中逐步体会数学知识的产生、形成与发展的过程,获得积极的情感体验,感受数学的力量,同时掌握必要的基础知识与基本技能。

教学这节课时,我感觉有两点困惑之处:一是由于学生首次接触乘法算式,在读写乘法算式时,有不少学生很不习惯,出现了一些错误,比如"2×3"写成"2+3","4个3"写成乘法时成了"4+3"等;二是学生对乘法算式中各部分的含义不是很清楚,如"4个2"写成"4×2"后,对乘法算式中"4"和"2"分别表示什么意思表达不出来。在教学过程中我虽然发现了以上两个问题,但顾虑到学生首次学习乘法概念,过分进行抽象强化恐不利于二年级学生的有效学习,因此陷入两难境地,但最终我还是没有过多地进行抽象概括和形式上的强化。

【同行解读】

精彩,源于细节

在《认识乘法》一课中,徐老师细腻又不乏创意的整体设计、平和又不乏活泼的教学风格给我留下了深刻的印象。但最吸引我、最能引发我心灵深处感悟的，却是徐老师高超的细节处理艺术。令我深深地感受到，有效的课堂教学，绝不仅仅在于整体的教学设计是否巧妙合理，更在于每一个模块的具体实施，乃至每一个细节的调控是否得当。

1. 等待是一种美丽

教学片断一：

师：（电脑出示情境）一张电脑桌上有 2 台电脑，100 张电脑桌上共有多少台电脑呢？用加法算式怎么算？

（学生开始列加法算式：2＋2＋2＋2＋2＋2＋2＋……一会儿，有几位同学感悟到了什么，停了下来，窃窃私语，但还有好多同学还是十分执着地加着、加着……）

（教师会心一笑，但并不急着引入正题，而是耐心地等待着、等待着……）

（学生终于都停下来了，并且纷纷高举着小手，有的嘴里还不时嚷嚷着什么。）

师：（这才不慌不忙地问）怎么啦？有什么问题吗？

生 1：老师，我们发现 100 个 2 相加太麻烦了！

生 2：100 个 2 加起来，算式都写也写不完了！

生 3：有没有简单一点的办法呢？

（教师顺水推舟，自然而然地引入乘法的教学……）

评析：

徐老师如此教学，使得每个学生对通常几个几相加用乘法计算比较简便体验的深刻性可谓入木三分。

其实，在《认识乘法》的教学过程中，类似徐老师这样创设"100 张电脑桌共有几台电脑？"的情境的老师也有很多，但在教学时，大多不能像徐老师那样沉得住气。往往当有一两个学生有所感悟时，马上就会切入正题，"这位同学，你怎么停下来了？能说说你的想法吗？"于是，绝大多数同学都会奉命停下来，仔细倾听那几位"发现者"的高见，并且以"接受者"的姿态来学习他人的精彩经验。这样的教学也可以说是"探究式""发现式"的，课堂上也是热热闹闹的，并不时会有一些所谓的"亮点"闪现。但静下心来想想，这样的"发现"、这样的"探究"充其量只是少数思维敏捷的学生的"专利"而已，而绝大多数的学生，还没等他们有所悟、有所发现，他们的探究活动就已经被告知必须停止了。这样所谓的"探究、发现式"的教学方式其实已异化为一种变相的"填鸭式教学"——等一些学生有所发现，然后来"喂"那些尚未发现的学生。久而久之，必定会造就大多数学生思维的惰性及学习的自信心、积极性的下降，极不利于多数学生的长远发展。

而徐老师就做得很好，他从每一位学生的发展出发，给予全体学生充分的时间与空间，真正让每一位学生充分体验，在深刻体验的基础上自主地提出问题、分析问题、思考解决问题的策略。这样的等待是美丽的，它是一种信任——相信学生人人会有发现，也是一种责任——应该让学生人人都有发展。

2. 预设但不拘泥

教学片断二：

师： 几个几相加，我们可以用加法计算，还可以用一种新的方法来计算。

生：（脱口而出）乘法！

师：（有些惊讶）你们怎么知道的？

生 1： 学习材料上。

生 2： 文具盒上。

生 3： 父母告诉的。

……

师： 4 个 2 用乘法怎么列算式？谁知道？

生： $2 \times 4 = 8$。

师： 还可以怎么写呢？

生： $4 \times 2 = 8$。

师： 在乘法算式里边，各部分都有自己的名称。看材料自学，它们分别叫什么？

评析：

学生的学习基础、生活经验各不相同，因此，每一节课所呈现的情形是绝不会完全相同的。当徐老师准备介绍乘法时，部分学生已经脱口而出了，可见，这个班已有部分学生对乘法的知识有了一定的了解和基础。徐老师不为自己的预案所囿，果断地根据学情调整了自己的教学方式。给学生提供舞台，请学生尝试写出 4 个 2 的乘法算式，事实证明，多数学生完全能自己解决。乘法算式的各部分也以学生自学后汇报交流的形式放手让学生自主解决。

这虽然只是一个极其细小的环节，但也给我们带来了深刻的启示：教学活动需要预设，而且应该根据学生已有的知识经验尽可能周详地预设。但是，教师在实际教学过程中绝不能局限于课前的预设，无视学生的实际情况，一味将学生的思维拉到预设的框框中，而要根据学情灵活地调整自己的教学节奏和方式，尽可能为学生的有效学习创造条件，让学生愉快地学、主动地学、创造地学。

3. 活泼不失严谨

教学片断三：

（乘法的新授部分结束后。）

师：（小结）今天这节课，我们认识了乘法，像这样相加的数都一样的时候，也就是求几个几，用加法解可以，用乘法解也可以。有时，用乘法解比较简便。

评析：

这节课可以说是低年级数学课中的典型课，我曾多次听过该课的公开课。因此许多环节，我都是从对比的角度来倾听和学习的。在徐老师的小结中我注意到比一般的老师多了一个词语——"有时"。

确实，在计算4个2、100个2这样个数较多的相同加数的和时，乘法可以体现出加法所无法比拟的简便性。而在计算2个4、2个5之类的情况时，这种简便性并不明显。

由此，徐老师治学的严谨可见一斑。这一细节也许并不起眼，甚至有人可能会不屑地说一声："多此一举。"但我觉得，数学本身就是严谨的，所谓"失之毫厘，差之千里"，这种严谨的治学精神正是我们这些年轻老师所应该好好学习的。

4. 放手但不放任

教学片断四：

师：先听老师每次拍几下，拍了几次。（师拍手）老师拍了几个几？

生：3个3。

师：求一共拍了几下？可以怎么列算式？

生1：$3+3+3=9$。

生2：$3\times3=9$。

师：谁到上面来拍，给大家算一下？

生：我来。

师：你拍的时候要注意什么？

生：不要一下拍 3 下，一下拍 4 下。

师：对！每次要拍得一样多，而且，拍的每次的中间要停一下，你想好每次拍几下了吗？要和老师的不一样。大家准备好，开始！

评析：

拍手游戏，在《认识乘法》的巩固环节中几乎每个老师都会用，但用的效果不尽相同。徐老师对拍手游戏的指导，看似寻常，细细品味就会发现实则用心良苦。

"教师是学习活动的组织者、引导者和合作者。"徐老师对拍手游戏的指导给了我们一个很好的榜样。他没有事无巨细地将拍手时的注意点一说了事，也没有盲目地放任学生不假思索地胡乱拍拍。而是先放手让学生自己说说拍的时候要注意什么，当学生已经注意到了每次拍的下数应该相同时，徐老师及时地给予表扬肯定，然后在学生思考的基础上，再以合作者的身份提示学生所没有想到的——"每次的中间要停一下""要和老师的不一样"。这样的指导看似不经意，却十分有实效，既使学生主动养成行动前先思考的好习惯，又及时指导到位，避免了时间和教学效果上无谓的浪费。

徐老师的这一细节处理，给我们一个启示：我们在教学中要找到放手与引导的平衡点，应该放手的时候要大胆放手，应该引导的时候也要及时地引导。每一个环节都让学生自己探索、讨论，不仅是没必要的也是不现实的。适当的引导，不仅不会降低学生的探索能力，而且在学习习惯、学习态度、学习思路等方面会给学生更多、更好的引领，为学生的发展奠定更好的基础。

光看徐老师的《认识乘法》的教学预案，也许你会觉得平平常常，但听徐老师的课，你会觉得别有滋味。这其中的最大的奥秘，便在于其高超的细节处理艺术。听徐老师的课，令我们感悟到：教学，不仅仅要关注粗线条的整体设计，更要关注实施过程中每一个细节。正是这一个个看似不起眼的细节，体现着教者先进的教学理念，更体现着教者深厚的教学功底。

（江苏省无锡市玉祁实验小学　　陈梅红）

执教公开课《认识乘法》

（四）计算课例解读——一位数乘两位数教学实录与评析

教学内容： 义务教育教科书数学（苏教版）二年级下册第 11 页。

教学目标：

（1）使学生经历探索两位数乘一位数算法的过程，理解两位数乘一位数的算理，并掌握计算方法，会口算整十数乘一位数，会笔算两位数乘一位数（不进位）的乘法。

（2）培养学生迁移类推的能力和解决简单实际问题的能力。

（3）培养学生养成自主探索、合作交流的良好习惯。

教学过程：

1. 创设情境　复习铺垫

师： 同学们好！大家看，今天谁来做客了（如下图所示）——

今天大象给我们带来了什么数学问题呢？

（请三位同学到黑板上板演，其余同学口算。）

笔算题：
$$\begin{array}{r} 1\ 3 \\ +1\ 3 \\ \hline \end{array}\qquad \begin{array}{r} 2\ 0 \\ +\ \ 6 \\ \hline \end{array}\qquad \begin{array}{r} 3 \\ \times 2 \\ \hline \end{array}$$

口算题：2×4　3×3　1×5　6×2　5×8　7×9

　　　　$40+40$　　　$30+30+30$　　　$20+20+20+20$

　　　　8 个十是（　　　）　　　10 个十是（　　　　）

　　　　15 个十是（　　　）　　　56 个十是（　　　）

师：大家口答得很好！我们再来看一看，黑板上三位同学做的对吗？

生：对！

师：这些笔算题目答案中都有一个"6"，这些 6 都在哪一位上？

生：都在个位上。

师：个位上的 6 表示多少？

生：（齐答）都表示 6 个一。

师：对。那这里两个 2 又表示多少？

生 1：这两个 2 都在十位上。

生 2：这两个 2 都表示 2 个十。

设计意图：根据学生的认知规律，当新知识与原有知识经验的关联程度越深，就越容易激发学生的学习欲望，已有认知经验的激活程度越高，就越容易实现对新知识的个性化学习。在以上教学中，教者并没有刻意从生活中创设外在的复杂情境，把生活与数学的联系绝对化，而是提供了有利于学生建立新、旧知识之间联系的学习材料，以此激活学生内在的已有知识经验。其中，对三道竖式题的计算及个位上和十位上的数所表示意义的理解，又为后面两位数乘一位数竖式的教学搭建了"脚手架"。

2. 自主探索　学习新知

师：看来小朋友以前的知识学得非常扎实。大家看——大象在干什么？

生：大象在用鼻子搬木头呢。

师：有几头大象在搬木头呀？

生：3 头。

师：每头大象搬了多少根木头？你是怎么知道的？

生1：我先数一堆是 10 根，两堆就是 20 根。

生2：我用 10×2 得到 20。

师：想得都很好。大象一共运来了多少木头呢？你能用算式表示出来吗？

生1：我用 3×20。

生2：我用 20×3。

生3：我用 20+20+20。

师：大家想出了不同的方法来解答，真不错！今天我们就来研究前面两种方法，也就是"乘法"。（板书）那这题 20×3 等于多少？

生：（齐答）是 60 根。

师：哦，那你们是怎么得到这个答案的呢？

生1：我是用 20+20+20 得到 60 根的。

生2：我是看图上有 6 堆，每堆 10 根，就是 60 根。

生3：我先想"二三得六"，再把那个 0 加上等于 60。

师：生 3 的这种想法有意思，你是先用了一句乘法口诀"二三得六"，那后来又添了一个 0 是什么意思？

生3：我是这个 0 先不看，乘出来后，再把这个 0 写上去。

师：用这种方法想时，先不看 0，其实也就是先算 2 个十乘 3 得 6 个十，6 个十是 60，所以再在 6 后面写 0。

师：继续看屏幕，又来了一些大象（如下图所示），现在一共运来多少根木头呢？你是怎样列式计算的？

生1：一共有 5 头大象，我用 20×5。

师：20×5 又等于多少呢？

生 1：等于 100 根。

师：那你是怎样想的呢？

生 1：20＋20＋20＋20＋20，结果等于 100 根。

师：不错。有没有同学跟他的想法不一样？

生 2：我是用"二五一十"这句口诀来算的。

师：哦，用"二五一十"，那这个 0——

生 2：先不看这个 0，等到乘出结果后再添上去。

师：为什么要再添上 0？

生 2：先用 2×5＝10，表示 10 个十，是 100，所以要再添上一个 0。

师：像图上这样，如果一共有 8 头大象，一共运来多少根木头呢？

生 3：20×8，想口诀"二八十六"，再添上 0，就等于 160 根。

师：看来，有很多小朋友喜欢用这种方法来解答。那有没有小朋友还有其他不一样的想法呢？

生 4：我不是这样想的。开始 5 头大象一共运来 100 根，后来 3 头大象又运来 60 根，100＋60＝160。这样 8 头大象一共运来 160 根。

师：真好！很会动脑筋，这种方法其实也不错啊！

（老师和同学为这位同学鼓掌。）

师：现在请大家把课本打开，翻到第 78 页的"想想做做"第 1 题（如下图所示）。请大家直接把得数写在课本上，在计算时边做边比较上下两题有什么相同的地方。

（学生汇报计算结果，投影随机显示答案。）

师：刚才这四组题都算对的小朋友请朝老师笑一个。

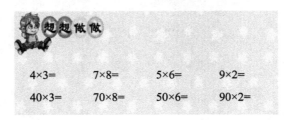

（学生纷纷做笑脸状。）

师：这四组题在算的时候，有什么相同的地方？

| 4×3= | 7×8= | 5×6= | 9×2= |
| 40×3= | 70×8= | 50×6= | 90×2= |

生1：都可以用乘法口诀来算。

生2：每组上下两题都想同一句乘法口诀。

生3：每组下面算式的结果都比上面多一个0。

师：每组下面结果为什么都会多写一个0的呢？

生3：因为每组下面算式算的都是两位数乘一位数，都是几个十了，所以会多写一个0。

师：像这样的算式你们还会算吗？

生：（齐答）会！

师：下面老师出一道题，请咱们小朋友来对出另一道，看哪位小朋友对得快？4×6=24，请小朋友来对一道几十乘几的。

生1：4×60=240。

师：不错！还可以怎么对？

生2：40×6=240。

师：很好！其他同学想对一对算式吗？

生：（齐答）想！

师：请同桌一位同学照老师那样先说一道一位数乘一位数的，另一位同学来对一道一位数乘整十数的，然后把答案算出来，同桌之间交换进行。

（全班学生同桌互动，分别举例、计算，老师深入小组参与互动。）

设计意图：一位数乘整十数的乘法口算是为乘法竖式计算服务的。在教学中，教者从学生的实际出发，利用学生已有的知识资源，启发学生主动探寻方法，对学生显性的"把0前面的数乘了之后添上0"这一简便的思考方法，教师不失时机地顺势引导出"就是相当于求出了多少个10"这一算理。为使学生对这一巧妙方法能熟能生巧，在"想想做做"之后，通过比较、"对算式"等形式，不仅使口算得以自动化，双基教学落到实处，而且为后面的教学扫清了障碍。

师：同学们，请看图（如下图所示），你知道了些什么信息？

生 1：有两只猴子在采桃。

生 2：一只猴子采了 14 个，另一只猴子也采了 14 个。

生 3：14 个桃子都是 10 个放在一个筐里，还有 4 个放另一个筐里。

师：那么两只猴子一共采了多少个桃子？怎样列式解答呢？

生 1：14＋14。

生 2：14×2。

生 3：2×14。

师：那这道题你是怎么算的呢？同桌间可以商量一下。需要摆小棒的就用小棒摆一摆。

（学生交头接耳进行讨论。）

师：谁来说说你是怎样想出结果的？

生 1：我是用 14＋14，得到 28 的。

生 2：我是看图的，右边筐里一共是 8 个，左边筐里一共是 20 个，合起来是 28 个。

生 3：我是用乘法来想的，10 乘 2 等于 20，4 乘 2 等于 8，20 加 8 等于 28。

生 4：我的想法和他们不一样。14 是 2 个 7，乘 2 后就是 4 个 7，四七二十八。

师：哦，你这种想法真好！

（全班学生为生 4 热烈鼓掌。）

设计意图：在教学过程中，教师注意充分挖掘文本资源，留给学生充足的时间和空间，极大限度地发挥了学生的主体性，进而产生了多种算法，并出现了超越教学设计预设的新情境和新想法，出现了"14是2个7，乘2后就是4个7，四七二十八"这一意料之外情理之中的精彩想法。这是自主的课堂让教学生成的一个闪光画面，是课堂教学中动态生成的资源，是教师与学生民主平等教学氛围的结晶。

师：（指着屏幕）刚才有位同学说4乘2等于8，其实就是指哪一部分呀？

生：是图上右边的那两个筐里的8个桃。

师：那么计算左边两个筐里的桃子就是算什么呢？

生：10乘2等于20。

师：刚才我们先算了个位上的，再算了十位上的，接下来该怎么办呢？

生：相加。

师：是啊，要把右边筐里的和左边筐里的桃子相加，就可以算出一共有多少个桃了。

（教师逐步板书如下：）

$$
\begin{array}{r}
1\ 4 \\
\times\quad 2 \\
\hline
8 \cdots\cdots 4\times2=8 \\
2\ 0\ \cdots\cdots 10\times2=20 \\
\hline
2\ 8 \cdots\cdots 8+20=28
\end{array}
$$

师：像这样一种算法，我们称为——

生：（齐答）用竖式计算。

师：对，是一种用竖式进行计算的方法，像这样的算法你们想试试吗？

生：（齐答）想！

设计意图：教学乘法竖式的计算方法是本节课的重点。教师利用主题图，帮助学生直观形象地领悟了竖式的算理，"4乘2等于8，其实就是指哪一部分啊？计算左边两个筐里的桃子就是算什么啊？"这些设问紧扣直观，让学生在直观的基础上来学习抽象的算法，学生很容易就能掌握竖式的"原始"形式，对算理的探讨到位而不拖沓，清楚而不累赘。

师：好，请大家拿出自备本。我们一起来用这样的竖式计算13×2、11×7、

32×3。

（请三名学生上台板演，其余学生自己尝试解答。）

```
    1  3              1  1              3  2
 ×     2           ×     7           ×     3
───────           ───────           ───────
       6                  7                  6
    2  0              7  0              9  0
───────           ───────           ───────
    2  6              7  7              9  6
```

师：我们来看黑板上的竖式。这些算式有什么共同的地方？

生1：它们都是两位数和一位数乘。

师：你观察得很仔细。

（板书课题——"一位数乘两位数"。）

生2：第一次乘下来都得一位数，第二次乘下来都得两位数。

生3：我发现第二次乘下来都得整十的数。

生4：我发现得数个位上的数就是第一次乘得的数，十位上的数就是第二次乘的数。

师：大家观察得都很仔细。那么你觉得像这样写怎么样？

生1：比较清楚。

生2：清楚是清楚，不过有点烦，有些地方好像不需要写两次的。

师：是啊，要是能简单些就好了！

生3：其实这个竖式积里十位上的数字可以移动到个位数字的左边来，其余可以擦去的。

师：哦，你的想法挺好的，我们一起来看屏幕。

（屏幕上动画演示竖式由繁到简的过程，如右图所示。）

```
    1  4
 ×     2
───────
    2  8
```

师：老师也来写一次，你们看——这样写比原来是否是简单多了？

生：（齐答）是！

师：我们以后列乘法竖式时，可以选择简单的方法来写。

师：刚才写的三道竖式，你们能不能把它们分别改成简单的写法？

（原来板演的三名学生上黑板，其余学生也动手用橡皮将初始写法改成简单写法。）

师：刚才这道题14×2与2×14都是一位数和两位数相乘，我们写竖式的时候，一般都将两位数写在上面，一位数写在下面。

　　师：请打开课本看第 77 页"试一试"，在课本上完成竖式计算 3×21＝____。

（学生在课本上完成并互相校对。）

　　设计意图：简便竖式的教学并不是教师强加给学生的，而是在师生的共同计算、观察、比较的基础上自然生成出来的。教师在教学完乘法竖式的计算步骤之后，并没有立刻把算法进行简化，而是引导学生继续用这种方法做题，促使学生自己亲身体验后发现："原始"算法虽然清楚，但"有点烦"。通过这一引导，"把竖式进行简化"这一想法呼之欲出，成了全体学生的追求方向，水到渠成地"创造"出了更简便的竖式写法。在这里，过程是学生亲身经历的，方法是大家在充分研究的基础上生成的，充分发挥了学生的主观能动性，把主导和主体有机地结合在一起，给了学生足够的探讨空间去体验、去创造、去领悟，充分地相信学生的能力，尊重学生的感悟，达到了真正理解的目的。

　　3. 巩固应用　形成技能

　　师：接下来我们就用这种简单的竖式写法来算课本第 78 页第 2 题。

$$\begin{array}{r} 2\,4 \\ \times\ 2 \\ \hline \end{array} \qquad \begin{array}{r} 1\,1 \\ \times\ 5 \\ \hline \end{array} \qquad \begin{array}{r} 3\,1 \\ \times\ 3 \\ \hline \end{array} \qquad \begin{array}{r} 4\,3 \\ \times\ 2 \\ \hline \end{array}$$

（全体学生自主解答练习题。）

（教师选择一位学生的作业投影展示反馈。）

　　师：我们来看看生活中遇到的一些实际问题。

　　从如下图所示的这幅图上你得到了哪些信息？

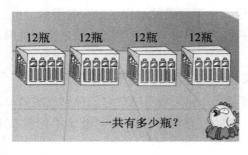

　　生 1：饮料每箱有 12 瓶，一共 4 箱。

生 2：问一共有多少瓶饮料？

师：那请我们小朋友先在本子上写横式，再用竖式算出来，好吗？

（全体学生动笔练习，教师巡视，并个别辅导，说明在写算式时，一般把两位数写在竖式上面。）

师：谁能够来说说你是怎样算的吗？

生：$12 \times 4 = 48$（瓶）。

师：真好！这里的单位名称可不能忘记，算对的小朋友请朝老师笑一个。

（学生纷纷做笑脸状。）

师：老师上次到商店里去买衣服，看到这样的标价（如下图所示），你们感觉怎样？

生：很便宜。

（老师和同学们都笑了。）

师：老师现在想买 3 套，一共需要付多少钱？大家能够口算就口算，当然也可以列竖式。

（学生自主列竖式或口算解答，教师巡视辅导。）

师：谁来说说你是怎样算的？

生 1：徐老师一共要花 63 元。

师：那你是怎样想的呢？

生 1：我先 $10 + 11 = 21$（元）。

师：那你这个算式表示的是什么呀？

生 1：这是 1 套衣服要花多少钱，然后 $21 \times 3 = 63$（元），3 套一共要花 63 元。

师：有没有小朋友不是这样想的呢？

生 2：我是先算 3 条裤子，共要 $10 \times 3 = 30$（元）；再算 3 件上衣，共需 $11 \times 3 =$

33（元）；然后再把裤子的钱和上衣的钱加起来，就得 30＋33＝63（元）。

师：其实这两种方法都不错。

师：星期天，一个班级小朋友到游乐园去乘飞机，你们能够从如下图所示的图中知道哪些信息呢？

生1：一共有 3 架飞机。

生2：每架飞机只能乘 13 人。

师：你是怎么知道的？

生2：上面写着"限乘 13 人"，多乘了人就会出危险的。

（同学们和老师都肯定地笑了。）

生3：这个班级有 41 个小朋友去乘飞机。

生4：35 号小朋友在想——"这次我能上飞机吗？"

生5：40 号小朋友也在想——"我呢？"

师：大家可以先互相商量，再汇报。

（学生互相讨论。）

生：35 号小朋友这次能够上飞机，但 40 号小朋友这次不能上飞机。

师：那为什么呀？

生：因为有 3 架飞机，每架飞机可以乘 13 人，那么总共可以乘 39 人。所以 35 号小朋友可以上飞机，但 40 号小朋友这次就不能上飞机了，他下一批上。

师：最后请大家到商店里去瞧一瞧。大家仔细看一看下图中有哪些玩具，价格分别是多少？

　　请你选择一种自己最喜欢的玩具，要买几个随便你，不过，要准确计算出自己要花多少钱。

　　（学生看图自主选择玩具，计算价钱。）

　　生 1：我想买 3 辆汽车，$21 \times 3 = 63$（元）。

　　生 2：我想买 2 只小狗，$23 \times 2 = 46$（元）。

　　生 3：我想买 3 个机器人，$32 \times 3 = 96$（元）。

　　生 4：我只买一个机器人，不用算就知道要花 32 元。

　　（同学们都笑了。）

　　生 5：我想买 42 个机器人，因为我明天就要过生日了，我想给我们班级每人买一个做礼物。$42 \times 32 = \cdots\cdots$，徐老师，我不知道怎么算了？

　　（同学们和老师都情不自禁地笑了。）

　　师：哦，徐老师首先祝你生日快乐！其实买 42 个机器人，用 42×32 列式是完全正确的，但要怎样算呢？我们以后会逐步学习的，感兴趣的同学可以课后先自己想想办法。

　　师：今天我们就学到这儿。同学们再见！

　　设计意图：在巩固练习中，教者设计了形式多样的、有思维坡度的、富有情境化和生活趣味的练习题，既调动了学生学习的积极性，当堂复习了新知，也为后继学习埋下了伏笔。教师在教学完新知识后，并没有避讳计算教学会枯燥、教学气氛会不热烈的这一难题，而是让学生就书上的"练一练"进行计算，以此来强化学生所学的知识，然后才是应用到生活实际中。练习题选择的素材是学生经历过的、感兴趣的题目，买衣服、乘飞机、买玩具等活动充分体现了数学与生活的紧密联系，使数学回归生活，用课堂中解决数学问题的方法去解决生活中的问题。教师所选的题目体现了浓浓的生活味，具有很强的开放性，练习的过程充分体现了学生的自主性和教师的民主性。

全课反思：

（1）关于学习起点的理性分析。本课是义务教育课程标准实验教科书（苏教版）二年级的教学内容。教材安排了两个例题：例1通过大象运木头的情境教学整十数乘一位数的口算，例2通过小猴采桃的情境教学两位数乘一位数（不进位）的笔算。在这之前，学生已经学过乘法的意义和表内乘除法，学过用竖式计算一位数乘一位数，学过整十数和整十数相加、两位数和一位数相加等口算。

本课是学生初次学习两位数乘一位数的口算和笔算。进行整十数乘一位数的口算时，可以有不同的算法。进行两位数乘一位数笔算时，在学生自己探索的基础上，重点介绍乘法的笔算方法。在学习笔算方法时，先分步演算，再简化中间环节，得出一般写法，结合计算教学培养学生应用知识解决简单实际问题的能力。

（2）关于复习铺垫与情境创设。曾有人认为，在课程改革后，课堂一开始都要创设情境，在情境中直接学习新知，不必再进行新课前的复习准备。其实这并不是千篇一律的，因为数学的来源，一是来自数学外部现实社会的发展需要；二是来自数学内部的矛盾，即数学本身发展的需要。新课前的复习准备，一是为了通过再现或再认等方式激活学生头脑中已有的相关旧知；二是为新课做出铺垫或分散难点，只是不要人为地设置一条狭窄的思维通道。本课在教学时，只需简要地创设情境，通过复习铺垫，再现一位数乘一位数、整十数相加、几个十是多少以及两位数加法和一位数乘法笔算等相关旧知，就可以唤醒并激活学生头脑中的相关思维细胞，为新知学习做好准备。

（3）关于算法多样化和算法优化。整十数乘一位数的口算有进位和不进位两种情况，学生学习了不进位的口算，就可以通过对比进行迁移。在学习不进位的口算时，先放手让学生自主探索口算方法，然后通过交流和汇报，展示学生自己探索的口算方法，允许学生有多样化的算法，让学生自己比较，选择自己认为简便的方法，老师不做硬性的规定。再结合例题引申计算 20×5、20×8，让学生说思考方法。然后通过一组对比练习，引导学生逐步优化口算方法。

（4）关于直观算理和抽象算法。学生算出 14×2 的得数并不难，可以口算，也可以用加法算。例题教学的重点应放在引导学生用竖式计算，理解竖式计算的算理。我们常见的乘法竖式教学情况是：例题呈现的是十分形象的实物图形，紧接着却是十分抽象的竖式计算，缺少过渡性的中间状态。常常是初始竖式刚刚建立，马上就采用简化竖式进行计算，缺乏竖式与直观图形的对应，缺乏对算理的深层理解。本课在教学例 2 时做了两方面的强化：一是在实物图和抽象竖式之间，增加了操作小棒这一环节，操作小棒的目的不仅仅是摆出得数，更重要的是让学生借助这种半形象半抽象的工具，理解位值原理；二是在初始竖式建立后，让学生充分运用初始竖式进行计算，在体验中理解算理，同时通过比较和讨论，自己探索出简化竖式。

（5）几点困惑。在教学这节课的同时，我也有一些困惑，与大家讨论：①如何让学生在计算规则的学习中不断体验成功？②如何处理口算时多种方法的比较？是否强化简便的算法？③笔算时，如果学生坚持先算十位上的数相乘，怎么处理？④应用时如何紧密结合学生的生活实际等。

【评析一】

新课程理念下有实效的计算教学

回过头来综观整个教学过程，平实中见新奇，之所以能获得"满堂彩"，本节课至少体现了四个"实"：很真实，这是一节回归常态的原汁原味的公开课；很扎实，整堂课注重双基凸显能力，只有双基落到实处，创新才能有基础；很朴实，教者既没有太多的激情洋溢，更没有五彩缤纷的画面，教学的针对性、实效性强，使听课者感到的是真正的有效教学；很充实，学生不但学会了本节课的知识，在双基、智能和情感上都得到了培养。以上"四实"归根结底来源于教师教学底蕴的厚实，我认为这与教者正确处理好了 5 个"结合"是分不开的。

（1）情境创设与复习铺垫的有效结合。新课改提倡情境创设，通过情境创设来激发学生的学习兴趣，让情境为学生学习数学服务，促使学生用数学的眼光关注情境，使情境为数学知识和技能的学习提供支撑。为此，教者在课堂上出示了许多生动的故事、精彩的动画课件，在导入时，并不是一味地创设情境，而是根据教学的需要，努力寻求新知的"生长点"来创设情境。在复习铺垫中，教者创设了大象问题正是解决本节课需要利用的已有知识。通过复习这些旧知，为学生提供了新、旧知识之间联系的材料，少了几许花哨，多了一些平实。

（2）算理直观与算法抽象的有效结合。在教学中教师采用直观教学的手段，化抽象为具体，调动了学生思维的积极性，提高了学生的注意力，突出了重点，突破了难点，收到了良好的教学效果。本节课在教学乘法竖式的计算步骤时，教师没有一味地去讲计算方法，而是紧紧地联系算理，让学生在直观算理的支撑下去学习抽象的算法。通过"刚才有位学生说 4 乘 2 等于 8，其实就是指哪一部分啊？""那么计算左边两个筐里的桃子就是算什么呢？"这两个设问，巧妙地引导学生把视角投向竖式计算的实际情境中：14×2，该分两步计算，先算 4 乘 2，这其实就是算了右边两个筐里的 8 个桃；然后算 1 个十乘 2，这其实就是算了左边两个筐里的桃子；最后把 20 和 8 加起来。这样，在老师的引导下，学生通过联系主题图，很直观、明了地理解了算理。教者注意把直观的算理与抽象的算法紧密联系在一起，使学生学得很轻松，理解得也比较透彻。

（3）算法多样化与算法最优化的有效结合。在面对一个计算问题时，解决计算结果的策略可以是多样的，只要思维的方法和过程合理、合乎逻辑，就应加以肯定。教师在教学 14×2 的时候，充分尊重学生的个性，引导学生调动计算方面的已有知识和生活经验，采用适合自己的方式和策略主动寻求问题的解决；再通过自主探索、交流，形成自己的方法，并对自己的算法加以调整和修正，从而获得成功的体验。其中，有一位学生说到 14 是 2 个 7，乘 2 后就是 4 个 7，四七二十八，教师说："哦，你这种想法真好！"这样，在众多的方法中比较和感受出哪种方法最好。算法最优化的过程成了学生自己体验的过程、感受的过程。教师给了学生一定的空间，给了学生真诚的鼓励，以平等的身份耐心倾听学生的发言，出现了简便而富有创意的方法。再如学习乘法"原始"竖式的计算步骤之后并没有立刻把算式简化，而是顺应学生的思路，把原始方法加以应用，促其体会到"比较烦"，进而想到能否"简化"，让学生体验发现：可能还有更方便的方法，然后顺势加以简化，达到了水到渠成的功效。在这节课中，教师很好地处理了算法多样化与算法最优化的矛盾，使两者得以完美地统一。

（4）学生探究与适时引导的有机结合。学生在探究中，教师不是看客，而是参与者和引导者。本节课中教师注意审时度势，准确地把握火候，并进行必要的引导。例如，在计算一共有多少个桃子时，学生通过讨论，探究列出了很多个算式，这些算式是不是都能利用已有的知识算出结果呢？教师这时进行了必要的引导，"两个

14 相加得 28""14 可以看作 2 个 7，乘 2 等于 4 个 7 等于 28"这两种算法可以自己算出结果，而对 14×2 和 2×14 不会计算，是因为还没有学过，急于解决竖式计算的趋势已悄然形成，这正是本节课需要解决的问题。再如在学生探究出竖式计算的"原始"算法之后，教师没有直接引导出简便写法，而是让学生利用探究出的方法去解决问题，接着再加以适时引导："通过计算你发现什么？""你觉得这样写怎么样？""要是能简单一些就好了！"通过一个一个设问、谈话，一步步把学生的思维引向目标：原始算法"烦"，需要"简化"。这时再通过动画演示"由繁到简"，学生对简便写法的印象就会更为深刻。由于教师组织学生自主探究时，创建了一种民主开放、积极互动的课堂氛围，有较强的教学机智，注重了师生之间动态的信息交流、沟通和补充，因此达到了预设与生成的完美统一。

（5）计算教学与问题解决的有效结合。我们知道，计算是由于解决实际问题的需要而产生的，它是解决问题的一部分。以前的计算教学忽视了计算的现实背景，削弱了计算与实际问题的联系，不利于学生体会计算的实际意义。在本节课中，教师利用学生已有的生活经验和这节课所获得的知识来探索解决问题的方法，一改过去套题型、反复训练的教学模式，而是促使学生自主获取信息、处理信息，为解决问题服务，又使问题解决与数学思维能力的培养结合起来，取得了"一石三鸟"的功效。一开始，教者由一个生活问题引入了数学问题，当学生在教师的引导下掌握了乘法竖式的计算方法后，教师并没有马上让学生将所学的知识应用于实际生活中，而是让学生就书上的"练一练"进行计算，以此来强化学生所学的知识，然后再把所学到的数学知识应用到生活的实际中去。这样做，既巩固了本节课的学习内容，又避免了单纯的技能性训练。教师在练习中创设和提供了去商店购物等实际生活情境，让学生从数学的角度获取信息、提出问题，用所学的计算方法解决问题。这样，使学生真切地感受到现实生活中所蕴含的丰富的数学信息，既体会到计算的价值，又发展了学生的应用意识和实践能力。

（特级教师、南京市江宁区教研室　詹明道）

【评析二】

精致的设计　流畅的教学

看了徐斌老师《一位数乘两位数》的教学实录与反思，我深切地感受到徐老师"追寻有效的数学课堂"的足步（注：本课实录刊发在《教师之友》2005 年第 2 期时用"追寻有效的数学课堂"作为标题)。

文章的标题引起了我的关注,进而引发了我的思索:为什么是"追寻"?怎么会是"追寻"?这是否说明在一些数学课堂中,数学教学的有效性正悄然离我们而去?或者说其有效性已大打折扣,更谈不上什么高效?

我以为事实正是如此,在我们身边的确看到有这样一些课:不关注或不明确本节课的目标达成度,无教学重点的突破,无教学难点的分散,整节课追求表面的热闹,结果只呈现了一派浮华的景象。仅从徐老师文章标题我们即可感受到一位优秀数学教师对当前数学课堂教学一些现象的深刻思考。

本节实录共三个环节:"创设情境、复习铺垫""自主探索、学习新知""巩固应用、形成技能"。这种对学生学习过程、教师教学过程的大致划分,我感到既亲切,又陌生,有点久违了的感觉,尤其是第一、第三个环节。对学生学习过程和教师教学过程的这样一种合乎规律的阶段划分,体现了教师的主观能动性和对学生资源的审视、驾驭和组织,是执教者必须要思考和构建的。但这些方面在一些教师的心目中已经被淡漠了,有相当多的数学课堂,存在着眉眼不分、眉毛胡子一把抓、走到哪里到哪儿歇的现象。这样,"双基"如何落实?"过程与方法"又从何谈起?

本节课铺垫时所用的题目都是精心选择的(执教者在反思中已有论述)。这种铺垫的依据不是源自固定的教学程式,而是源自教学内容之间的必然联系和学生的认知心理。这样的铺垫是实现课堂教学有效和高效的必要手段。它的关键是教师对教材内容整体地、深刻地把握。这也是当前部分教师非常缺乏的。

在学生学习不进位的口算时,教师对算法多样化的思想领会是深刻的。在"多样化"与"优化"二者的度上把握精准,既未束缚学生思维,又在不经意间(不露痕迹地)使学生对不同的解答思维有所借鉴、印证和比较,对算理理解得很清楚。这种"不经意"显示了教师精湛的教学艺术和深厚的自身底蕴。

执教者设计的"根据几乘几来对一道几十乘几"的练习很独到,非常好。既具有开放性,又能使学生对几十乘几的算理进一步加深理解,同时加大了课堂上的练习密度和学生的练习量。这种量的积累,有助于学生口算的迅速与准确,这正是《数学课程标准》所要求的。

例 2 的教学重点是引导学生用竖式计算。竖式计算的算理与口算是一致的。教师在口算和竖式计算的过渡上及简化竖式的建立自然而清晰。学生通过比较初始竖式和简化竖式数学本质的一致和繁简的差异，通过用橡皮将初始写法改写成简单写法这一显得十分"笨拙"的方式（本可在初始写法旁边重写的方式），留下十分鲜明深刻的印象，十分合乎七龄儿童的心理特点。

　　"实践和生活是学生认知的活水。"在"巩固应用、形成技能"这一环节中执教者设计了丰富的、源自生活实际的、有层次的练习，进一步巩固了学生对算理的理解，并将所学用于解决简单的实际问题。让人感到训练扎实、到位，课堂教学亲切自然、充满童趣，充满了开放、和谐的气氛，学生真正学得既轻松又踏实。

　　　　　　　　　　　（四川省成都市青羊区教育研究培训中心　高幼年）

【评析三】

让计算教学充满"生态美"

　　前不久，我有幸与特级教师徐斌进行了一次零距离的全面接触。徐老师从容不迫的大家风范、平易近人的教学态度、随机应变的教学机智，以及他的先进课改理念与精湛的课堂教学艺术给我留下了深刻的印象。他的课堂不急不缓，娓娓道来，清新自然，趣味盎然，以"简单、鲜活、有趣"著称，能够真正体现"为学生的数学学习服务"的教学思想，恰如其分地体现了数学课堂的一种理想境界，让我感触颇深。

　　感触之一："厚"

　　所谓"厚"，即理论功底厚。徐老师对新课改理念下课堂教学中的一些热点问题，都有其独特而又精辟的见解。其中包括对课前是否要安排口算、小组合作学习如何操作、怎样看待学生的算法多样化问题等。

　　感触之二："透"

　　所谓"透"，即对教材内容的深挖细掘、理解透彻。徐老师的这节二年级的《一位数乘两位数》，从情境的创设、活动的设计、学生的参与到教师的"煽诱"，无不折射出一位特级教师对于所教教材钻研之深、钻研之透，及熟练驾驭教材的能力，真正做到教材为我所用。可谓"台上一分钟，台下十年功"。

　　感触之三："顺"

　　徐老师的课可以用"行云流水"来形容。《一位数乘两位数》的课堂教学结束以后，所有听课的老师都明白了什么叫兴趣、什么叫投入、什么叫诗意、什么叫精彩纷呈、什么叫行云流水、什么叫虚怀若谷！师生共享的四十分钟在一片欢笑声中结束了，感觉那么的让人留恋、让人不舍、意犹未尽……这样的课，正是我们所努力的目标。

下面几个课堂真实场景或许能够窥其教学艺术之一斑。

场景一——提倡口算唤旧知

徐老师开始上数学课时，便用动画演示：小朋友，今天大象也要给我们出题，你们会算吗？20＋6、13＋13、20＋20＋20、6×2、5×8、8个十是（　）、16个十是（　）等。

学生一一作答好，徐老师追问："你是怎样想的呢？"

解读：如今公开课，已经难以见到"老土"的口算题了。其实众所周知，口算对于学生的心算能力和数学思维训练都有着极其重要的价值。《数学课程标准》也明确提出"小学阶段应该加强口算"，但很多教师觉得这种形式比较老，没有新意，也不够热闹，所以大多都已经摒弃了课堂前的口算。从徐老师的习题设计中我们不单能够看到口算这一形式，而且能够看到，这些习题的选择是有针对性地为学生下一步的新知学习服务的。

场景二——数形结合揭算理

徐老师在黑板上列好算式，引领学生计算 14×2 时说明算理。

学生答："二四得八。"

徐老师抓住时机，将学生的目光引向屏幕，并问："二四得八，哦，那刚才所说的就是图上的哪一部分呢？"

学生："二四得八算的是两只猴子右边筐里的 8 个。"

徐老师："哦，那左边还有两个筐，又是多少呢？"

学生："左边还有两个十，是二十。"

徐老师："现在谁还能说 14×2 到底等于多少呢？"

学生："是 20＋8，得 28……"

解读：课后徐老师也谈到，学生认知时，从直观到抽象间需要有一定的过渡。学生在进入抽象认知时需要一些直观的图形加以运用，这样有利于学生更好地理解算理，帮助学生更好地建立数学模型。数学教学应该重视学生思维发展的一般特点，在充分了解学生认知心理的情况下设计教学。

场景三——强化算理用练习

在学生理解"一位数乘两位数"的算理后，徐老师还请学生算了一组对比题。4×3、40×3，7×8、70×8，5×6、50×6，9×2、90×2，并提醒学生：这些题，你算的时候，觉得有什么相同的地方？有什么不一样的地方？

解读：许多教师上课时，在学生理解算理之后，往往立刻解决生活中的问题。但徐老师在了解算理与解决生活情境中的问题之间设置了一个过渡，使得学生在理解算理后进行了加强性刺激，帮助学生形成技能，这种练习可以说是一个"拐杖"，是一种"支撑"，有利于学生更有效地掌握算理。

场景四——解决问题求发展

在学生熟练掌握算理之后，徐老师将学生引入生活情境中，来解决生活中的实际问题。投影出示了以下极具有开放性的生活问题：

裤子10元一条，上衣11元一件，老师想买3套，一共需要花多少元？

徐老师："同学们，你们有什么好办法帮老师算出一共要花多少钱？"

学生："我先算一条裤子和一件上衣一共要21元，然后用21×3，得63元。"

徐老师："哦，那你又是怎样想的呢？"

学生："我是先算出一套衣服要多少钱，然后再算三套的。"

徐老师："大家同意他的想法吗？……真不错，那还有不同的想法吗？"

学生："我先算10×3，等于30元，再算11×3，等于33元，然后再用30+33，等于63元。"

徐老师："是啊，这位同学的想法也得到63元，不知你是怎样想的？"

学生："我是把上衣与裤子分开来算的，三条裤子用10×3等于30元，三件上衣用11×3等于33元，再把上衣和裤子花去的钱加起来，一共要花去63元。"

解读：生活是数学教学的源头与归宿。因此数学活动也不是一般的活动，学生在课堂上不只是听数学、看数学、练数学，更多的是做数学、玩数学，在数学思维活动中经历、体验和探索数学，从而获得广泛的数学的价值和意义。从以上题目设计中不难看出，徐老师在引导学生解决生活问题时，非常注重教学设计的层次性与开放性，注重学生数学思维能力的培养，可谓独具匠心，很有创意。这样的课堂教学和课堂生活，蕴含着教者的价值选择，体现着教者的价值引领。

（江苏省苏州市吴江区教育局　盛伟华）

早年的公开课

（五）概念课例解读——认识小数教学设计与评析

教学内容：义务教育教科书数学（苏教版）三年级下册第 87～88 页。

教材简析：

本节课是学生第一次认识小数。教材先安排认识整数部分是 0 的小数，再认识整数部分不是 0 的小数，最后结合学习自然数、整数并引出小数，介绍小数各部分的名称和读写方法。

教材上第一个例题是认识整数部分是 0 的小数。从小朋友测量课桌的长度说起，当课桌的长与宽都不到 1 米时，可以用分米作单位，用整数表示；也可以用米作单位，用分数表示。在已经掌握这两种方法的基础上，很自然地引入用小数表示，并学习小数的读、写。

第二个例题是认识整数部分不是 0 的小数。引入文具店里的商品价格，两种文具都不是整元数，在学生已有的知识经验和第一个例题的基础上，就能把 1 元 2 角与 1.2 元、3 元 5 角与 3.5 元建立直接的联系。在此基础上，将小数与过去学过的整数加以区分，并介绍小数各部分的名称。

学情分析：

本节课教学内容是在学生掌握了万以内数的认识和加、减法运算及初步认识分数的基础上教学的。这是小学阶段学生第一次正式接触小数。

而在实际的生活中，特别是学生在逛商场购物或者买一些学习用品时都已经见过小数，所以教学时应该联系学生的生活实际，创设一定的生活情境来进行学习，使学生初步体会小数的来源与含义，并能正确地认读小数部分是一位的小数，知道小数各部分的名称。

教学目标：

（1）结合生活实际认识小数，知道以米为单位或以元为单位的小数的具体含义，懂得十分之几的分数可以用一位小数表示。

（2）了解小数各部分的名称，会读、写小数，并能正确区分整数和小数。

（3）渗透知识间的联系，激发学生学习生活中的数学的兴趣。

教学重点：初步理解以米或元为单位的一位小数的含义，能正确地读、写小数。

教学难点：建立分母是 10 的分数与一位小数间的联系。

教学准备：课件、米尺、长方形纸（备用）、学生练习纸、数字卡片等；学生课前收集小数事例 2～3 则。

教学过程：

1. 生活感知，引出小数

（1）师讲述：同学们，先请大家听一段录音，听完后，说说你听到了什么。

"苏州市经济广播电台，现在播送商品信息。梅花牌收录机每台售价 48 元，红星牌钢笔每支 2.6 元，防雨书包每只 20 元，英雄牌墨水每瓶 1.5 元，三角牌电饭锅每只 119 元，中华铅笔每支 0.3 元。"

（2）请大家给这些标价牌上的数分分类。

（学生动手分一分。）

48 元	2.6 元
20 元	1.5 元
119 元	0.3 元

师：为什么这么分？它们有什么不同呢？

（左边的三个数中没有小圆点，右边的都有小圆点。）

（3）揭示课题——今天我们就来"认识小数"（板书课题）。

提问：关于小数，你已经知道了什么？你会读小数吗？

设计意图：学生学习小数的数学现实来源于两个方面：一是其已有旧知，包括整数和分数的知识，特别是分母是 10 的分数含义；二是其生活经验，包括学生在生活中接触到的商品价格、长度单位、重量单位等方面。教者从商品信息播放引入小数，让学生从司空见惯的生活现象中发现数学问题，开始数学学习，体现了数学来源于生活的观念。在引出小数时，教者让学生观察标价牌，比较异同点并进行分类，结合教学培养学生的数学思维能力。同时，教者提出"关于小数，你已经知道了什么？你会读小数吗？"可以看出，教者关注学生的实际经验，没有把学生当作容器，没有把学生的头脑当作白纸，也没有把学生对于小数的已有认识当作学习新知的障碍，而是把这种累积的经验作为进一步学习的资源。正如奥苏伯尔所言"让新知之舟泊在旧知的锚桩上"。

2. 主动探究，理解小数

（1）动手实践，借助长度单位初步认识小数。

现在我们来找一找身边的小数，好吗？请同学们两人一组，拿出米尺，测量一下我们课桌面的长与宽（如课桌不方便测量，则测量备用的长方形纸片的长和宽）。

①同学们分组测量，记录数据，如下图所示。

先估计一下：最长的边有 1 米长吗？可以选用哪个长度单位？（小组讨论）

再明确要求：量一量长、宽各是多少时，每人量一条边，可以验证测量的结果是否正确，最后记录在练习纸表格的第一栏中。

5分米　4分米　　　　4分米　3分米　　　　3分米　2分米　　　　2分米　1分米

②学生汇报填写情况，如下表所示。

长	宽
（　　）分米	（　　）分米
（　　）米	（　　）米
（　　）米	（　　）米

教师将米尺直观展示在黑板上，并标出学生汇报的相应长度，如下图所示。

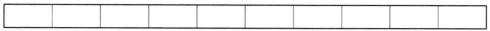

　　1分米　　2分米　　3分米　　4分米　　5分米

　　③用分数表示。提问：怎么用米作单位来表示这些长方形的长和宽呢？

　　5分米是几分之几米呢，你能用分数表示吗？（同桌讨论，5分米是$\frac{5}{10}$米），为什么？（因为5分米是把1米平均分成10份，取其中的5份就是$\frac{5}{10}$米。）教师在米尺下对应填写。

　　你们测量的长和宽可以用几分之几米表示呢？

　　在自己的练习纸上用分数来表示出这个长度，如下图所示。

　　1分米　　2分米　　3分米　　4分米　　5分米
　　$\frac{1}{10}$米　　$\frac{2}{10}$米　　$\frac{3}{10}$米　　$\frac{4}{10}$米　　$\frac{5}{10}$米

　　看一看，想一想，你发现了什么规律？

　　④用小数表示。

　　5分米就是$\frac{5}{10}$米，那么$\frac{5}{10}$米可以用哪个小数表示呢？同学们想试试吗？（0.5米。）你是怎么想到的？（5分米不满1米，前面的0表示不满1。）

　　请同学们开动脑筋，把本组的测量结果都用小数表示在表格中。最后由学生汇报，教师完成板书。

　　1分米　　2分米　　3分米　　4分米　　5分米
　　$\frac{1}{10}$米　　$\frac{2}{10}$米　　$\frac{3}{10}$米　　$\frac{4}{10}$米　　$\frac{5}{10}$米
　　0.1米　　0.2米　　0.3米　　0.4米　　0.5米

　　⑤归纳巩固。提问：通过观察，你们发现了什么？怎样的分数可以写成怎样的小数呢？

　　（十分之几米可以写成零点几米；零点几米也可以写成十分之几米。）

　　再完成"想想做做"的第1题，如下图所示。

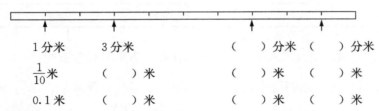

师：十分之几米可以用零点几米来表示，一般的十分之几的分数用小数怎样表示呢？然后完成"想想做做"的第3题，如下图所示。

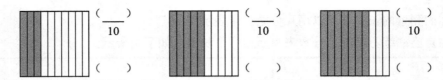

设计意图：虽然商品价格是学生生活中接触最多的小数现象，但是要让学生认识到小数其实就是十进分数，还是利用长度单位测量和转换比较直观具体。教者首先让学生"找身边的小数"，组织学生动手测量课桌的长和宽，由不满1米而想到用分米作单位，并由1米＝10分米的进率，联系分数的含义，用十分之几米表示几分米，进而引出零点几米的小数。这样的学习过程，是从数学知识的发生发展源头和需要出发的：1分米→$\frac{1}{10}$米→0.1米，即整数→分数→小数，使学生在对小数的首次感知时就了解小数的来源和含义，初步知道小数与整数、分数之间的密切联系。在学生动手实践的基础上，教师结合讲解小数的含义之后，先让学生进行观察、模仿、比较、归纳，并进行了两次针对性很强的练习，由具体的长度单位转化过渡到一般的十进分数，让学生在经历有序的数学思维活动过程中逐步感知小数的含义。

（2）自主探索，借助商品价格理解一位小数

①课件播放：奇奇商店要开展规范营业活动，必须将标价牌上的价格用元作单位表示。店主奇奇可犯愁了，这几件商品的价格该怎么换算呢（如下图所示）？

4角　　　　　　1元2角　　　　　　3元5角

4角是$\dfrac{(\quad)}{(\quad)}$元，还可以写成（　　）元。

1元2角可以写成（　　）元。

3元5角可以写成（　　）元。

先独立思考，再小组讨论，并填空。

提问：为什么4角就是十分之四元？为什么0.4元的小圆点左边要写0呢？那么1.2元和3.5元小圆点左边为什么就不写0呢？

②"想想做做"第2题（学生口答，如下图所示）。

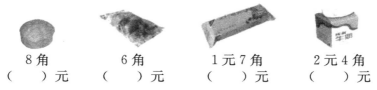

| 8角 | 6角 | 1元7角 | 2元4角 |
| （　）元 | （　）元 | （　）元 | （　）元 |

③"想想做做"第4题（同桌互说，如下图所示）。

先读一读各小数，再说说每种文具的价格各是几元几角。

3.8元　　　2.4元　　　8.2元　　　25.6元

设计意图：学生的生活经验中最常见的小数是商品价格。三年级的学生已经有了比较多的使用人民币的经历，因此，这个例题的教学采用的学习方式是自主探索与交流讨论。通过帮助奇奇商店改写标价牌的活动，让学生根据自己的生活经验，把几角或者几元几角改写成用元作单位的小数。由于学生大多具有实际体验，因此通过探索和讨论，都能顺利完成换算。教者并没有让学习活动停留在表面的顺畅上，而是连问三个"为什么"，使学生对一位小数的含义有了比较深刻的理解：先问"为什么4角是十分之四元？"再问"为什么0.4元的小圆点左边要写0？"再进一步问"为什么1.2元和3.5元的小圆点左边不写0？"这样的反思和追问，学生不仅理解了一位小数的含义，而且也自然地完成了由纯小数向混小数的过渡，避免了今后出现类似于"小数总比整数小"的认识误区，做到了防患于未然，具有"前馈控制"

的心理效应。

（3）自学课本，在讨论交流中进一步认识小数

师：同学们帮助店主奇奇改写了标价牌，知道了几元几角可以写成几点几元。我们以这个小圆点为界线，左边的数表示多少元，右边这一位上的数表示多少角。那么，我们把这个点叫作什么？（板书：小数点）

（教师介绍"小数点的故事"。）

师：关于小数，还有哪些知识呢？请同学们请教课本，寻找答案吧。

（学生自学课本。）

组织讨论：你读懂了什么？

（学生汇报，教师板书：整数、自然数、整数部分、小数部分。）

随机练习——每个同学写一个一位小数，同桌互相读一读，说说整数部分和小数部分分别是多少。

设计意图：小数的认识是学生认数领域上的一次飞跃。关于小数各部分的名称和读写方法、整数与自然数的描述性定义等数学事实和规定的学习，其实是属于知识领域中的所谓"陈述性知识"（另两类是"程序性知识"和"策略性知识"），无法也无必要进行探究式学习。教者适时地采用了有意义接受学习的方式，让学生看书自学、讨论交流、互相叙说，再配以教师的适度讲解，符合知识的类型特点和学生的认知规律。

3. 巩固练习，拓展小数

（1）配钥匙，如下图所示。

（2）"想想做做"第 5 题，如下图所示（数轴上的小数）。

随机提问（略）。

设计意图：由于在前面的学习活动中，教师采用了讲练结合的方式，结合长度

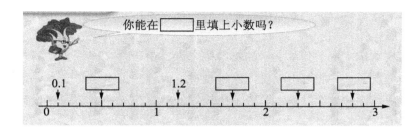

单位和商品价格的测量与转换，学生已经对小数的来源和含义有了比较具体和丰富的了解，这里的两个练习目的性很明确：一是运用所学知识再次进行一位小数与十分之几的分数的对应与转化，达到对一位小数含义的深刻理解；二是通过数轴来认识小数，进一步拓展小数的应用范围，同时也为下一课学习小数大小的比较做了必要的铺垫和准备。

4. 联系实际，应用小数

（1）同学们，你们在生活中的哪些地方见过小数？（学生举例）

课件显示：人体常温是 36.7 摄氏度。小朋友的单人床长 1.8 米。小芳的体重是 35.5 千克。

（2）你知道吗？

师：古代数学家们在很久以前就开始使用小数了，你想了解有关小数使用的历史吗？

（课件播放图文及录音。）

小数就是十进分数，我国古代数学家刘徽在一千七百多年前，就在《九章算术》一书中运用了十进分数。这比第一个系统地使用十进分数的伊朗数学家阿尔·卡西要早约 1200 年，比荷兰数学家斯蒂文所著 1585 年在莱顿出版的《论十进》要早 1300 年以上。

（3）游戏：每位同学准备一套 0 到 9 及小数点"．"的数字卡片，同桌开展游戏。

①一位同学任意取出两个数字和小数点，组合成一个小数，请同桌同学认读。

②组内两位同学分别组合出两个小数，先读一读，再试着比较它们的大小。

③用三个数字和一个小数点组合成一个小数，看能组成几个不同的小数。

教学反思：

认识小数本是一堂十分单一与抽象的概念课。由于教者能深入钻研教材，准确理解教材编写意图，并能跳出教材、重组教材，设计和组织了符合本课数学知识特点和学生学习规律的教学过程，取得了比较好的教学效果。本节课在设计时比较好地处理了以下三对关系：

（1）生活与数学的关系。生活是数学的源泉，数学离不开生活。生活是丰富多彩、变化莫测的，而数学有着自己的严谨性和确定性。在教学过程中，教者能按照"生活感知，引出小数——主动探究，理解小数——巩固练习，拓展小数——联系实际，应用小数"的过程展开教学，让学生在不同的生活情景中不断经历"数学化"的过程。

（2）课程与教材的关系。尽管我们的教材为学生提供了精心选择的课程资源，但课程不仅仅是指教材，学生的生活经验、教师的教学经验也是课程资源，学生的学习差异、师生的交流启发也是有效的课程资源。教者对教材做了二次加工，使"教材"成为"学材"：首先，由"找身边的小数"入手，在测量课桌面长和宽的过程中分别用整数和分数表示长度，进而自然引出小数，体现了学生学习小数的需要，沟通了整数、分数、小数之间的内在联系；其次，在练习的顺序上进行重组和调整，把"想想做做"的第1～4题分别整合成两个层次的练习，在测量认识小数和商品价格转换小数之后又分别进行了专项练习，针对性很强，有利于学生形成结构化的知识。

（3）探究与接受的关系。《数学课程标准》指出："有效的数学学习活动不能单纯地依赖模仿与记忆，动手实践、自主探索与合作交流是学生学习数学的重要方式。"可见，有效的教学要采用多种方式和策略，用一种方法教学，学生容易乏味，教学效果不可能好。在小学数学的知识领域，有些内容还是应该采用有意义的接受学习，比如像"小数"这样的原始概念。因此，教者在首次揭示小数的含义时采用了讲解法，在认识小数各部分名称时采用了看书自学法，而在商品价格转换（几角或几元几角转换为以元为单位）时则让学生自主探究与讨论交流，充分体现了"为学生的数学学习服务"的理念。

【评析一】

为学生的数学学习服务

2005 年 5 月 29 日上午，我抱着领略大师风采的想法去张家港市合兴中心小学听了江苏省特级教师徐斌的观摩课《认识小数》。尽管徐老师在座谈中谦虚地谈到这堂课只是一节普通的家常课，没有大家想象中的精彩纷呈、高潮迭起，可能会使听课老师感到失望。但正是这样一节家常课，却使许多听课老师领悟到了平常的教学内容也能上出"不平常"的感觉来。的确，这堂课并没有平时所见的一些公开课的花哨和热闹，但给听课老师的感觉却是那样的朴实自然，充分体现出了"真实自然、动态生成"的教学特色，达到了"有效、快乐"的教学境界。以下是我记录的两个课堂教学片断，从中可以看出徐老师"为学生的数学学习服务"的教学理念，与大家共享。

片断一——新课引入

师：同学们，先请大家听一段录音，听完后，说说你听到了什么？

（课件播放商店的一些商品信息：墨水每瓶 1.5 元；钢笔每支 2.6 元；书包每个 20 元；电饭锅每只 119 元；收音机每台 48 元；铅笔每支 0.3 元。）

师：谁来说说你听到哪些商品价格？在这些数中你已经学习过了哪些数？

生：20、119、48。

师：你们知道这些数叫什么数吗？

生：叫整数。

师：哪些数是没有学习过的呢？

生：1.5、2.6、0.3。

师：这些数有什么共同的特点？

生：这些数中间都带有一个点。

师：你们知道这些数叫什么吗？

生：（齐声）叫小数。

师：对，今天我们就来认识小数。（板书课题）

师：关于小数，你已经知道了什么？你在哪里见过小数？

生：商品的标价上有小数。

生：自动铅笔的笔芯上有小数。

生：……

听课感想：新课导入时，教师选取了学生生活中最常见的商品信息，让学生观察商品标价，说说哪些数是学习过的，哪些数是还没有学习到的。通过观察 1.5、2.6 和 0.3 这三个数的共同特点，非常自然地揭示出了本节课的课题：认识小数。学生不是一张白纸，在日常学习和生活中，部分学生可能已经初步接触到了小数，并会进行简单的读写。教师在揭示课题以后，充分运用学生的这些资源，让学生说说对小数了解多少，在哪里见过小数，充分唤醒学生的已有知识与经验。在以上的教学环节中，教师虽然没有创设多么生动形象的情境，但能从学生的实际生活背景出发，选取学生熟悉的生活素材，使学生感到数学就在自己身边，生活中处处蕴藏着数学问题。以这样的方式引出课题非常自然、直截了当，达到了课堂教学质量的高效。

片断二——寻找小数

师：现在我们来找一找身边的小数，好吗？

师：（拿出一把米尺）用这把米尺可以测量课桌面的什么？

生：课桌面的长度和宽度。

（学生先估计课桌面的长与宽大约有多少分米。）

（教师在黑板上画出 1 米长的米尺图。）

（学生以小组为单位用米尺测量课桌面的长与宽。）

（学生汇报，教师随学生回答在图上分别标出：1 分米、4 分米、6 分米。）

师：如果用米作单位，你们会用分数来分别表示出 1 分米、4 分米、6 分米吗？

（学生汇报，教师随学生回答在黑板上对应着板书：1/10 米、4/10 米、6/10 米。）

师：刚才我们用整数和分数来分别表示出课桌面的长与宽。其实，小数离我们已经不远啦！

师：$\frac{1}{10}$ 米用小数表示就是 0.1 米。（板书：0.1 米）

师：猜猜这个小圆点前面的 0 可能表示什么？

生 1：我觉得可能表示 10。

生 2：不对。我觉得 0 可能表示没有满 1 米。

听课感想：教师首先要尊重教材，然后要理解教材，最后才是创造教材。是否让学生通过测量长度来认识小数的意义，前几年曾经引起广大教师的争议和讨论。不少教师（包括我自己）认为：测量物体的长度既麻烦，学生又不容易理解。既然学生在生活中接触得最多的小数就是商品标价，那为什么不用商品的标价来理解小数的含义呢？在这堂课上，徐老师还是采用教材上测量物体长度的方法来引导学生认识小数的含义。乍一听，好像徐老师的方法缺乏新意，没有给听课老师留下耳目一新的感觉。但在听了徐老师的课和他的讲座后，大家才体会到了他的良苦用心。原来，当测量长度不能正好用整数表示时，学生就会自发产生必须创造一种新的数的愿望，分数和小数就是在这种情况下产生出来的；而用商品的标价来学习小数，就没有那样的效果，纯粹是为学小数而学小数。从这个细节上，我们可看出徐老师在课前一定花了大量的时间和精力，深入研究了教材的编排意图，体现出了他治学严谨、充分尊重教材的思想。由此，我也联想到近几年的一些新教材实验公开课上，有些老师为了标新立异，为了创设所谓的生动情境，为了所谓的贴近生活实际，不尊重教材，乃至不恰当地舍弃教材的现象比比皆是。徐老师这种深入研究教材、尊重教材的做法值得我们大家学习和借鉴。

（江苏省张家港市万红小学　唐绚红）

【评析二】

解读　用足　整合

徐老师的《认识小数》这节课体现了三大亮点：

（1）解读教材——追求本真朴实的课堂。教材的编写是由许多具有厚实的理论与实践水平的专家群体经过深思熟虑、反复酝酿编成的，它是教师教学的依据，是教师"教"与学生"学"的中介。《认识小数》一课中，徐老师充分尊重教材，追求一种本真朴实的课堂。他从教材出发，合理安排自己的教学程序，导入部分从富有生活味的收听广播信息开始，联系了学生熟知的素材，唤起了学生已有的知识经验，从整数、分数迁移到小数，水到渠成。

（2）用足教材——追求自由呼吸的课堂。"疑者，觉悟之机也，一番觉悟，一番长进。"问题是思维的发端。徐老师在挖掘教材内涵的同时，用好教材，用足教材。从教师指导下的操作活动，到创设情境借助商品价格理解一位小数，逐步放手让学生自学课本，了解小数各部分的名称，最后收看录像，了解小数的来历。从感性认识到理性思考，环环相扣。尤其是在讲解一位小数的由来：为什么4角是0.4元，而1元2角是1.2元呢？教师颇费心机，精心设计富有挑战性的问题，引发学生深入思考，为后继学习进行了巧妙的渗透。教师善于创设和谐的学习氛围，为我们展现了一个自由呼吸的数学课堂。

（3）整合教材——追求智慧快乐的课堂。课堂中，教师以"活动"为支点，有同桌合作测量课桌的长、宽、高，有帮助奇奇商店改标价牌，有配钥匙，有做游戏。教师善于整合与本课有关的教学信息，设计了一个个生动有趣的活动，调动学生的多种感官去参与学习，学生学得快乐，学得主动。学生在观察中思考，在交流中思考，在思考中探索，在生活化的情境中体会了小数与学习、生活息息相关的道理。课堂碰撞着思维，飞扬着智慧，真正体现了课堂是师生交往、积极互动、共同发展的动态过程。

（江苏省张家港市教育局教研室　陈惠芳）

【评析三】

快乐有效、智慧生成的数学课堂

听完江苏省特级教师徐斌上的《认识小数》一课，我的心里不禁有一丝窃喜：原来特级老师上的课和我上的课差不多嘛！可听了徐老师的课后分析讲座后，我的心灵受到了强烈的震撼。徐老师说："听完我的课，如果你觉得我这堂课上得很平常，那么我认为我的课就上成功了。一堂真实有效的数学课就是这么平平常常的。"现在我明白了——他这样一堂平常的课背后却有太多的不平常，又怎是我这么一个初出茅庐的小教师可以比的。

我觉得徐老师的课正如他自己所说的那样——是快乐、有效、充满智慧的。课堂是师生共同度过的生命活动的时间，应该共享课堂的快乐；而一堂课的核心是有效，只有有效的数学课堂，才可以使学生获得智慧，同时也使教师在智慧的课堂中不断成长。

我觉得徐老师在课堂中对以下环节的处理，是值得我们每一个青年教师学习的。

首先，合作学习时机恰当。正如徐老师所说："个体操作条件不充分需要帮忙时，可以合作学习。"比如在测量桌面的长和宽时，学生一个人完成测量还要记录数据，显得手忙脚乱。徐老师适时地安排同桌合作完成测量，不仅培养了学生的合作意识与能力，也为课堂节约了时间。徐老师又说："独立探索有困难需要相互启发时，可以合作学习。"比如在"借助商品价格，理解小数"这一环节中，教师放手让学生自主探索，当学生自主探索遇到难题时，教师适时提出启发性的问题，让同桌讨论交流，形成共识。徐老师还说："学生争着发言教师不能满足其表现欲时，可以合作学习。"比如在"分数小数对对看"这一环节中，学生发言很踊跃，每个人都把手举得高高的。此时，徐老师没有示意学生安静下来，而是微笑着说："同学们似乎练得不够尽兴，下面由同桌两个人互相对对看。"这便是徐老师在课堂上给我们呈现的合作学习状态。这样的合作学习，不是流于形式，而是随着师生间共同的教学活动的发展自然生成的，它是真实、有效的，为整堂课的完美完成起到了推动作用。

其次，教学语言精心设计。作为江苏省特级教师，徐老师的课堂语言极具科学性。这是一个合格的教师本身应该具备的。听完徐老师的课所有老师都认为，他的课虽然平常但很生动。这完全归功于徐老师那生动的具有儿童趣味的课堂语言。徐老师用适时适度的语调、语速，在课堂上倾注自己的感情，他与学生的对话、提问，能使课堂变得充满生机。徐老师的语言更多是为学生设计的。比如当学生遇到困难时，徐老师就用启发性的语言，提出几个简单的问题让学生解决，进而再进行引导。而不是像一些心急的老师那样，看见学生不会了，不是急于让学生坐下，就是自己把答案拱手相让。当学生回答有误时，徐老师没有斥责学生的不是，而是用亲切的话语保护了学生的自尊心与积极性，比如"今天你的表现真出色，只是说得还不够全面，你再说一遍就一定会更好！"这样的语言不是更能积极引导学生进行深入思考，及时修正自己的错误，使整个课堂显示出融洽和谐的氛围，使学生身心愉悦地投入学习中去吗？事实说明，教师美丽的语言，就是学生获得快乐的前提。

最后，传统教学不能丢弃。许多老师认为，现在是信息化时代，多媒体就是一堂课上得好的关键。于是他们常常忽略了教科书，忽略了粉笔，忽略了教具，忽略了黑板。而徐老师给我们展现的数学课堂是时尚与传统相结合的课堂。徐老师也用到了多媒体，在导入新课时，学生从大屏幕上和音频播报里获得了数学信息，从而引入了本节课的主题。多媒体起到了辅助教学的作用。徐老师更注重让学生在课堂上多写。徐老师每教完一个知识点，都会让学生进行相关的作业训练。作业题哪里来？就在教科书上。学生在书上完成作业，然后讨论交流，发现问题及时更改。在课堂上学生要写，老师更不能不写。课后徐老师给我们强调指出："教师的写（板书），比之课件的电子虚拟、一闪而过，有着无法替代的示范作用，更能显示数学知识的发生发展过程和思维的演变程序。"如果一个数学老师在课堂上把数学书、学生作业、教师板书这些传统的教学手段都遗弃了，那么你靠什么去提高数学课的效率呢？

这便是徐老师的课，他的课不仅使课堂上的学生学得了知识，发展了能力和智力，更使我们听课的老师获得了不少启发。此时，我觉得徐斌老师不再是他口中的一位普通的数学教师，而是一位数学素养已登峰造极、教学技巧已炉火纯青的大师。这位大师的课平常但真实，简单但有效，充满快乐且智慧生成。真是"听君一堂课，胜读十年书"啊！

（宜兴市善卷实验小学　胡瑛）

参加概念教学专题研讨会

社会反响

一、权威评价，专家、同行解读

　　我常常说自己是一个"完整的老师"。确实，我是一个每天都要备课、上课、批改作业的普通老师，我不仅一直从事的是完整的大循环教学，而且我还参加全国各地的学术性研讨会议，经常上公开课、做点评、开讲座。因此，认识了不少全国各地的专家和同行朋友，共同追寻理想的数学教育境界。下面这组文字，来自部分专家和同行对我的数学教育艺术和课堂教学风格的评价和解读。

和全国著名特级教师吴正宪老师一起参加教育部项目活动

（一）教育无痕：师生的智慧之旅
——徐斌数学教育教学艺术解读

近期的《中国教育报》上，出现了一个响亮的名字，他是我非常要好的朋友、江苏省著名数学特级教师、现任苏州工业园区车坊实验小学校长徐斌。

认识徐斌已有二十多年了。我还清楚地记得1993年暑期，我和徐斌在广西桂林同台上课交流，一起畅游漓江。我一直十分关注他的发展，我也有幸不断听到他的课，欣赏他对于当前小学数学课堂的诸多思考，不时分享着他的成功与快乐。近期阅读关于他的一些教育教学艺术的报道，我感悟到徐斌老师教学风格日趋成熟，他的课堂教学已经成为师生的一次次智慧旅行。

英国大哲学家怀特海说："尽管知识是智育的一个主要目标，但是知识的价值还有另一个更模糊但更伟大、更居支配地位的成分，古人把它称为'智慧'。没有某些知识基础，你不可能聪明；但是你也许轻而易举地获得了知识，却仍然缺乏智慧。"可见，智慧不是简单的知识累加。如果一个人通过学习，记忆了一些东西，只会重复别人的思想，却不善于独立思考，更不会主动去探究和创造，那就不能说拥有智慧。近年来，徐斌老师的数学课堂经历了从"昨夜西风凋碧树，独上西楼，望尽天涯路""衣带渐宽终不悔，为伊消得人憔悴"到"众里寻他千百度，蓦然回首，那人却在，灯火阑珊处"的三种境界。从这个意义上说，他在学习积累、传授知识的同时，更多地进行了思考，拥有了智慧，并以他的智慧点燃了学生创造的火把。今天，当我们欣赏徐斌精彩的数学课堂时，不妨来挖掘他精湛的课堂教学艺术背后的故事，或许能给许多青年教师以更多的启思。

不积跬步，无以至千里

古语云：不积跬步，无以至千里；不积小流，无以成江海。业精于勤荒于嬉，厚积方能薄发。1987年，初执教鞭的徐斌面对天真稚气的小学生常常会感觉迷茫，连很简单的"2＋3"都不知道怎样才能说清楚。一次，他在邻镇的马塘小学听了苏教版数学教材主编、著名特级教师盛大启的课后，就被那精湛的教学艺术吸引了。此后，他常常向盛老师讨教。一次次的谈话，徐斌明白了要上好数学课，可不是一件简单的事情，要使课堂充满智慧，那得先丰厚自己的底蕴才行。于是，在自己的专业化成长道路上，他迈出了可喜的第一步。

阅读积淀：在工作最初的四年里，从《九章算术》到《尝试教学法》，从《儿童心理学》到《给教师的建议》，不管是学科教学类书籍，还是人文类杂志，徐斌老师一有空就泡在书堆里，一本本啃下来。渐渐地，与布鲁姆、苏霍姆林斯基、陶行知的"亲密接触"，使他开阔了视野，提升了理念。同时，他还借了许多名师、大家的教学录像和光盘认真观摩研究，揣摩名师上课的每个细节，体会其间的意味，并进而内化为自己对数学课堂的认识和策略。这种思维的碰撞好比播种，能萌发出新的智慧，这种智慧的碰撞就好比催化剂，会引发大脑思维的连锁反应。这样的学习方式，慢慢地使徐斌形成了自己对数学教学独特的理解——从学生的生活经验和已有的知识背景出发，向他们提供充分的从事数学活动和交流的机会，帮助他们在自主探索的过程中真正理解和掌握基本的数学知识和技能、数学思想和方法，始终坚持学生在学习过程中的主体地位，让学生的生命潜能和创造精神在丰富多样的自主学习中获得充分释放，让课堂真正焕发生命活力。

网络沟通：随着教育信息化的发展，徐斌老师充分利用现代化的信息手段，提高自己的科研素养和教育教学水平。网络上信息量大，传播速度快，徐斌依托网络这个阵地，一方面进行刻苦阅读，另一方面不断与同行切磋技艺，在"平等"交换意见的过程中，产生的"张力"促使他积极思考，最终又孕育出"智慧的果实"。在先进的教育理念引领下，徐斌开始充满自信，迈开双脚一路前行。

熟悉的地方，且思且行

孔子说得好："学而不思则罔，思而不学则殆。"有了大量的阅读积累，徐斌觉得原本枯燥的数学课堂也可以变得多姿多彩起来。他的数学课，从课堂教学语言，到新授环节的设计，到练习题的安排，都不断加以研究、修改完善，使数学课真正成为师生之间一次次智慧的旅行。熟悉的地方，徐斌就是这样且思且行。

教学三宝——趣味性、生活性、情景性

"有一次，猴妈妈出去了，她把摘的桃放在桌上，让小猴数一数一共有多少个。小猴看到这么多桃，馋得口水直往下流，哪有心思数呀，急得直抓头。小朋友们，你们愿意帮助小猴吗？"

"一天，孙悟空请猪八戒来做客。猪八戒一见又大又红的西瓜，口水直流，伸手去拿，孙悟空急忙拦住。悟空对八戒说：'今天，我要出个题目考考你，看你到底聪明不聪明！师父吃 5 个，沙僧吃 3 个，师父比沙僧多吃几个？'"熟悉的人物，生动的情节，再配上惟妙惟肖的投影画面，一下子就抓住了孩子们的心。

童话故事般的语言是徐斌惯用的"伎俩"，难怪孩子们喜欢他的课，都说有趣、好懂。的确，让学生在轻松愉快的活动中学习成为他追求的目标。在他的课上，孩子们爱玩的游戏、来自中外名著的故事、即兴组织的竞赛等项目，常常让学生在乐不可支的活动中完成了学习任务。苏霍姆林斯基认为：教师的语言修养在极大程度上决定着学生在课堂上的脑力劳动的效率。理想的数学课就应该为学生营造一个积极健康、富有"营养"、充满童趣和交互作用的物质环境，促进学生智慧潜能的开发。在这样一种和谐的氛围里，老师不是居高临下地讲授，学生也不是被动地接受知识，而是平等地交流与探讨。徐斌老师正是这样想的，也是这样做的。

为了使学生喜欢数学，徐斌不仅采用了趣味教学法，使用了孩子们喜闻乐见的童话故事引入新课，而且还通过研究教材，注重数学课应联系学生的生活实际，从而创设适当的生活情境来组织教学。

一次上《平面图形的周长与面积》复习课，他设计了这样一个问题：假设地球上既没有高山，又没有海洋，完全像个大圆球。现在想用一根很长很长的绳子，沿着赤道把地球捆一圈，你知道绳子要多长吗？学生兴趣盎然，开始讨论计算。

这时，徐老师又问："如果绳子加长 1 米，把绳子围成一个大圆圈之后，就要离开赤道一段距离，形成围绕赤道的一个等距离圆环。那么，这根绳子和赤道之间的间隔有多大呢？请你猜猜看，一只小蜗牛能从绳子下面爬过吗？"

学生可来劲了，猜想着对于 4 万多千米来说，仅仅延长 1 米，能会有多大的间隔。即使能有些间隙，恐怕也只是在显微镜下才能看得见吧。

然而，通过正确计算，这之间的间隔约有 16 厘米，差不多有一支铅笔那么长。真是不可思议呀。但事实就是如此！孩子们乐了，这数学课真有趣。

目前很多老师认为课堂是"动感"地带，追求教师"动作"的新理念，结果，许多数学课就成了菜谱设计课，有的数学课就成了旅游课，还有的是逛商店课。如何创设适当的情境来组织教学？徐斌老师曾经撰文指出，创设情境和复习铺垫并不矛盾，并不是所有的数学教学都必须从生活中找"原型"，选择怎样的引入方式取决于教学的内容特点和学生的学习起点。

有人说，根雕家之所以能使丑陋的根块转化为精美的艺术品，其独特的本领就在于能依据根块各自的特点"因势象形"，而徐斌依托"趣味性、生活性、情景性"这教学三宝，拥有了亲和力，赢得了学生的崇敬与爱戴，又何尝不是因人施教、因课施教呢。他的学生常这样说道：徐老师幽默风趣，上他的数学课常常画画写写、圈圈点点，轻松又有趣。

课堂教学三"境界"

现代教育理念要求我们的课堂要让学生感受过程，习得规律，发展智慧。综观徐斌老师的数学课堂，我们不难发现他为了追求师生愉快的智慧之旅而进行的不懈努力。多年来，他以自身的数学教育生活为背景，反思自己追寻理想数学课堂的历程，通过三个不同时期教学《万以内数的读法》的案例对比，总结了"完美无缺，精雕细琢""多层并进，快乐交流""真实有效，互动生成"的课堂三境界。

第一阶段：完美无缺，精雕细琢。起初徐斌认为，一节好课应该"目标明确""程序严谨""板书精美""语言周密""滴水不漏"。教师精心设计全部过程，牵引着学生或跟读或操练，或体验成功，或落入陷阱，教师常常因一切尽在掌握而窃喜。事实上，这种"乒乓式"的一问一答看起来十分流畅自然，但实际上学生只是被动跟进，缺失了学习的真正意义。

第二阶段：多层并进，快乐交流。对过去的教学进行反思后，他开始尝试趣味化的课堂教学，从知识技能、思维能力到情感态度三个维度设计教学目标，并将活动作为教学的主要形式。这一阶段，他追求"教学目标具体而有层次""教学手段有时代气息""教学形式体现小组合作学习"以及"教学过程穿插游戏竞赛"。如教《万以内数的读法》时，他融合了这些个性鲜明的特征，而"数位排队""数字站队"与"击鼓传花"的游戏使教学高潮迭起。尽管好评不断，但他觉得这一阶段的课上得有点花哨，形式上活跃了，表面上繁荣了，但数学思维的含量其实有限。

第三阶段：真实有效，互动生成。在新一轮课程改革拉开帷幕后，徐斌参加了教育部举办的国家级骨干教师培训和义务教育数学课程标准修订会议。通过对"课标"的学习与研究，他开始进一步反思自己的课堂教学。他意识到，数学课堂是学生自主发展的天地，学习过程是教师提供服务与指导的过程。真正的数学乐园应当是真实自然的师生互动过程，是动态生成方式推进教学活动的过程。在教《万以内数的读法》时，他充分利用学生已有的知识与生活基础，重组教材与程序，把例题中各种特点的数一次出现，放手让学生观察、比较、分类，让学生试读、讨论，共享学习体会。令他大吃一惊的发现是：教师、教材假设的难点往往与学生的实际不一致！显然，教师预设的教学思路强加给学生的习惯实在可怕。

于是，每一次的公开教学，他权当是自己练兵的好机会，在课堂上享受着生命涌动的感觉。在与同行研讨中明晰思路，在思想交流中升华理念。或成功，或失败，他教学艺术的日臻完善，离不开这一次次的锤炼。

经历了这三重境界，徐斌认为：真实的课堂应该摈弃演练和作假，有效的课堂应追求简单和实用，互动的课堂要讲求对话和共享，生成的课堂需要耐心和智慧。都说熟悉的地方没有风景，然而，徐斌却把课堂这个传承和扩散知识的场所变成了一个师生智慧生成与拓展的天地！

天书无垠，行者无疆

古希腊人看到重物落地，认为那是物体内部有一种"寻找自己位置的愿望"。不久前，徐斌上了一节数学活动课《确定位置》。一位老师听了这堂课后，感慨地说："生活中、工作中，我们都需要给自己确定位置。我想，徐老师的人生坐标是否可以这样描述：对数学一如既往的热爱，是坐标的横轴；对课堂孜孜不倦的追求与超越，是坐标的纵轴。徐老师在自己找准的位置上，在横轴、纵轴的交汇里，铸造着一个个辉煌的亮点！"

这里，我摘录几段教育在线网友对徐斌的描述，欣赏他精彩的课内课外故事：

徐斌的数学课仿佛是一堆多彩的智慧积木搭建的儿童乐园：设计精巧，语言生动，气氛热烈，既有传统的扎实训练，又不失充满情趣、注重启发的现代风格。

——选自焦晓骏先生撰写的《徐斌：用智慧搭建数学乐园》一文

不疾不徐，清新自然，行云流水，兴味盎然。徐老师的课，为他所追求的理想数学课堂的最高境界——"为学生的数学学习服务"做了最好的诠释。高质量的服务，需要高质量的有思想的技术作为支撑。徐老师的《确定位置》一课，亮就亮在对知识内涵的拓展与丰富上。那是一般老师很难达到的一种境界。比如，由小孩的电影票，引发学生对他爸爸妈妈坐哪里的猜想所体现出来的人文关怀等。

——网友"小青"的评价

经过二十多年来的探索，如今走进徐斌老师的课堂，我们会发现教师真正成了学生数学活动的组织者、引导者、合作者。学生是数学活动的主体，他们主动完成意义的建构，创造性地解决问题，并成为积极反思、修正自己行为的真正的人。在学习知识的同时，师生的精神生命也在健康成长。我们会发现徐斌幽默、清新的语言中，还多了一份智慧和灵动。有时是细心真诚的点拨，有时是恰如其分的引导，有时是睿智从容的评价，有时是热情大方的鼓励……智慧在数学与生活的联结处闪现，智慧在交流与探索中创生，智慧在预设与生成的动态中建构，他的课堂教学是师生真正意义上的智慧之旅。我想，他能走到今天，靠的是勤奋，靠的是执着，靠的是心中那份梦想！

天书无垠，行者无疆。正如徐斌自己所言："人生的坐标，自己描画。一切幸运，都在我们自己的把握中。"

在结束本文时，我想对所有的青年老师说：要有不懈的追求，静心读书，专心课堂，潜心实践，悉心反思，成功是需要付出辛勤劳动的！教学探索永无止境，我们也真心期待着徐斌老师在以后的教育教学生活中，凭借自己的聪明和智慧，不断取得更加辉煌的成就！

（全国著名特级教师、全国小学数学教学专业委员会理事长　吴正宪）

（二）静中也风流
——特级教师徐斌《认识乘法》课堂特色解读

2004 年 7 月 12 日下午，我有幸在北戴河听了徐斌老师的数学课《认识乘法》。精巧独特的教学设计、轻松活泼的课堂气氛，都给听课者留下了深刻的印象，也博得了大家的热烈掌声。时过几日，回味徐老师的人和课，留在我心中的竟然只是一个字——静！

恬静——春风拂面

下午第二、三节是徐老师的课，第一节下课是 2 点 10 分。炎炎烈日的午后，正是老师和学生最疲劳的时候，且看徐老师是怎样"忽悠"学生的吧，我在心里这样默默地想着。这时，从舞台的右侧角门走出一个中等身材的男士，T 恤衫，休闲裤，一副宽边眼镜，一脸浅浅的笑容，很恬静儒雅的样子。主持人介绍后，徐老师深深地一鞠躬，"老师们下午好！"然后回到学生中间。

徐：小朋友们好！咱们是×××小学的学生，对吧？是不是第一次来这里上课啊？

生：不是！我们昨天就来过一次了。

徐：（笑盈盈地）哦，是第二次来啊。徐老师是第一次来，那你们比我有经验啊，一会儿可以给我做向导，好吗？请小朋友们看一看，你的桌上是不是有……

这就是开场白？没有玩游戏的激烈，也没有猜年龄的热闹，没有变魔术的新奇，也没有甜言蜜语、惺惺作态的矫情，如同一缕春风，自然和谐，一下子就拉近了徐老师和学生、徐老师和普通听课教师之间的距离。

宁静——春雨润物

课上，当孩子们回答问题时，徐老师是那样专注地注视着他们，那期待的目光、那微笑的神情、那轻轻的颔首、那微张的嘴巴，给了学生们表达的信心与勇气。学生回答问题时，徐老师有这样一句话：你同意他的意见就点点头，不同意就摇摇头或者举手，天真的孩子们照此行事，于是课堂上的互动交流除了有声的语言，还多了无声的动作和丰富的表情。我惊讶地发现，原来只对着老师发言的学生，开始边表述边看着同伴们的反应了：当他看到同学们点头时，笑意挂在了他的嘴角，于是声音更大了，口齿也更伶俐了；当他看到学生中疑惑的表情或举起的小手时，有的孩子赶紧去为自己的答案找理由，有的停一下修正自己的发言，或者静静地听同学们的意见。那一刻，我突然明白：互动，真的也可以这样静静地进行，动静结合的互动，才是真正的相得益彰、妙不可言！

在这节课上，没有那些形式化的掌声鼓励，没有小红花、小星星之类的物质刺激，也没有司空见惯的"太棒了""你真行""谁来当一会儿小老师"这样的夸奖表扬。时间是下午第二节课，学生是最容易开小差的一年级小朋友，是什么原因使学生学得这样兴趣盎然，而且从始至终都这么投入呢？我想，除了环环相扣的设计、开放自主的教学空间，最主要的就是课堂气氛了。课上，老师就像是在和学生聊天、游戏，哪里看得出老师是在上课呢？倒像是一位大哥哥领着孩子们一起参观动物学校的旅游活动，孩子们当然乐在其中。当两个学生在口算4＋4＋4＋4出错时，徐老师会心地笑了："这道题目确实有点难，我们一起来，好吗？4 加 4 等于 8，8 加……"宁静、和谐的气氛就像春雨一样悄悄地滋润着孩子们的心田，播撒下希望的种子，催生出创新的萌芽。当课尾教师让学生说说在生活中遇到的乘法问题时，学生的思维是那样的活跃，想象的空间是那样的广阔。

静待——花开无声

在经历了观察、操作、对比等多种途径感知"几个几"后，徐老师开始和学生一起"认识乘法"，而"感知乘法的简便"是这节课最独到、最精彩的地方。

（出示电脑图，每组 2 台，4 组。）

师：一共有多少台？你是怎样算的？

生：$2+2+2+2=8$、$2\times4=8$ 或 $4\times2=8$。

（出示电脑图，每组 2 台，8 组。）

师：一共有多少台？你是怎样算的？

生：$2+2+2+2+2+2+2+2=16$，$2\times8=16$ 或 $8\times2=16$。

（电脑图一下增到 100 组，仍然每组 2 台。）

师：现在有多少台电脑，请大家先列出加法算式。

生：（异口同声地）2 加 2 加 2 加 2 加 2 加 2 加 2……

（有的学生渐渐地不说了，有的叫了起来，还有的学生憋住气继续说，脸涨得通红，终于也停了下来。）

在上面的片断中，徐老师始终笑意盈盈地在那里注视着学生，当绝大多数学生都停下来，只有几个憨憨的孩子还在那里摇头晃脑地说着"加 2 加 2 加 2……"而当台下的听课教师、台上的学生有的在窃笑时，徐老师还是在那里静静地等待，认真地倾听。学生的差异是客观存在的，而对每一个学生的尊重真的就融在了这静静地等待之中了。难怪有人说：等待是一种尊重，是一种希望，是一种鼓励，是一种关怀，一点没错啊！

师：为什么停下来了啊？（与学生相视后会心一笑）100 个 2 这样加起来算感觉怎么样？

生 1：太麻烦了！用加法算要写很长时间，要写很长的算式，黑板不够写。

生 2：用加法太麻烦了。

生3：可以用我们刚学的乘法，写成 $100×2$ 或 $2×100$，快多了。

由于学生是初次认识乘法，很难体验乘法计算的简便。如果教学中轻描淡写地一笔带过，在学生的头脑中也是如流星般转瞬即逝。而徐老师在教学时通过创设对比强烈的情境，从"4 个 2"到"8 个 2"，再到"100 个 2"，让学生实际列式，在强烈反差中感知求几个几用乘法写比较简便，也初步感受到学习乘法的必要性。大音希声，大象无形。在这强烈的对比中，在这静静地等待中，知识的获得，技能的习得，能力的提升，情感的体验都悄悄达成，如同花朵无声地绽放在学生的心中。

在新课程背景下的数学课堂中，满眼是缤纷的色彩、热闹的场面；满耳是激烈的争辩、廉价的表扬。听了徐老师的这节数学课，有了一种返朴归真的感觉，如春之风，温柔和煦；如夏之荷，高洁美丽；如秋之云，恬静幽雅；如冬之梅，清香怡人。让我不觉眼前一亮！

呵！新课堂，静中也风流！

（河北省特级教师　唐爱华）

（三）教学无痕　精彩有迹

——特级教师徐斌《倍的认识》课堂特色解读

2013 年 3 月 31 日，在苏州工业园区第二实验小学，我有幸聆听了特级教师徐斌执教的《倍的认识》一课，深受启发。徐老师在执教本课时，能抓住概念的本质，通过一系列生动有趣的情境和有效的数学活动，让学生充分感知"倍"的意义，并逐步理解概念，积累活动经验，熟练掌握求一个数是另一个数的几倍的方法。本课的教学充分体现了徐斌老师"无痕教育"的三大亮点。

1. 创设情境，找准"衔接点"

新课标实施以来，"课堂的本体是儿童的学习，有效的数学学习必然建立在对儿童学习心理准确把握的基础之上"已成为当下数学教师的共识。让学生在不知不觉中开始学习，是徐斌老师"无痕教育"追寻的基本境界。

课始，徐老师从谈话引入，出示了三个口答题：6 里面有几个 3？10 里面有几个 2？15 里面有几个 5？学生一下子想到了可以依次用 6÷3＝2、10÷2＝5、15÷5＝3 来计算。接着，教师追问：求一个数里面有几个另一个数用什么方法计算？学生自然想到了除法。这样的复习，针对性强，帮助学生理解了两个数之间的联系，唤醒了他们认知结构中与新知相关的旧知，为"倍的认识"做了很好的铺垫。

接着，教师创设了赏花情境图。当学生数出蓝花有 2 朵、黄花有 6 朵、红花有 8 朵时，教师提出了要求："根据这些信息，你能提出哪些数学问题？"帮助学生把目光聚焦到数学学习上来。由于先前的知识经验，学生很快提出了求和与求差的实际问题：蓝花比黄花少几朵？黄花比蓝花多几朵？红花比黄花多几朵？等等。在学生自主提问的基础上，教师总结说："其实，比较两个数，除了谁比谁多多少，谁比谁少多少，还有一个方法，今天我们就来学习'倍的认识'。"

从新课导入设计来看，徐老师关注、顺应了儿童的学习心理，在新知学习前创设的情境，抓住了两个衔接点：复习简单的除法，复习比较两个数量之间的方法（求和或求差），在此基础上引出比较两个数量的另一种方法——倍，显得非常自然、巧妙。这种基于儿童学习心理的数学教学，使新知的生长点建立在学生已有的知识经验和基本活动经验上，调动了学生学习数学的积极性，为新课的教学奠定了基础。

2. 加强比较，关注"训练面"

"教是为了更好地学。"二年级的学生对于"倍"来说，知识储备不是很多，由此，在"倍"的概念引入时，徐老师除了演示和讲述外，紧紧抓住"比较"，让学生在具体的情境中感知"倍"的含义，帮助学生建立"倍"的概念意义。具体体现在三个层次上。

（1）从教具演示到圈画图形，在比较中感知。

教师根据学生数出的花朵，先把 2 朵蓝花圈在一起，然后把 6 朵黄花排在一起，每 2 朵圈一圈，并指出"黄花有 3 个 2 朵，黄花的朵数是蓝花的 3 倍"。在演示操作时，教师不断追问：为什么说是 3 倍？并提醒学生以后说黄花和蓝花的关系时，就可以用"倍"来说，让学生初步感知"倍"的由来。

接着，教师引导学生拿红花与蓝花比，并邀请学生上台摆一摆，其他学生在书上圈一圈、填一填。操作时，教师注重思维训练，不时追问：要求红花是蓝花的几倍，就是求什么？学生在动手动脑中，明确了蓝花有 2 朵，红花有 4 个 2 朵，要求红花是蓝花的几倍，就是求 8 里面有几个 2，可以用 8÷2＝4 来表示。于是，通过比较，学生发现了不仅黄花和蓝花有倍数关系，红花和蓝花也有倍数关系。相同的是，都把蓝花看作 1 份。

（2）从模仿到变式，在比较中强化。

例题教学后，徐老师通过多层次的比较，强化学生对于"倍"的认识。首先是 1 份数不变（即蓝花朵数是 2 朵），红花的朵数依次变成 10 朵、4 朵、2 朵，要求红花朵数是蓝花的几倍，怎样用除法计算。让学生通过计算，体会每份数不变，红花朵数增加时，红花是蓝花的倍数也就增加了，而红花朵数减少时，倍数也就减少了。特别是当红花有 2 朵时，红花朵数是蓝花的 1 倍。通过"1 倍"这一特例，回到两个数量比较的出发点——同样多，把"倍比"与"差比"进行了很好的沟通与关联，促进了学生思维的发展。这也是徐斌老师无痕教育的"进—退"之艺术，退到学生的思维起点，进到学生的认知结构。

第二次变式时，1 份数（蓝花的朵数）发生了变化，教师把蓝花的朵数从 2 朵变成 3 朵、4 朵、1 朵，要求黄花朵数仍旧是蓝花的 3 倍，黄花应该怎么变？学生在直观形象的演示中，看到 1 份数发生变化，要使倍数不变，黄花的朵数也要随着蓝花的变化而变化。不难发现，这些变式练习，虽教学"无痕"，但让学生对于"1 份数"（1 倍数）却有了更深的认识和体悟。

（3）从操作到表达，在比较中理解。

操作是思维的基础和源泉，是学生获取新知的主要途径之一。动手操作能丰富儿童的感性认识，建立清晰的表象，是理性认识的基础。数学的特点是高度的抽象性和概括性，而小学生的思维具有形象性。上述环节中，从 1 份数不变，总数变化，引出倍数的变化；到 1 份数发生变化，倍数不变，总数随着 1 份数变化而变化，在不断的"变"与"不变"中，学生充分感受到"倍"是两个数量相比较的结果，而在不断的操作、观察、比较过程中，帮助学生从具体逐步抽象，把倍的概念与"几个几"及"份数"关系进行了沟通，促进学生认知结构的形成。而在师生"问"与"答"的多边活动中，"倍"的概念也在不露痕迹中得到深化理解，学生还体会到了数学的神奇魅力。诚如数学家开普勒所说："数学就是研究千变万化中不变的关系。"

3. 凸显本质，拓展"知识线"

2011年版的数学新课标突出强调："数学学习应该是一个思维活动，而不是一个程序操练的过程。数学学习的过程，应该是学生体会数学思维抽象性、逻辑性的过程，应该是学生学会数学地思维的过程，应该是学生学会从数学的角度思考问题，进而建立数学模型并做出解释与应用的过程……"对于原来枯燥的"倍"的概念，徐教师有针对性地对教材进行了"二度开发"，凸显了"倍"这一概念的本质，激活了学生思维，促进他们深入探究，从而提高学习能力。

首先，练习设计形式多样。从拍手游戏到小棒操作，从观察图片到测量线段、连线填空。这些练习，不仅针对性强，而且富有层次感。从设计思路看，基于儿童学习心理规律的深度洞察是实施无痕教育的关键所在，徐老师充分把握了儿童学习心理，遵循了他们的认识规律，尤其是数学学习的规律。从素材看，除了教材内容，还利用师生间的拍手游戏，活跃课堂气氛，愉悦师生情感。

其次，知识方法同步发展。纵观对"倍"的前后认识过程，除了教师的示范演示，大多是学生的动手操作、眼睛观察、语言交流、对话表达，从动作思维过渡到形象思维，再从形象思维发展为逻辑思维，体现了由浅入深、由扶到放、由具体到抽象的过程，不断内化对倍概念的理解程度，关注了概念的产生、形成和发展，体现了知识与方法的同步发展，另外，我觉得徐老师三次关于学生对"倍"的认识的提问，分布在新课开始、新课结束及巩固练习之后三个环节，很好地帮助学生对"倍"这个概念的理解由粗浅的感性认识上升到了"数学化"的理性认识，促进学生积极主动地从"经历"走向"经验"，及时积累、提升和丰富了数学活动经验。

最后，数学思想蕴藏其中。徐斌老师一直认为，在数学教学中实施无痕教育，能使学生有机地提升数学思想。纵观整节课，他除了采用"比较"这一思想方法外，还有机地渗透了抽象、数形结合、集合、对应、模型等数学思想方法，尤其是最后的测量线段练习，课件演示了从红带子、绿带子图逐渐变窄，并渐变为线段图，凸显了"倍"概念的本质特征——绿带子是红带子的几倍，与带子的宽、窄没有关系，只与它们各自的长短有关系。而线段图的精彩呈现，为高年级学习用乘、除法运算解决实际问题埋下了伏笔。难怪有学生课后总结说，把一个数量看作1份，另一个数量有这样的几份，就是几倍。还有的学生说，倍跟"几个几"有关系。

基于上面的思考，我们似乎可以这样言说：徐老师抓住了概念教学的规律，从新旧知识的衔接点入手，为学生确立了合适的学习起点，注重比较，巧妙训练，于无痕的教育中，让方法在情境中自然产生，让概念在过程中自觉生成，有效地构建了知识网络，发展了数学思想，提升了学生思维的品质。

（全国知名数学教师、张家港市教研室　陈惠芳）

二、《中国教育报》徐斌教育教学艺术系列报道

　　课堂是充满魅力的地方，特级教师的生命线在课堂。理想的数学课堂是什么样子？带着这样的追问，我苦苦追寻了近三十年，而带着这样的追问我也接受了《中国教育报》记者的采访。下面这组文字，来自《中国教育报》特约记者陈惠芳老师对我的教育教学艺术系列采访报道。

和《中国教育报》特约记者陈惠芳老师在一起

（一）问题设计巧　方能学得活

　　作为一名从教二十多年的数学老师，徐斌一直辛勤耕耘在教学的第一线，连续进行了三轮一至六年级的大循环教学，进行过完整的义务教育小学数学教材实验。

在摸索中前行，在研究中总结，他积累了丰富的课堂教学实践经验。

从 1987 年踏上讲台的第一天起，徐老师就开始了对理想的数学课堂的追寻。为了上好课，他曾看过许多著名特级教师的数学课堂教学实录，听过不少比赛获奖老师的数学课，也曾数次参加县、市、省级和全国小学数学课堂教学比赛。一开始上公开课，徐老师力求做到教学目标明确、教学程序严谨、提问精细恰当、采用多媒体、板书精当美观、过渡语言设计周密，甚至还期待出现下课铃声一响，数学课正好结束的理想状态。可是，这样的情景一次也没有出现过。那时，徐老师认为一堂好课应该是"结构严谨、精雕细琢、完美无缺"。现在他觉得，这种仅仅把学生当作容器的教学思想，实在是不可取的。

后来，徐老师意识到课堂上应该多层并进、快乐交流。于是，公开课上，每次都注重所谓的小组交流、合作学习，似乎学生的座位换了形式，有了小组的交流汇报，教室里热热闹闹就成了一种成功的数学课堂的特征。然而，经过细心观察，他觉得这种流于形式、浮于表面、缺少思维含量的讨论、游戏活动，同样掀不起学生的头脑风暴，又怎么谈得上让学生经历数学思维活动呢？

实施课改后，徐老师认真学习数学课程标准，联系自己的教学实际，进一步反思自己的数学课堂。他常说："教什么比怎样教更重要。"针对课改后如何备课，如何更好地把握教材，有人就研究文本提出过很多质疑。但徐老师认为，数学课堂教学是一个动态生成的过程，教学时会有许多的不确定性因素，尤其是青年教师，教学时出现的情况有很大的偶然性。没有备课时的全面考虑与周密设计，哪有课堂上的有效引导与动态生成？没有上课前的胸有成竹，哪有课堂中的游刃有余？我们应该追求真实课堂的动态生成。于是，他从精心设计课堂提问开始，对如何构建一个有效与智慧课堂进行了一系列的探索。

其实，从认知心理学的角度看，学生所要掌握的知识意义建构需要精心的问题设计，学生的主体作用和教师的主导作用都需要通过精巧的问题设计来体现。因此，徐老师认为课堂提问首先要注重目标指向性。

在《认识乘法》一课中，有这样一个片断：

师：（出示主题图）看，小动物们正在活动呢！在这块草地上，有几种动物？它们是怎么排列的？

生：有两种动物，鸡和兔。

师：兔子有几只？鸡呢？你是怎么数的？

生1：我数兔时是2个2个数的，因为它们是2只2只地站在一起的。

生2：我数鸡时是3个3个数的，它们都是3只3只地围在一起的。

（师板书：2＋2＋2＝6，3＋3＋3＋3＝12。）

（引导学生数一数各是几个几。）

师：这两个加法算式有什么共同的地方？

生：第一个算式中的加数都是2，第二个算式中的加数都是3。

仔细观察这个教学片断，不难发现徐老师用两个简明扼要的问题串联了这个情景图："在这块草地上，有几种动物？它们是怎么排列的？""两个加法算式有什么共同的地方？"一下子紧扣了教学目标，突出了乘法的含义。

引起我思考的是：我也曾听过一节《认识乘法》的课，执教者在上课一开始，也出示了书本上的情景图，接着让学生观察画面并提问"你发现了什么？"学生经过观察后踊跃发言：

生1：我发现这儿真好玩！有小动物，有房子、大树、白云、河流、小桥。

生2：我发现小河的水还在不停地流动呢！

生3：我发现小河里还有鱼儿在游呢！

生4：我发现小兔们在开心地跳动着。

生5：我发现小鸡的头还在一动一动的，它们在啄米呢还是在吃虫子？

生6：我发现小桥上有两只小白兔，它们是要到桥这边来呢还是要过桥去？

生7：那两座房子哪是小鸡家的哪是小兔家的？

生8：远处的白云在飘动着，好像在欢迎我们小朋友呢！……

至此，十多分钟过去了，学生不断有新的发现，老师在肯定学生的回答中不断提问"你还发现了什么？"于是，学生又不断有新的发现。前后一比较，我不禁强烈地感受到：学生的回答为什么不着边际，问题出在老师身上啊！老师的问题过于笼统，没有指向性，学生怎么能有数学思考呢？这样的数学课不如说是语言文字训练课。如果像徐老师一样提出的问题明确一些，学生就能在问题情境中有效地捕捉数学信息，初步感知"几个几"的生活现象，接下来学习乘法的含义也就顺理成章了。

心理学研究表明：有思考价值的问题可以引起学生大脑皮层的高度兴奋，并能使学生产生强烈的求知欲望。受这种欲望的驱动，学习过程往往会变得主动而富有生气，学生的积极性也被调动了。徐老师深谙此道，他在设计课堂提问时还注重开放性。

教学《万以内数的读法》时，有这样一个镜头：

师： 今天老师又带来了几个大一些的数（边说出示写在卡片上的各数）。

| 567 | 8312 | 704 | 9005 | 600 | 7000 |

师： 大家先试着读一读这些数，有不会读的可以互相商量商量。

（学生自由读数，小组讨论。）

师： 请大家仔细观察这些数，你能根据这些数目的特点把它们分成几堆吗？

生1： 我是这样分的（左边是三位数，右边是四位数）。

| 567 | 704 | 600 | 9005 | 7000 | 8312 |

生2： 还可以这样分（左边两个数的数字都没有 0，右边的都有 0）。

| 567 | 8312 | 704 | 9005 | 600 | 7000 |

生3： 我把它们分成了三类（第一类的数字都没有 0，第二类的数字中间有 0，第三类的数字末尾有 0）。

| 567 | 8312 | 704 | 9005 | 600 | 7000 |

（不难发现，学生能根据自己的喜好把这些数进行分类，并且说出了分类的理由。）

师： 大家能从不同的角度分类，非常好。那么，以生 3 的分类为例，你觉得哪一类数容易读一些？哪一类的数比较难读？（学生自由说……）

美国著名数学家哈尔莫斯说："问题是数学的心脏。有了问题，思维才有方向；有了问题，思维才有动力；有了问题，思维才有创新。"设计开放性问题，将更有利于激发学生的发散思维，推动学生展开多角度、多方向的思维活动，才能真正培养学生的问题意识，才能使他们有更多的机会展示自己的思维过程和解题策略，从而不断提高探索知识和解决问题的能力。实践证明：越是知识的核心问题越需要学生去理解，只有积极参与，进入角色，才能产生预期的效果。上述教学环节中，让学生分类是教学正确读数的前提。而徐老师精心设计了开放而灵活性的问题，方便学生进行课堂讨论，学生正确把握了教材的重点、难点，取得了很好的教学效果。

值得指出的是，在课堂教学中，教师设计的问题，可透视出教师的教育观念，体现出教师的教学艺术，它是学生参与教学活动的指挥棒，也是创新思维的前提，作为教师一定要精心设计问题情境，为学生营造良好的思维环境，让学生在这样的环境中，启迪智慧、发现规律、学会知识。徐老师的课堂提问还注意结合学生的年龄特点，富有启发性和趣味性。

例如，在教学《平面图形的周长与面积总复习》时，他在练习部分设计了这样有趣的习题：猜一猜，谁先到达终点？

师： 森林里住着三只小兔。一天，它们相约到山里去采蘑菇（电脑分别显示三只小兔所走路线，如下图所示）。三只小兔以同样的速度同时从家里出发，分别沿着各自的路线向山里跑去。想想看，谁先到达终点？

（这个充满挑战性的问题，对学生很具有吸引力，他们兴趣盎然，看着情景图都在默默猜测着。）

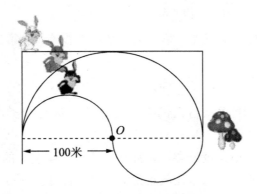

师： 到底谁会先到达呢？请大家想办法验证自己的想法。

（有的学生试图通过独立探索、尝试来解答，有的开始合作交流，想办法找到答案。最后，教师还变换小黑兔的路线，再让学生猜一猜。）

接着，教师又出示了下面一题：

师： 假设地球上既没有高山，又没有海洋，完全像个大圆球。现在想用一根很长很长的绳子，沿着赤道把地球捆一圈，你知道绳子要多长吗？（地球的半径大约是6400千米）

（学生计算后汇报。）

师： 如果绳子加长1米，把绳子围成一个大圆圈之后，就要离开赤道一段距离，形成围绕赤道的一个等距离圆环。那么，这根绳子和赤道之间的间隔有多大呢？请你猜猜看，一只小蜗牛能从绳子下面爬过吗？

（学生的兴趣又来了，忙碌着讨论、计算、汇报。）

师：对于 4 万多千米来说，仅仅延长 1 米，能会有多大的间隔！即使能有些间隙，恐怕也只是在显微镜下才能看得见吧。

师：咱们一起来算算吧：

绳子延长 1 米，绳子变成 40192001 米，则有：

$$40192001 \div 2\pi - 6400000$$
$$= （40192000 + 1）\div 2\pi - 6400000$$
$$= 40192000 \div 2\pi + 1 \div 2\pi - 6400000$$
$$= 6400000 + 1 \div 2\pi - 6400000$$
$$= 1 \div 2\pi \approx 0.159（米）$$

原来间隔约有 16 厘米，差不多有一支铅笔那么长。是不是有点不可思议？但事实就是如此！此时，学生由课始的惊奇转为此时的感叹。哦，原来数学这么有趣啊！不算不知道，一算真是吓一跳。

不难发现：传统的数学复习课，教师总是先梳理知识，接着安排大量的练习，让学生巩固新知，熟练掌握这些平面图形的面积和周长的计算，在这种数学教学活动中，如果以单一的问题，相同的目标，同样的速度，教师讲学生听，把学生当作知识容器，当作答题的熟练操作工，实质上是埋没了学生的聪明才智。而徐教师在课堂上注重启思设疑和组织课堂讨论，考虑了学生的不同知识水平、年龄特征和心理接受能力，从简单的模仿训练到深层练习，通过"架桥""铺路"，让每个学生都有参与学习的机会，从而获得心理的满足和成功体验，享受到学习的快乐。在猜谁最先到达终点时，学生置身于童话的情境中思考数学问题，渗透了极限思想，而模拟地球转动及假想沿赤道捆地球等问题，则充分发挥了多媒体计算机的优点，利用多媒体课件的声、色、光等多种信息渠道，调动学生多种感官功能，并借助多媒体技术把根本无法看到的地球转动、捆地球等现象直观地展示了出来，把枯燥的数学知识融入特定场景中，引发了学生的学习动机，解决了学生学习过程中的难点，培养了学生的学习兴趣和良好的思维习惯，可谓一举多得！

赞可夫说："智力活动是在情绪高涨的气氛里进行的，教师全部的激情在于实现对学生的激励、唤醒、鼓舞，使课堂成为师生情感和谐互动的统一体。"说得多好！倘若没有徐老师对课堂提问的深究，没有精心的点拨与引导，学生的思维怎会如此活跃，课堂上怎会有一个个如此精彩的场面！

　　作为一名特级教师，徐斌一直孜孜以求，走进他的课堂，你会对"教学过程是教师、学生、文本之间对话的过程"这句话有切肤的体验和深刻的感受；你会被徐老师精心的教学设计深深折服。原来，问题设计巧方能学得活！

赴美国教育考察

（二）十年磨一剑

　　大哲学家与常人的不同，往往就在于从非常普通的事物中看到了别人看不到的规律，就在于比一般人更早一些放弃了"熟视无睹"。

——题记

　　在徐老师密密麻麻的备课本中，我惊喜地发现了这一份备课笔记，吸引我眼球的首先是写在扉页上的这段话：十年前，我曾上过一节二年级《万以内数的读法》，在教学比赛中还获得了一等奖，当时颇为得意；十年后，我又一次上了同样内容的这节课。我把十年前的教学实录找出来，与这次的教学实录进行了对比，发现其中有许多值得深入思考的问题。

我忍不住用心去细读其中的每一个环节，现摘取其中一部分供大家欣赏，同时分享一个特级教师精湛的课堂教学艺术背后的故事。

第一次上研究课《万以内数的读法》，徐老师这样安排：

第一层次——读中间、末尾都没有 0 的数

师：（出示 657）这是几位数？最高位是什么位？百位是几？怎么读？十位、个位呢？

（生齐读师板书：六百五十七。）

师：（出示 3812）这是几位数？最高位是什么位？怎样读？

（生读师板书：三千八百一十二。）

师生小结：千位上是几就读几千，百位上是几就读几百，十位上是几就读几十，个位上是几就读几。

（师贴上读数方法，生齐读。）

练一练：读数 234、3257。

第二层次——读中间有 0 的数

师：（出示 703 和 5006）这两个数中间都有哪个数字？最高位是什么位？怎么读？

（生试读师板书：七百零三、五千零六。）

师生小结：中间有一个 0 或两个 0，只读一个零。

练一练：读数 203、4005、3078、2506。

第三层次——读末尾有 0 的数

师：（出示 400 和 8000）这两个数的 0 在什么位置？

（生试读师板书：四百、八千。）

师生小结：末尾不管有几个 0，都不读。

练一练：读数 200、300、4500、3750。

第四层次——读中间、末尾都有 0 的数

师：（出示 3040）这个数什么位置有 0？中间的 0 怎样读？末尾的 0 呢？谁能试着读一读？

（生试读后师板书：三千零四十。）

练一练：读数 4050、6080。

（师生小结万以内数的读数方法，阅读课本，齐读结语。）

如上，徐老师分四步展开教学。课堂上先出示一个三位数，让学生读，接着迁移到四位数的读法。先读中间、末尾都没有0的数，接着教学读中间有0的数，再读末尾有0的数，最后读中间、末尾都有0的数。层次清楚，讲练结合，逐步小结，逻辑性强，有利于学生按照数的具体特点进行读数，效果较好。

但徐老师认为：用现在新课程的标准看，这种把学生的认知起点假想为零，所谓的结构严谨、由易到难、层层递进，只是从成人视野下来预设的数学学习过程，把学生当作被动的接受者。在教学形式上，采用小步子乒乓式答问方法，看上去进程流畅，环环紧扣，学生答错率很低，但这恰恰掩盖了学习的本来面目。因为在课堂里，正确的可能是模仿，出错的恰恰是学生的问题所在。学生不是一件件生硬的道具，教案不是一个剧本，教学过程不等同于戏剧表演过程，仅仅把教案演练结束不是完成了真正的教学任务。

于是，他开始反思自己的课堂教学，反思自己理想中的数学课堂。他把一堂数学课的教学目标分为三个层次：有知识技能方面的序列发展要求，有思维能力方面的序列发展要求，还有情感态度方面的发展要求。同时在教学形式方面，觉得应该让所有的学生在数学课上活动起来，尽可能采用游戏和比赛、小组合作交流方式，使数学课热闹起来。于是，再次执教《万以内数的读法》时，他制作了形象逼真的投影片和生动活泼的多媒体课件，采用了大量的故事、比赛、游戏，学生的学习情绪十分高涨。尤其是课尾部分的三个游戏，掀起了课堂学习的"高潮"，一度成为青年教师追逐模仿的范例：

"数位排队"游戏。教师指名5个同学上台，从教师手中各抽取一张写着"个位""十位""百位""千位""万位"的数位卡片，再按数位顺序排成一队。

"数字站队"游戏。教师出示四张数字卡片（分别写着6、6、0、0。），指名四位同学上台，发给每人一张数字卡片。提出：请按要求站成一个四位数，看谁站得又对又快！要求是：（1）末尾有两个0的数；（2）中间有两个0的数；（3）中间和末尾各有一个0的数。每站一个数，下面同学共同评判，齐读这个数。（游戏结束时评选站得又对又快的同学。）

"击鼓传花"游戏。请一位同学上台做小助手，背朝学生击鼓。鼓声一响就开始传花，鼓声一停，花在谁手中，谁就上台到题盒里摸一道题。答对就能得到一面小红旗；如果一下子想不出来，也可请好朋友帮忙。（题盒中有写着一些数和问题的卡片。）

乍看上去，学生在课堂上表现得非常积极，甚至有些亢奋，场面气氛热闹，动静结合高潮迭起。但徐老师注意到：这种活动和游戏只是表面上的"繁荣"，只是少数学生在参与游戏，多数学生是"旁观者"，往往看得起劲，但笑过之后什么也没留下，参与面狭窄，数学的思维含量就可想而知。

随着全国第八次课程改革的到来，徐老师深入学习数学课程标准的征求意见稿和实验稿，进一步反思自己的数学课堂。他认为：数学的课堂是学生发展的天地，数学学习的过程是学生享受教师服务的过程。于是，他秉持"为学生的数学学习服务"的教学理念，追求真实自然下的动态生成。

第三次教学读数方法时，他这样设计：

师：我们在一年级时学过读数。老师写一些数，看谁能把它们正确读出来。

（教师在黑板上随机写下 12、57、40、100。）

（学生踊跃举手读数。）

师：大家读得很好。在读这些数时，你是按怎样的方法来读的？

生 1：前面三个数先读十位上的数，100 先读百位，后面不读。

生 2：我是从左边往右边读的。

生 3：我认为应该从高位读起。

生 4：我发现，40 和 100 这两个数的 0 都不读。

师：大家说得都很有道理。今天老师又带来了几个更大的数，你们能读吗？

（出示写在卡片上的各数：567、8312、704、9005、600、7000。）

师：大家先试着读一读这些数，有不会的可以商量商量。

（学生自主读数，小组讨论。）

师：请同学们仔细观察这些数，你能根据这些数目的特点把它们分分类吗？

生 5：我是这样分的（边说边到黑板上把数分成两堆：567、704、600；8312、9005、7000）。左边 3 个是百位数，右边 3 个是千位数。

生 6：我认为应该叫"三位数"而不是"百位数"，应该是"四位数"而不叫"千位数"。

师：说得有道理。三位数就是最高位是百位的数，四位数就是最高位是千位的数。

　　生7：还可以这样分（边说边上前把黑板上的数重新分成两堆：567、8312；704、9005、600、7000）。左边两个数的数字都没有 0，右边的都有 0。

　　生8：我把它们分成了三类（到前面摆数成三堆：567、8312；600、7000；704、9005）。

　　师：大家能从不同的角度进行分类，非常好。那么，你觉得哪一类数容易读一些？哪一类数比较难读？

　　生9：我觉得 600 和 7000 这两个数最好读，只要看 6 在百位上就读"六百"，7 在千位上就读"七千"。

　　生10：我觉得最难读的是 567 和 8312，像 8312 要读成"八千三百一十二"，要读很长时间。

　　（同学们都笑了起来，老师也笑了。）

　　不难发现：第三次教学，徐斌老师对教学过程进行了大胆创新，先从百以内数的读法入手，充分利用学生的已有旧知和生活基础，重组教学材料，把例题中的各种特点的数通过任意写数一次出现，放手让学生进行观察、比较、分类，并发挥作为差异的教学资源，让学生试读、讨论、交流，互相分享学习体会。这一成功的教学给他的启发是"好课是打磨出来的！"

　　课后，徐老师写下了如下深刻的教学反思：

　　三次教学同样的内容，我有很多感想。我清醒地认识到，对一个二年级的学生来说，"万以内的数"的知识绝不是一张白纸。因此，教学的出发点不能仅仅照搬教材、教参、教案，不能忽视作为学习主体的学生已有知识经验和基础。特别有趣的是，我发现在教材里和我们老师的想象中，最难读的数应该是中间或末尾有 0 的数，但学生反而认为数字中没有 0 的最不容易读，因为"要读好长时间"。这是我没有预料到的，我没有把预设的思路强加给学生，而是肯定了学生的读数体验。

　　真是十年磨一剑！渐渐地，徐老师开始明白，理想的课堂是在价值引导下自主建构的过程，是真实自然的师生互动过程，是以动态生成的方式推进教学活动的过程。

　　在徐老师已经出版的教学专著《为学生的数学学习服务》中，他的导师著名数学教学专家盛大启先生写了这样一段话："徐斌老师是那样地执着。他上每一堂课都兢兢业业，他批改每一本作业都一丝不苟，他对每一个学生都充满着关爱，他做每一个工作都勤勤恳恳、任劳任怨。他勤于笔耕，不断总结。他读书勤写笔记，记下自己的心得和体会；他上课勤写教后感，记下自己的成功与教训，为自己积累了第一手研究的资料。他公开发表的教育、教学论文和经验文章已有 200 多篇。2004年，徐斌老师的优秀事迹还刊登在《人民教育》'名师人生'栏目中……"

无独有偶，我在北京师范大学教育学院胡定荣老师写的《影响优秀教师的成长的因素——对特级教师人生经历的样本分析》一文中看到："优秀教师的成长主要不是天赋，而是后天的因素。后天因素影响优秀教师成长的程度依次为个人的努力、教学互动、专家引领、师父指导、同伴互助和领导支持。影响优秀教师成长的个人因素依次为教学研究与反思、专业学习、教改实践和教育理想与信念。"是呀！读书、教学和研究生活是教师生命存在的主要方式，教育理想和信念是教师专业发展的动力和职业幸福感的来源。

读完徐老师的备课笔记，再品味盛老师的这段话及胡老师有关教师专业化成长的研究，一切也就释然。原来特级教师不是靠什么特异功能来上好每节课的，原来所有的成功都是因为曾经努力付出过！在每一节精彩的数学课后，他所付出的是比普通老师多几倍的精力和时间。

叶澜教授曾经这样说过："一个教师写一辈子教案不一定成为名师，如果一个教师写三年反思就有可能成为名师。"今天，一课多上已经成为众多学校校本行动研究的普遍方式。可是在十多年前，徐老师已经开始做了，他勇于解剖自己的课堂，不断审视自己的教学实践，时刻反思自己的教学行为，正是这种自我批判和反思精神，激活了他的教学智慧，催化了他的专业成长。徐斌老师开始走上了自身专业成长的快车道！

在我的采访中，工作仅三年的张菲菲老师还告诉我这样一个故事：

一次张老师上校级试验课，徐老师同她一起分析教材，撰写好教案后，两人一起做教具。等做完后，忽然发现教具有些小问题，张老师想：反正第二天是试上，就这样马马虎虎应付了再说，天色已渐晚，难道还要重做吗？可徐老师说不行，尽管是试上，尽管是个小问题，也要把它改掉，一个细节就能决定成败。临走时，徐老师还教她在用过的透明胶带一头粘上一个同宽的硬纸条，以便下次用时能很快地找到胶带头。

　　像这样的例子还有很多很多。朴实的话语，道出了徐老师课堂教学艺术的真谛，他的教学风格日臻完善，离不开他一次次的认真实践与及时反思。

　　叔本华曾说："记录在纸上的思想就好像沙上行走者的足迹：我们也许能看到他所走过的路径，但如果要知道他在路上究竟看见了什么，则必须用我们自己的眼睛。"今天，当我用心翻阅徐斌老师的教学专著，解读他的一个个精彩纷呈的课堂时，终于对他如何经营有效与智慧的课堂有了更深的感悟。

　　"成功的花儿，人们只惊羡她现时的明艳！然而她当初的芽儿，浸透了奋斗的泪泉，洒遍了牺牲的血雨。"无需多言，倘若大家都来用心读一读徐老师的读书心得、备课笔记，就不难发现这一有心人在提高自己专业化水平上做出的努力，对自己每节课的精雕细琢，反复推敲，使他的课堂教学水平达到了炉火纯青的境界。这一切，都源于他的勤奋，缘于他的不懈追求，真可谓十年磨一剑！

探访鲁迅故里

（三）追寻富有魔力的课堂语言

　　"小朋友们好！今天徐老师到你们班来上课感到特别高兴。有没有谁也姓徐呀？来，我和你握一下手（一学生上台来，底下全是羡慕的目光），我们算是朋友了。下面，就让老师来认识你们……请你把你好朋友的座位号悄悄告诉你的同桌、把你喜欢的小动物位置也告诉你的同桌。同桌说对了，你就点点头!"孩子们随着徐老师的提问，或大声回答，或同桌窃窃私语，或点头微笑，或挥手致意。孩子们一定想：这个男老师上课挺有趣!

今天，大凡评点徐斌老师的数学课，一定会说他教态亲切自然，儿童化的教学语言娓娓动听，绘声绘色的讲解引人入胜，能很快紧紧抓住孩子的童心。充满童趣正是他课堂语言的一大特点。

先来欣赏一年级《统计》一课的导入：

师：小朋友们好！你们喜欢动物朋友吗？今天我们一起到森林里去看看动物朋友。

（出示主题图，如下图所示。）

师：今天森林里可真热闹！你们知道今天是谁的生日吗？

生：是大象过生日。

师：让我们齐唱一首《生日歌》，祝大象爷爷生日快乐！

（学生唱歌，有的还站起来表演动作。）

师：我代表大象爷爷谢谢大家的祝福！

课堂教学语言是师生双方传递信息和交流思想的桥梁。亲切、感人的教学语言能使学生保持积极舒畅的学习心境，唤起学生的学习热情，从而最大限度地提高课堂教学效果。低年级的小学生，对故事、童话、小动物非常感兴趣。因此，徐老师喜欢把教材中的问题设计成小童话、小故事，用小动物来做主人翁，使学生身处拟人化的世界，增加课堂教学的趣味性，从而有效地调动学生的学习积极性，使学生全身心地投入数学学习活动中去。

又如，教学二年级《时、分》时，教师播放了录音故事——《"时光老人"来做客》：

"我是时光老人，小朋友们天天都和我打交道，我喜欢一个劲儿地向前走，从不肯停止，更不愿回头走。会利用时间的小朋友，抓紧每一分，学习成绩不断提高；贪玩的小朋友，我就从他身边悄悄地溜走。今天，我来检查小朋友，看谁把时间学得最好！（接着，老师出示了几个小问题）……小朋友学得真好！我送给大家一把金钥匙。希望小朋友们今后珍惜每一分的时间，用金钥匙去打开知识宝库的大门！"

这些生动的语言、形象的画面，把学生带入了一个神奇的童话世界。模拟时光老人的对话，贴近学生的实际，既总结了全课，又适时地进行了珍惜时间的思想教育。

"现在，谁能告诉老师，你每天早晨什么时候起床？你怎么知道的？……我们要是学习了看钟表的方法，就能正确地掌握时间，科学地安排时间，做时间的主人。今天我们就来学习时间单位——时、分。"迎着徐老师亲切和蔼的目光，孩子们拿起了桌上的玩具钟表，开始了操作探索。

教育需要智慧，教育离不开智慧。借助儿童化的语言，徐老师从容地与孩子交流，机智地引入新课，轻松地驾驭课堂，而清新活泼的教学语言，又使徐老师的课堂充满了人文情怀。

"书架上的书从哪边开始数啊？""请第4组第4号同学回答。""从左到右……从右到……"学生嗫嚅着，似乎有些紧张，眼里闪过几丝胆怯，怕说不好。"没有关系，再想一想，你习惯从哪边数就从哪边数。"徐老师仍旧微笑着，期待着，眼里满含着鼓励。"嗯，我经常从左到右。"孩子从老师信任的眼神里找到了自信，终于鼓足勇气答了上来。

在《确定位置》一课中，有这样一段对话：

师：（指着板书）刚才我们用这样的说法，确定了一些人、一些动物、一些房间、一些书的位置。其实，在生活中我们也经常要确定位置，请大家想想，在你的生活中，有哪些地方也要确定位置？大家可以先商量商量。

（前后左右的几个同学互相讨论交流。）

生 1：射弓箭！我们射弓箭时就要先确定它们的位置。

师：哦，你的意思我明白了，瞄准位置后，你的弓箭会射得更加准确。

生 2：我们在教室里找座位，也要先确定位置。

生 3：在住宾馆的时候，你如果订房间，拿到钥匙后，也要先确定房间的位置，才能找得到房间。

生 4：在学校食堂里，我们就餐时，也要先确定位置，不然吃饭会很乱的。

生 5：坐火车时，要先确定位置，才能找到自己的座位，火车很长的，不确定位置，可能会误了火车。

师：大家说得都很有道理。我这儿有一张火车票，车票上写着"04 号车 012 号下铺"。根据这些信息，你怎么确定位置？

（显示火车票，如下图所示。）

生 5：只要到 4 号车厢里去找第 12 号的下铺就行了。

师：你说得可真棒！你肯定乘过火车，是吗？

生 5：（满脸自豪）是的。我还坐过飞机呢！坐飞机也要找座位。我还知道，飞机票上面是没有座位号码的，上次我和爸爸坐飞机，爸爸拿着飞机票去排队换了一个号码牌。

（大部分学生面带疑惑。）

师：你的见识真广！

课堂教学是知识内容和其语言形式的统一体。教育家苏霍姆林斯基说过："教师的语言修养在极大程度上决定着学生在课堂上的脑力劳动的效率。"教育家凯洛夫也曾说："教师的每一句话对学生来说都具有法律的性质。"因此，每个教师必须重视课堂教学语言的运用。细读这个片断，真正感觉徐老师的课不疾不徐，清新自然，行云流水，兴味盎然，为他所追求的数学课堂的理想境界——"为学生的数学学习服务"做了最好的诠释。凭借语言，徐教师把无声的数学教材转化为有声的语言进行"传道、授业、解惑"，通过认识火车票，联想到飞机票，让学生明白确定位置在生活中的重要作用。平实的对话，恰到好处的点拨，给学生以知识的享受，达到预期的教学目的。

人们都说男教师教小学低年级有较大的难度，没有女教师温柔可人的体态语，没有煽情的本事，没有声情并茂的文字叙述。可是，每次听课，人们发现徐老师总是能很快地与孩子打成一片，给人亦师亦友的感觉，原因还在于徐老师幽默诙谐的课堂语言。

外出借班上课，主办单位往往考虑到参加活动的人数比较多，大多在体育馆里，或者在临时搭建的舞台上上课，这些地方活动空间大，学生的注意力容易分散，思维容易游离在课堂之外。为了牵引课堂流程，徐老师不断推敲教学语言，利用幽默的课堂谈话，使学生精神放松、情绪激昂。

一次借班上课，他被安排在一个面积很大的体育馆里，徐老师微笑着问大家："你是第几次来这里上课？"孩子说："我是第三次来，平时这个体育馆是搞活动用的，一般不来这里上课。"徐老师摸摸孩子的头，亲切地说："哦，今天我可是第一次来，你比我有经验。等一会儿就告诉我怎么把课上好？"一句话，把孩子们给逗乐了。接着，孩子们你一言、我一语地告诉徐老师，在这里上课要注意这样、要注意那样。殊不知，这些注意点正是徐老师要提醒孩子的啊。

教育心理学研究证明："一个人的注意力是有限的，时间超过一定限度就要分心，精神也开始疲劳。"徐老师轻松幽默的开场白，使学生在笑声中得到放松，获得适当调节，疲劳随之消失，在会心的微笑中积极思考，很快就投入新课的学习中。

其实，如果你稍加留心，在徐老师的数学课上，这样的场景会经常出现。孩子们总能与老师微笑的目光相遇，怯生生的小手因老师赏识的眼神而举得更高，低沉的声音因老师的鼓励而亮开了嗓子……课堂里，总有一种关爱感染着他们，总有一股热情激发着他们，总有一种包容温暖着他们。全新的理念、巧妙的设计，加之循循善诱、充满磁性和魔力的语言，徐老师的课堂，孩子们在知识的海洋里快乐遨游。

但人们很难想象他为修炼这一身武艺而付出的艰苦努力。

那是 1993 年 4 月，徐斌老师去南昌参加全国第一届小学数学课堂教学观摩比赛，年仅 24 岁的他深感压力巨大。盛大启、孙丽谷、张兴华等老一辈特级教师曾数次为徐斌的参赛课会诊。他们指出徐老师的课堂教学语言过于书面化、成人化，过分讲求抽象逻辑性，连表扬都是硬邦邦的，不够通俗亲切，不符合低年级学生的心理特征和年龄需求。是啊！男教师教小学低年级本来就有很大难度，何况要在这么短的时间内改变自己多年形成的语言习惯，又谈何容易？

为此，徐斌找来儿童电视节目主持人鞠萍姐姐、著名播音员陈燕华老师和"故事大王"孙敬修爷爷讲故事的磁带，规定自己每晚至少用耳机听两个小时。这对他的帮助很大，在倾听揣摩中，徐老师找到了语言动听的诀窍——这些语言短句子多，描述性强，生动形象，清新亲切，如话家常。如果自己上课也能这样，那么，就也能磁铁一般吸引孩子了。同时，他还找来省内外知名特级教师的上课录像，反复看，仔细学。在解读体验中，他深信自己的课堂语言一定也能像他们一样充满童趣，富有感染力。

功夫不负有心人，这样大运动量的强化训练还真使他的课堂教学语言风格发生了较大的变化。南昌比赛，徐斌凭自己的强劲实力，令评委和其他省市参赛选手对这位年龄最小的江苏选手刮目相看。从这以后，徐斌操练起教学基本功来也更刻苦自觉。

在平时的数学教学中，在每次公开课和赛课时，徐老师都会特别注意自己课堂教学语言的锤炼。他不断追求教学语言的科学性，使之符合数学学科的特点；追求教学语言的简洁性，力求避免使用口头禅；追求教学语言的逻辑性，尽力把问题问得清楚明白，让学生心领神会；追求教学语言的形象性，善于使用幽默话语，增强语言的影响力、感染力；追求教学语言的诱发性，积极引导学生向着思维的未知领域探幽发微，获得感悟之乐、义理之趣。他努力追寻着一种充满魔力的课堂语言。

苏霍姆林斯基说："学校里的学习，是师生每时每刻都在进行的心灵接触。"这句话道出了教学的真谛。师生间只有建立了民主、和谐、平等的关系，教师的教与学生的学才能达到和谐统一，教育才能发挥作用。徐老师明白教书与育人是不可分割的。因此，他真正把学生当成自己的朋友。课堂上经常用这样的语言与学生进行交流"你的办法真好！""你真聪明！""你的结果离结论已经不远了。""你想的办法老师还没有想到。"这种不拘一格、和谐融洽的氛围，富有启发性、激励性很强的话语在他的课上使用频率很高，孩子们自然更喜欢他的数学课了。

教学是生命与生命的对话，语言是心灵与心灵的沟通。斯托利亚尔指出："数学教学是数学思维活动的教学"，因此数学教师的语言要在有效地培养学生的思维能力上下功夫。教学语言是教师施教、传输教学信息的最基本的媒体形式，可谓教学活动的第一要素。课堂驾驭能力最直接的体现形式就是教学语言的运用。因此，徐老师无论是备课，还是上课，都会精心地选择、推敲和组织自己的教学语言。

二十多年来的教学实践，伴随着亲切柔和的儿童化语言，徐老师在课堂上总是以学生的"大朋友"的角色出现，他设计种种游戏，与孩子平等对话，以开放的形式，带领学生在玩中学习，在活动中领悟，充分调动他们的学习积极性。通过恰当的生动比喻、通俗的语言，使深奥的知识明朗化，他用自己深厚的文化底蕴教给学生丰富的数学素养，以便引起学生对学习数学的兴趣及加深对知识的理解、记忆，以促进学生抽象思维能力的发展，同时获得良好的教学效果。孩子们的自信心增强了，创造欲望得以满足，合作意识和个性也得到了充分地发展，课堂上就会常常出现未曾预约的精彩！

"现在，老师想跟大家一起来玩一个猫抓老鼠的游戏，有兴趣吗？先看好，图上有猫和老鼠，但老鼠很狡猾，在途中设置了不少的障碍物，猫只能横着走或竖着走。

和著名特级教师邱学华先生在一起

你能帮助猫设计一条合理的路线吗？动手试着画画看……"

如今，当我们再次走进徐老师充满魅力、清新自然的课堂时，我们一定会被徐老师的教育情怀深深吸引，尤其被他从容不迫的大家风范、平易近人的教学态度、随机应变的教学机智和充满魔力的教学语言而深深叹服！

（四）"冰冷的美丽"与"火热的思考"

山东大学原校长展涛先生在谈到数学课程改革时曾说："应该让学生学简单的数学，学有趣的数学，学鲜活的数学。"虽然数学的表达方式是形式化的，但在课堂上呈现给学生的数学应该是作为"教育形态"的数学而不是"学术形态"的数学，应该把"冰冷的美丽"转化为"火热的思考"。在徐老师的课堂上，他经常巧妙地利用直观手段，把抽象的数学知识转化为具体可感的形象的东西，激活学生思维。你会经常感受到数学是简单的，是美丽的，是鲜活的，是富有情趣的。

在教学《确定位置》一课时，徐老师设计了一个找座位游戏，请学生根据老师发的座位卡片找座位。孩子们兴趣盎然，教室里热闹极了。渐渐地，大部分学生都找到了自己的座位，可是有三个学生却拿着手里的卡片在发呆，小脸涨得通红。其中有一个学生低头寻思着，怎么没有自己的位置呢？另两个学生也在看着卡片自言自语……

原来第一个孩子的纸条上只写着第3组第（　）个，他知道应该坐在第3组，可不知道应该坐第几个。而第二个学生的座位号上写着第（　）组第4个，他知道坐在第4个，可不知道应该是哪一组的。这下第三个学生恍然大悟了："怪不得，我的座位号问题最大，上面就写了第（　）组第（　）个。实际上什么也没有告诉我，我怎么知道自己坐在哪里呢？"

"但是如果仔细观察，还是应该可以找到位置的，因为教室里现在只空着三个座位。"同学们建议说。

三个孩子看看自己手里的卡片，仔细观察了一番，果然找到了自己的位置。

"看来，要正确地找到座位，就应该写明白是第几组第几个。今天我们就一起来学习有关确定位置的知识。"教师自然地引出课题。

著名心理学家皮亚杰从发生认识论的角度曾深刻揭示："儿童的思维是从动

作开始的，切断动作与思维的联系，思维就不能得到发展。认知源于主体与客体间相互作用的活动中。"不难发现，游戏环节中，教师精心设计了三张与众不同的位置卡号，提供思维之"源"，引起学生的思维冲突。在学生产生疑虑之际，教师适时启发引导学生："看来，要正确地找到座位，就应该写明白是第几组第几个。今天我们就来学习有关确定位置的知识。"寥寥数语，教师自然地将学生引入本节课的教学重点，并使学生感到教学内容有实际需要，确定位置又是简单易学的。

还有一次，听徐老师执教中国古典难题《鸡兔同笼》。"这样经典的奥数难题二年级学生能听懂吗?"带着疑问，我走进课堂。

课始，老师先出示一幅情景图，告诉学生：鸡和兔关在同一个笼里，数它们的头共有 5 个，数它们的腿共有 14 条，笼子里有几只鸡、几只兔?

一开始学生们都猜，一会儿说 2 只鸡、3 只兔，一会儿说 3 只鸡、2 只兔。老师不是忙着纠正他们的猜测，而是鼓励说："大家猜得都有道理! 笼子里到底有几只鸡、几只兔? 我们可以画一些简单的图来帮助思考。"于是，学生分别用圆形表示头，用竖线表示腿，在草稿本上忙开了。学生汇报时，教师就用电脑进行互动演示。

生 1：我是先画 1 只鸡 1 只兔，再画 1 只鸡 1 只兔，再画 1 只鸡，一数正好是 14 条腿。笼子里有 3 只鸡 2 只兔。

生 2：我是先画 2 只鸡，再画 2 只兔，一数有了 12 条腿，还差 2 条，我就又画了 1 只鸡，正好 14 条腿，也发现有 3 只鸡 2 只兔。

生 3：我是先画 1 只兔 1 只鸡，再画 1 只兔 1 只鸡，再画 1 只兔，一数有 16 条腿，多了 2 条，就擦掉 2 条腿。这样就有 3 只鸡 2 只兔。

生 4：我是先全部画成鸡，二五一十，一算还少 4 条腿，我就 2 条 2 条地添上，就是 2 只兔 3 只鸡。

生 5：先全部画成兔，四五二十，多了 6 条腿，我就 2 条 2 条地擦去，这样也得到有 3 只鸡 2 只兔。

生 6：我先没有急着画! 我先想 1 只鸡和 1 只兔共有 6 条腿，画两次，二六十二，还少两条腿就是再画 1 只鸡，我是先知道有 3 只鸡 2 只兔，再画下来的。

师：生 6 能在脑子里边想边画! 真不简单!

生7：我的画法和他们都不一样！我先把14条腿全部画好，再用头去套，套2条腿的就是鸡，套4条腿的就是兔，也能知道笼子里有3只鸡2只兔。

师：生7能想出与别人不一样的画法，真了不起！

听完学生的汇报，老师满意地笑了："你们的本领真大，一下子想出了这么多的方法。以后碰到这类问题时，我们可以用想想、画画的方法帮助思考。"

苏霍姆林斯基说过："在人的大脑里有一些特殊的最积极的最富有创造性的区域，依靠抽象思维和双手精细的、灵巧的动作结合起来，就能激起这些区域积极活跃起来。如果没有这种结合，那么大脑的这些区域就处于沉睡状态。"当学生动手操作时，能使大脑皮质的很多区域都得到训练，有利于激起创造区域的活跃，从而点燃学生的创新之花。原来，那一幅幅粗糙却充满灵性的数学画，正是学生心灵深处一缕缕创新的火花呀。复杂的"鸡兔同笼"被徐老师演绎成了一幅幅动人的数学画，难怪学生喜欢。有人说：有效的数学课堂学习，以动手操作为主旋律，真是不无道理啊！

"上课过程要关注学生的实际状态，课堂组织形式要考虑实效性。"叶澜教授如是说。的确，今天的数学课堂，动手操作已屡见不鲜。对此，徐老师却有着自己独到的认识：他认为儿童有一种与生俱来的、以自我为中心的探究性学习方式，数学课的动手操作并不是一种点缀，而是借助这种形式，要把静态的结论性的东西转化为动态的探究性的数学活动，利用操作启动思维，吸引学生探究新知。

在教学《平面图形的周长与面积》时，练习部分有这样一个活动设计：

学生每人拿出一张长方形纸，教师提问：

（1）怎样向你的同桌介绍这个长方形？

（2）怎样剪下一个最大的正方形？正方形的周长是多少？

（3）怎样在这个正方形纸上剪下一个最大的圆？你是怎样确定圆心的？圆的周长是多少？这个圆和正方形的周长相比哪个大些？

看似简单的操作活动，涉及的知识点很多：由介绍长方形，想到它的周长与面积。第二个问题，又使学生能正确把握长方形与正方形之间的联系，进而从正方形拓展到圆，有效地沟通了三个图形之间的内在联系。这个"动手操作"环节，把枯燥的、静态的周长与面积公式的整理与建构用动态化的操作来实现，较好地体现了学习的开放性，体现了数学的精确性和关联性。

又如"确定位置"的课尾，徐老师设计了一个涂色游戏：

学生拿出蜡笔和事先下发的纸，按照纸上注明的第几排第几个，在相应的方格内涂色。

教师巡视、指导，并将学生的作品展示，引导学生发挥想象，说说涂色部分看上去像什么。

有的学生说：我涂的像大树；有的说：我涂的像一个对错符号的错，又像一个乘号。

还有的小朋友认为自己涂的像飞机、像人、像鱼。最后一个孩子说：我涂的图形像心。

师生一起补充说：像爱心……

（附——部分学生的涂色作品，如下图所示。）

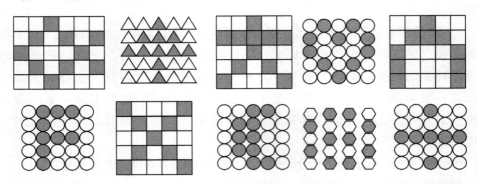

心理学家认为：儿童认识事物是从感知开始，然后形成表象，由表象发展到抽象的认识。这一环节，在知识巩固的练习中，徐老师最大限度地借用了动手操作这一拐杖，有意识地借助学生手脑之间的联系，架起了数学问题与学生思维之间的桥梁，数学思维与语言表达之间的桥梁，刺激大脑神经保持兴奋状态，减少大脑抑制的产生，使学生的学习变得自然、轻松、高效，从而达到了知识巩固的最佳效果。

叶澜教授在《重建课堂教学过程观》一文中指出：教师在教学过程中的角色不仅是知识的"呈现者"、对话的"提问者"、学习的"指导者"、学业的"评价者"、纪律的"管理者",更重要的是课堂教学过程中呈现出信息的"重组者"。学生"动"起来了,绝对不意味着教师无事可做了,而是意味着教师要在收集处理这些信息的水平上做只有、也应该由教师来完成的更高水平的"动",通过教师这一层面的动,形成新的且具有连续性的兴奋点和教学步骤,使教学过程真正呈现出动态生成的创生性质。上述这个环节,简单的一个涂色比赛,恰恰是徐老师充分调动了学生原有的经验,抓住了数学思考,抓住了数学教学的本质,引导学生经历"数学化"的过程,是一种带给学生理智挑战的数学活动,使"确定位置"富有情趣,并非只是活动而已。

如今,走进徐老师的课堂,你会发现他的数学课充满了童趣,他喜欢采用音形并茂的动画、活泼有趣的学习方式,善于把孩子带进数学乐园。那些鲜活的教学内容,深深吸引着孩子,清晰地记得《统计》一课中的这个细节处理:

师:大象今天特别开心,他想邀请我们班的小朋友参加它的生日聚会。大象打算给我们准备一些水果。我们用什么方法来统计呢?请同学们小组内互相商量一下。

(学生小组讨论。)

师:下面请每个小组选一个代表来说一说。

生1:我们小组想的办法是,每个同学画出自己最喜欢吃的水果,再贴到黑板上,然后数一数就知道了。

生2:我们的办法是,每个小组由组长先问一问自己小组的情况,然后各个小组长再汇总一下。

生3:我们想请一个同学指挥,说道"最喜欢吃苹果的",最喜欢吃苹果的就站起来,然后数一数有几个;说道"最喜欢吃梨的",最喜欢吃梨的就站起来,再数一数……

生4:我们组想了一个更快的方法,我来指挥,请最喜欢吃苹果的站起来,请最喜欢吃梨的站到讲台前,最喜欢吃西瓜的站到教室后面,最喜欢吃桃的趴在桌子上,最喜欢吃草莓的坐着不动。这样数一数,一下子就知道了。

生5:我们想的办法是,先在黑板上画出这5种水果,然后每个同学依次到黑板上在自己最喜欢吃的水果下面划一横,最后再数一数。

师:同学们真爱动脑筋,想出了这么多好办法,真了不起!老师为你们鼓掌!现在大家商量一下,选一种方法我们课上统计,其他方法课后再进行统计。

对此，江苏省著名特级教师朱红伟这样评析说："当学生清晰地意识到自己的数学学习活动所要达到的目标时，意识到对自己今后的学习和生活有价值时，便会形成一种有力的动机，促使自己以极大的热情和坚定的毅力去努力学习和探索。课中，通过对学生喜欢的水果进行统计，自己探索统计的方法，从而让学生体验到自己的身边就有数学，体验到数学学习的实际价值，体验到学好数学知识就能为自己的生活服务，促使他们更投入地学习。"

华东师范大学张奠宙教授曾说："教科书里的数学知识，是形式化地摆在那儿的。好的教师，就不止是讲推理，更要讲道理，把印在书上的数学知识转化为学生容易接受的教育形态。"教育形态的数学，散发着数学的巨大魅力。教师通过展示数学的美感，体现数学的价值，揭示数学的本质，感染学生，激励学生。这，才是美好的数学教育。

今天，当我们分享徐老师的数学课堂时，我们可以真切地体悟到：徐老师精彩的课堂源自他对教材的深刻解读，源自他善于根据儿童的特点，设计出富有数学思考含量的活动，源自他为学生的思维发展提供的开放的、富有情趣的、生动活泼的学习时空，源自他善于将数学"冰冷"的美丽转化为学生"火热"的思考！

支教是一种情怀

（五）触摸数学　激活灵性

数学是人们在对客观世界定性把握和定量刻画的基础上，逐步抽象概括、形成方法和理论，并进行广泛应用的过程，这一过程充满着探索与创造。随着课改的深入，培养学生的创新精神和实践能力已成为全体数学老师的共识。数学教学中的实践活动（本文只指练习设计中的实践活动）往往都是"数学应用"的具体体现，它以解决某一实际的数学问题为目标，引发学生的数学思维，让学生在解决具体问题的过程中，巩固所学知识，进而熟练掌握某一运算方法，获得积极的情感体验。

对此，徐斌老师的观点是：在练习活动中要让孩子"触摸数学，激活灵性"。所谓"触摸数学"就是自己在实践中去感悟数学知识，在活动中学会与他人合作交流，积累经验，获得体验。所谓"激活灵性"就是不能就练习而练习，而是以学生发展为本，以培养学生思维能力为核心，让学生亲历数学，树立学习自信心，体验数学学习的成功与乐趣。他认为设计练习时，要认真研读教材，理解编排意图，根据教材提供的内容、学生认知水平的差异，对教材里的习题做适当调整、组合、变式、补充，在形式与内容上做文章，使之既有基础性、层次性、针对性，又不乏开放性、趣味性。下面，让我们亲历他的数学课堂，领会其精神所在。

片断一：立足文本，注意开放性

《确定位置》一课的练习片断

师：下面我们一起到电影院去（显示电影院图片）。

师：一般的电影院在进门的地方有几扇门？有什么区别？

生：有两扇门，一个是单号，一个是双号。

师：哪些座位号是单号？哪些是双号？

生：单号是1、3、5、7……双号是2、4、6、8……

师：有两个小朋友去看电影。你能告诉他们该从哪扇门进去找座位吗？

（显示两个小朋友和他们的电影票"5排8座"和"10排13座"。）

生：男孩从双号门进，女孩从单号门进。

师：他们进去后又该怎样找座位呢？我们先看看这个电影院的座位是怎样排列的。

（显示电影院座位排列图。）

生1：双号在左边，单号在右边。

生 2：我发现，单号的"1"和双号的"2"在最中间。

师：你能帮助他们找到座位吗？

（同桌互相商量后汇报，选两名学生上台移动鼠标找位置。）

师：大家找得很好！我代表这两个小朋友谢谢大家！

师：你知道 5 排 8 座的前、后两个座位各是几排几座吗？

生：分别是 4 排 8 座和 6 排 8 座。

师：你知道 10 排 13 座的左、右两个座位分别是几排几座吗？

生：是 10 排 11 座和 10 排 15 座。

师：有一个小朋友和爸爸妈妈去看电影，小朋友坐在这儿（显示 9 排 2 座），你知道是几排几座吗？

生：是 9 排 2 座。

师：你知道小朋友的爸爸妈妈可能坐在几排几座？

生 1：我想，可能一个坐在 9 排 1 座，一个坐在 9 排 4 座，小朋友坐中间。

生 2：我想，可能一个坐在 9 排 1 座，一个坐在 9 排 3 座，小朋友在边上，爸爸和妈妈说话方便。

生 3：我和爸爸妈妈上次去看电影买票时，发现单号都是一起卖的，双号也是一起卖的。我想，爸爸妈妈应该坐在 9 排 4 座和 9 排 6 座。

师：生 3 能联系自己的生活经验，说的很有道理！

生 4：我的想法和他们不一样。我想爸爸妈妈可能不坐在小朋友旁边，而是坐在 9 排的 10 座和 12 座，或者坐在第 10 排。因为小朋友已经长大了，而且爸爸妈妈也可以在离得不太远的地方看着小朋友。

师：生 4 的想法真好！我想你一定是个胆大、心细、懂事的好孩子！

（大家一起为生 4 鼓掌。）

解读：《数学课程标准》指出："教师应该充分利用学生已有的生活经验，引导学生把所学的数学知识应用到现实中去，以体会数学在现实生活中的应用价值。"在生活中，"确定位置"的方法一般都约定俗成，也会随机而定，更多的是根据个人的喜好和需要自己规定的。教学该课时，徐老师按照"发现生活问题——提炼数学问题——建立数学模型——解决实际问题"的过程展开教学，让学生在不同的生活情境中不断经历"数学化"的过程。他注重让学生面对不同的生活情境，自己探索解决简单实际问题的方法。课尾设计的由两张电影票找座位的练习，从孩子们的讨论中，引发他们对爸爸妈妈坐哪儿的猜想所体现的人文关怀。小小片断，可以感受到徐老师教学《确定位置》时，能立足文本，注重开放性，把课本知识与社会生活实践紧密地结合起来，让学生在生活实践中主动地观察、思考、分析，揭示规律，再用于指导生活实践，体验研究的价值，触摸数学，感受数学的魅力所在。

片断二：抓住重点，注意多样性

《9 的乘法口诀》一课的练习片断

师： 其实，运用 9 的乘法口诀还能解决一些数学问题呢？接下来我们做一个推车游戏。

（教师出示小狗拉车图，鼠标停在那里，学生就直接说出答数来。"你能说出你用的是哪一句乘法口诀吗？"）

师： 刚才我们在课前听歌时听到："八十一""七十二"都与 9 的乘法口诀有关，生活中哪些地方也有呢？同学们去过超市吗？学校旁边新开了一个"9 元超市"，让我们运用今天的知识去解决一些问题吧（出示超市情景图）。"9 元超市是什么意思？假如现在你有足够的钱去买东西，你能很快地算出用了多少钱吗？"说给你的同桌听听。

（学生自由说。）

师： 进了这个 9 元超市就想 9 的乘法口诀，如果进 8 元超市呢，就想——

生： 8 的乘法口诀。

师： 传说中有一种鸟有九个头。1 只鸟有 9 个头，那么 2 只鸟呢？3 只鸟呢？9 只这样的鸟呢？

（学生自由说。）

师： 同学们在课后还可以上网寻找一些资料，看看有没有这样的九头鸟。我们的古诗中，有一种九言诗也跟口诀有关。

师： （出示闻一多的《死水》和《梅花诗》，让学生猜猜正文部分有几个字）你是怎么知道的？课后去找一找。古诗中还有哪些九言诗？你能不能很快地算出它有几个字，运用了哪一句口诀？

解读： 这一环节，徐老师抓住 9 的乘法口诀这个重点，设计了形式多样的练习，有趣的小狗拉车图、新开张的 9 元超市、传说中的神话故事，九言诗歌等，让学生在解决一个个实际问题的过程中，丰富感知，加深对口诀的理解与记忆，既激活了思维，又获得对 9 的乘法口诀的深层感受。从心理学的角度来看，这些形式多样、生动活泼的练习题，不是学习材料的简单堆砌，而是有逻辑、有意义地呈现出来，孩子们乐意去听、去看、去找，去做……进而对 9 的乘法口诀有更多的"发现"和"体验"，真正变革了他们的学习方式，诠释了全新的课程理念。

片断三：联系生活，注意应用性

《小数的认识》一课的练习设计

师：同学们，你们在生活中的哪些地方见过小数？

生 1：在商店里的标价牌上看到过小数。

生 2：在菜场里见到过小数。

生 3：在妈妈买的衣服上见到过小数。（是衣服的价格，对吗？）

生 4：我发现数学书的价格是五点二十八元。

师：你观察很仔细。老师想纠正一下（板书 5.28），读作五点二八。看看黑板上，我们刚才学习的小数有这样形式的吗？引出一位小数和两位小数。今天学习的都是一位小数，以后会学习两位小数。

生 5：我看到温度中也有小数。（是听的天气预报吧？）

生 6：视力表上也有小数……

师：看来生活中的小数还真不少呢。老师这里也有一些信息，推荐给大家！

课件随机显示：

（1）小朋友的单人床长约 1.8 米，小芳的体重是 35.5 千克。

（2）人体常温是 36.7 摄氏度。

（3）2000 年国民体质监测公报中显示：中国成年男性平均身高为 169.7 厘米，成年女性平均身高为 158.6 厘米。

师生一起阅读。

解读：新的数学课程标准强调人人学有价值的数学、人人学有用的数学，关注数学知识的实际意义和实用价值，培养学生解决实际问题的意识和能力。徐老师在学生初步认识小数后，让他们举例说说生活中的小数，充分唤醒了学生已有的知识与经验，注重知识的实际应用。学生在生活中联系商品的标价、数学书的单价、视力表中的数据，进一步认识了小数，真实地显现了其数学学习水平。

同时，徐老师十分注意学习素材的选取与呈现及学习活动的安排，使学生感觉到小数就在自己的身边，学好小数是相当有用的。实践表明，这些与生活息息相关的数学问题，是促使学生数学学习内化的有实际意义的窗口，也是激发学生积极思维的有效载体。

片断四：循序渐进，注意层次性

《6 的乘法口诀》一课的练习设计

（1）算一算（圆盘抽拉，图略）。

师： 请小朋友运用刚才学的本领，看谁算得又快又对！

$$2\times6 \quad 5\times6 \quad 1\times6 \quad 4\times6 \quad 3\times6 \quad 6\times6$$

（2）找朋友。

师： 今天小朋友们学得真好！小白兔、小肥猪和大公鸡也高兴地来和我们做游戏。

（请 3 个小朋友分别扮演小白兔、小肥猪和大公鸡。分别发给"六六三十六""三六十八""四六二十四"三句口诀卡片，再将"$6\times6=$""$3\times6=$""$6\times3=$""$4\times6=$""$6\times4=$"5 张卡片发给另外 5 个小朋友。由拿口诀的小朋友先发出信号，然后拿到算式的小朋友迅速走过去。例如听到"三六十八的朋友在哪里"时，拿到"$3\times6=$""$6\times3=$"卡片的小朋友就说"三六十八的朋友在这里"，并分别站到"三六十八"这句口诀的前面来。）

（3）小小邮递员。

信箱上的 6、12 和 24 是得数，信封上写着算式。拿到算式后，想一想，得数是多少，就投进哪个信箱。（各人记住自己拿到的算式和投进哪个箱，如下图所示）结合最后两题 $6+6+6+6$ 和 6 个 4 相加，提问：你是怎样想的？怎样列式？想哪句口诀？（表扬认真负责的小邮递员）

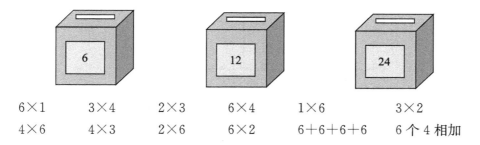

| 6×1 | 3×4 | 2×3 | 6×4 | 1×6 | 3×2 |
| 4×6 | 4×3 | 2×6 | 6×2 | $6+6+6+6$ | 6 个 4 相加 |

解读：徐老师设计的这三道练习题，由浅入深，循序渐进，充分体现了教学过程中学生的主体地位和教师的主导作用。一方面巩固一句口诀计算两道不同的算式；另一方面进行了初步的综合训练。他依据低年级儿童的年龄特点和心理特点，恰当地选用了多种直观手段，采用灵活多变的练习形式，富有儿童化的语言，引导学生主动参与获取知识的过程，调动了学生学习的主动性和积极性，最后，通过一个"送信"游戏，培养学生认真负责的态度，真正把知识的教学与人文精神的培养有机地融合起来。

片断五：注重操作，注意趣味性

《平移和旋转》一课练习设计片断

（游戏：走迷宫。）

师：老师想跟大家一起来玩一个猫抓老鼠的游戏，有兴趣吗？（出示图，如下图所示）我们来看，图上有猫和老鼠，老鼠很狡猾，在途中设置了不少的障碍物，猫只能横着走或竖着走。你能帮猫设计一条合理的路线吗？先试着画画看。

（学生活动。）

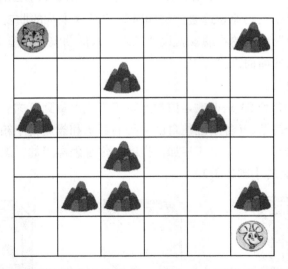

指名学生汇报是怎样帮猫设计路线的。指出：介绍路线的时候，要说清楚猫先向哪个方向平移几格，再向哪个方向平移几格。（请几个学生汇报，也可让学生同桌之间说说。）

师：你认为哪条路线能使猫最先抓到老鼠？为什么？先在小组内讨论，然后汇报。待学生交流后，教师进行讲评总结。

解读：捷克教育家夸美纽斯说："兴趣是创设一个欢乐和光明的教学环境的主要途径之一。"学生对数学的迷恋往往是从兴趣开始，由兴趣产生动机、由动机到思考、由思考到成功，在成功的快感中产生新的兴趣和动机，推动学习的不断成功。毋庸置疑，该课结尾，徐教师通过走迷宫的游戏，将"平移与旋转"的数学知识隐藏其中。开放的活动，全新的体验，愉悦的感受，老师惊喜地发现，学生的潜能在"触摸数学"中得到最大程度的挖掘。

"教学的艺术不在于传授的本领，而在于激励、唤醒、鼓舞。"第斯多惠如此说。数学练习是一种有目的、有指导、有组织的学习活动，是学生掌握知识、形式技能、发展智力的基本途径。因而精心设计练习，提高练习效率，是提高课堂教学质量的重要保证。我们应该像徐老师那样，练习设计注重实效性，适度回归生活，关注动手实践，适度倡导开放，留心趣味艺术，既关注知识技能的掌握，更关注学生思维能力、情感态度与价值观的培养。让孩子在触摸数学中，激活自己的灵性，在思考问题中感受思维之美，在探索解决问题中体验学习之乐，真正追求智慧而有效的课堂学习生活。

赴台湾教育考察（左为特级教师黄德忠，右为特级教师贲友林）

（六）给计算教学加点"甜味"

熟悉徐斌的老师都这样说：从事小学数学教学的专家中，徐老师算得上是将技术与理念结合得最好的老师之一。他的数学课语言生动幽默，设计精巧细腻，指导点拨到位，既有传统的扎实训练，又不失充满情趣、注重启发的现代教学风格。

就拿计算教学来说，大凡上公开课，一般老师都不会选择这样的课型。理由很简单：枯燥、乏味，不像其他课型那样，能上得高潮迭起。可徐斌老师却不这样认为，他觉得老师应该对各种课型的课加以研究，并努力尝试实践，力求体现新的教学理念。实施课改后，徐老师就对计算教学中存在的急需解决的基本矛盾进行了专门的调查和分析。

例如，他发现如今的计算教学几乎不见传统教学中的复习铺垫，取而代之的是情境创设。因此，许多计算课不是从"买东西"开始，就是以"逛商场"结束。难道课改后的计算课就是这样吗？徐老师对此现象常常困惑着。一次听一位老师教学一年级《9加几》时，发现精心设计了如下铺垫：

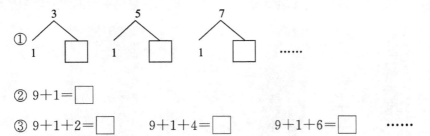

评课时，徐老师亮出了自己的观点：计算9加几时，由于学生的生活背景和思考角度不同，不同的学生会想到不同的方法，教师应允许学生采用多样化的方法，而不必把学生的思维局限在把另一个加数分成1和几的这一种所谓"凑十法"。显然，这种把知识咀嚼烂了再喂给学生的所谓"铺垫"，对于发展学生主动获取知识的学习能力是不利的。徐老师认为创设情境和复习铺垫并不是对立的矛盾，并不是所有的计算教学都必须从生活中找"原型"，也并不是所有的计算课都需要过细的复习铺垫，选择怎样的引入方式取决于计算教学的内容特点和学生的学习起点。

还有一些教师认为，计算教学没有什么道理可讲，只要让学生掌握计算方法后，反复演练，就可以做到计算迅速、正确、熟练。徐老师则强调，只有让学生在直观形象中理解算理，才能在掌握计算方法的基础上，获得驾驭方法的原理，所谓知其然，也知其所以然。教学苏教版课程标准实验教科书二年级下册《一位数乘两位数》时，他对传统的计算教学进行了大胆的创新：

首先出示情景图——两只猴子摘桃，每只猴子都摘了 14 个。让学生提出问题：一共摘了多少个桃？并列出乘法算式 2×14。

接着，让学生独立思考，自主探索计算方法。有的学生看图知道了得数，有的学生用加法算出了得数，有的学生用小棒操作摆出了得数，也有少数学生用乘法算出了得数等。

然后，组织学生交流汇报自己的计算方法。老师在分别肯定与评价的同时，结合学生的汇报，板书了这样的竖式（如下图左所示）：

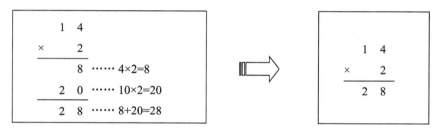

同时，老师结合讲解，分别演示教具、学具操作过程，又结合图片进行了数形对应。

最后，老师引导学生观察这种初始竖式，通过讲解让学生掌握简化竖式的写法（如上图右所示），再让学生运用简化竖式进行计算练习。

不要小看这个教学片断，徐老师却着实动了一番脑筋。因为它反映了现在计算教学中的又一对基本矛盾——算理直观与算法抽象。在教具演示、学具操作、图片对照等直观刺激下，学生通过数形结合的方式，对算理的理解可谓十分清晰。但是，好景不长，当学生还流连在直观形象的算理中，马上就要面对十分抽象的算法时，接下去的计算都是直接运用抽象的简化算法进行计算，不少学生还很不习惯，造成计算错误高发。

因此，徐老师认为，计算教学应该加点"甜味"，即在算理直观与算法抽象之间架设一座桥梁，铺设一条道路，让学生在充分体验中逐步完成动作思维→形象思维→抽象思维的发展过程。上述教学流程中，在学生探究出竖式计算的"原始算法"

后，教师并没有直接引导出简便写法，而是让学生利用探究出的方法去继续计算（如下列三道算式所示）。教学时，让学生用橡皮分别擦去不需要写的"0"和重复的数字，这一方法看上去有些"笨拙"，但却能给学生留下十分鲜明而深刻的印象，十分符合低年级学生的心理特点。

$$
\begin{array}{r}
1\ 3 \\
\times\quad 2 \\
\hline
6 \\
2\ 0 \\
\hline
2\ 6
\end{array}
\qquad
\begin{array}{r}
1\ 1 \\
\times\quad 7 \\
\hline
7 \\
7\ 0 \\
\hline
7\ 7
\end{array}
\qquad
\begin{array}{r}
3\ 2 \\
\times\quad 3 \\
\hline
6 \\
9\ 0 \\
\hline
9\ 6
\end{array}
$$

同时，伴以教师适时的引导："通过计算你发现了什么""你觉得这样写怎么样""要是能简单一些就好了"，一个一个的设问、谈话，把学生一步步引向目标：原始算法繁，需要简化。这时再通过动画演示由繁到简的变化过程，学生对简便写法的印象会更为深刻。由于教师组织学生自主探究时，创建了一种民主开放、积极互动的课堂氛围，有较强的教学机智，注重了师生之间动态的信息交流、沟通和补充，因此达到了预设与生成的完美统一。

对此创新之举，江苏南京市江宁区教研室詹明道老师高度评价说："简便竖式的教学并不是教师强加给学生的，而是在师生的共同计算、观察、比较的基础上自然生成出来的。"在教学完乘法竖式的计算步骤之后，教师并没有立刻把算法进行简化，而是引导学生继续用这种方法做，促使学生自己亲身体验后发现："原始"算法虽然清楚，但"有点繁"。通过这一引导，"把竖式进行简化"这一想法呼之欲出，成了全体学生的追求方向，水到渠成地创造出了更简便的竖式写法。在这里，过程是学生亲身经历的，方法是大家在充分研究的基础上生成的，充分发挥了学生的主观能动性，把主导和主体有机地结合在一起，给了学生足够的探讨空间去体验、去创造、去领悟，充分地相信学生的能力，尊重学生的感悟，从而达到了真正理解的目的。

教育心理学认为，计算是一种智力操作技能，而知识转化为技能是需要过程的，计算技能的形成具有自身独特的规律。学生计算技能的形成一般要经历四个阶段：认知阶段、分解阶段、组合阶段、自动化阶段。认知阶段主要是让学生理解算理、明确方法，这比较容易做到，而后面三个阶段常常被老师们忽视。一般说来，复杂的计算技能总是可以分解为单一技能，对分解的单一技能进行训练并逐渐组合，才能形成复合性技能，再通过综合训练就可以达到自动化阶段。

近年来，徐老师对计算教学有过专门的研究：在《人民教育》2006年第13～14期暑期备课解读系列文章中，我欣喜地看到了徐斌老师撰文的《"数的运算"备课解读与难点透视》。在此文章中，就如何应对"数的运算"教学改革中的问题，徐老师从数的运算的重要意义与价值、教学内容和目标的变化出发，针对目前数的运算教学中普遍存在的基本矛盾做了相关分析，并提出解决这些基本矛盾的针对性策略。引起我关注的是：徐老师对于计算教学中的一题多解与算法最优化、计算教学中解决问题与技能形成均有独到的见解。

在文章中，他剖析了北师大版课程标准实验教材中《两位数减一位数的退位减法》的教学案例：

首先，A教师通过问题情境出示例题33-7。

然后，经过A老师的精心"引导"，出现了多样化的算法，花了将近一节课的时间进行了展示（还分别用动画式课件进行演示）：

(1) $33-1-1-1-1-1-1-1=26$

(2) $33-3=30$，$30-4=26$

(3) $33-10=23$，$23+3=26$

(4) $13-7=6$，$20+6=26$

(5) $10-7=3$，$23+3=26$

(6) $33-13=20$，$20+6=26$

(7) $33-6=27$，$27-1=26$……

最后，A老师说："你们喜欢用什么样的算法就用什么样的算法。"（下课）

课后，徐老师与A老师进行了交流。A老师说："现在计算教学一定要算法多样化，算法越多越能体现课改精神。"徐老师又询问了课堂上想出第一种算法的学生"你真是这样算的吗？"学生说"我才不愿意用这种笨方法呢！是A老师课前吩咐我这么说的。"徐老师连续问了好几个学生，竟没有一个学生用这种逐个减1的方法。那么后面的几种算法（特别是第6、7种）真是学生自己想出来的吗？

徐老师认为该案例反映了在计算教学中，少数老师对算法多样和算法优化这对基本矛盾的认识模糊。算法多样化应是一种态度，是一个过程，算法多样化不是教学的最终目的，不能片面追求形式化。老师不必煞费苦心"索要"多样化的算法，也不必为了体现多样化，而刻意引导学生寻求"低思维层次算法"。即使有时是教材编排的算法，但在实际教学中，学生中若没有出现，那就是学生已经超越了"低思维层次算法"，教师可以不再出示，更没有必要走回头路。要体现"算法多样化"的思想，徐老师建议我们从三方面去深刻解读。

首先，要理解算法多样化的内涵。所谓算法就是指解决各种数学问题的程序与方法，具体包括运算的方法与解题策略。这两者都由一定的程序与规则组成，因此，运算方法与解题策略有共性，但两者也有区别。前者更偏重于技能，可以通过练习获得，并进而成为技巧，而后者虽然也可进行训练，但由于问题的信息复杂要有更多的思维。两者无本质区别，只有层次之差。

其次，找准算法多样化的前提。现代学习心理学研究表明，实施算法多样化也是有前提的，各种不同算法要建立在思维等价的基础上，否则多样化就会导致泛化。以学生思维凭借的依据看，可以分为基于动作的思维、基于形象的思维、基于符号与逻辑的思维。显然这三种思维并不在同一层次上，不在同一层次上的算法就应该提倡优化，而且必须优化，只是优化的过程应是学生不断体验与感悟的过程，而不是教师强制规定和主观臆断的过程，应让学生逐步找到适合自己的最优算法。

最后，把握算法优化的标准。过去我们仅仅用成人认为唯一合理的方法作为基本算法教给学生，现在我们认为的基本算法是什么呢？其实，基本算法并不是唯一算法，基本算法应该是指同一思维层次上的方法群。以此为基础，这里提出判定基本算法的三个维度：一是从心理学维度看，多数学生喜欢的方法；二是从教育学维度看，教师易教、学生易学的方法；三是从学科维度看，对后续知识的掌握有价值的方法。理想的基本算法是三位一体的，在小学阶段，随着年级的升高，对学科维度的要求也会逐渐增强。

当然，徐老师也认为，过去计算教学中单调、机械的模仿和大量的重复性训练要不得，而部分老师只注重算理理解和解决实际问题，对计算技能形成的过程如蜻蜓点水一带而过，同样不利于培养学生的计算能力。因此，给计算教学一点"甜味"，还要处理好解决问题与技能形成的矛盾。

例如，在新课学习中，学生初步理解算理、明确算法后，不必马上去解决实际问题，因为这时正是计算技能形成的关键阶段，应该根据计算技能形成的规律，及时组织练习。具体地说，可以先针对重点、难点进行专项和对比练习，再根据学生的实际体验，适时缩减中间过程，进行归类和变式练习，最后让学生面对实际问题，掌握相应策略。

　　这里，值得提及的是：2006 年 4 月 19 日，网友刘景蕉老师在"福建教育论坛"里贴上了这样一则广告：著名特级教师徐斌将于 2006 年 5 月 18 日晚做客《福建教育》"与名师零距离"栏目，与广大教师在"教学 110 教研联盟"QQ 群，开展网络交流活动，交流主题为"计算教学的主要矛盾及处理策略"。为了保证活动有序高效地开展，欲参与活动的网友可事先在此提出您的问题，主持人将会整理后提交徐老师。当天晚上，福建教育 110 论坛上，很多青年教师热情涌动，把自己对计算教学的一些困惑与思考与徐老师交流，或向徐老师求教。现摘录其中一些精彩的问答：

　　冯崇和（永安县教师进修学校）、余庆燕（闽侯县实验小学）：现在的教材在计算教学中都没有出现计算法则，对此，教师该怎样处理？

　　徐老师：数学法则反映的是几个数学概念之间的关系。计算法则是用文字表述的运算规定，它是在算理指导下对运算过程实施细则做出的具体规定，所反映的是一种规范化的操作程序。新课程改革的趋势之一就是淡化形式，注重本质。因此现在的计算教学淡化了程式化地叙述算理和计算法则，强化的是学生对算理的理解和算法的掌握，强化的是学生在计算过程中的经历过程和主动探索。

　　周明兰（惠安县山霞学区前张小学）：怎样在计算教学中培养学生的数感？

　　徐老师：数感是对数和数的关系的一种良好的直觉。在计算教学中培养学生的数感主要表现在：能在具体的情境中把握数的相对大小关系；能用算式及计算结果表达和交流信息；能为解决问题而选择适当的算法；能估算计算的结果，并对结果的合理性做出解释。

　　邱廷建（上杭县教师进修学校）、周明兰：影响学生计算的心理因素有哪些？应采取哪些对策？

　　徐老师：影响学生计算的心理因素主要有感知粗略、注意失调、记忆还原、表象模糊、情感脆弱、强信息干扰、思维定势副作用等方面。采取的策略主要有强化首次感知、防止定势干扰、加强记忆训练、注意针对性联系等。

　　慈艳（北京市中关村第四小学）：估算 19＋18 时，很多学生直接算出 37，这时教师该怎么办？在教学中如何处理好估算和精确计算的关系？它们在计算中分别扮演怎样的角色？

　　徐老师：估算是对运算过程与计算结果进行近似或粗略估计的一种能力。当前国际数学教育中十分重视估算，随着科技的迅速发展，有大量事实是不可能也不需要进行精确计算的。无数事例说明，一个人在一天活动中估计和差积商的次数，远比进行精确计算的次数多得多。而精确计算（包括口算和笔算）能力是学生必要的计算技能，在教学中要注意培养。估算主要是在日常生活中无法进行精确计算或没有必要算出精确结果时所采用的一种计算方式；精算则是根据需要准确计算出结果的计算方式。两者在教学中各有各的要求，在小学阶段主要是培养学生精确计算的能力，同时让学生在具体情境中体验估算的需要。

无须赘言，由一次次亲历的探索与尝试，一个个精彩的案例分析，一个个鲜明的观点，不难看出徐老师对于计算教学的独具匠心。他用自己的实践与反思给我们启迪：计算课要上得精彩，教师更应该努力钻研教材，精心设计好每个教学环节，把枯燥的计算过程转变为动态的思维展示过程，给学生思考、探究的空间与时间。具体地说，就是可以先针对重点、难点进行专项和对比练习，再根据学生的实际体验，适时缩减中间过程，进行归类和变式练习，最后让学生面对实际问题，掌握相应策略。只有这样，才能让学生尝到计算教学的"甜味"，提高他们的计算能力才不失为一句空话。

赴新加坡教育考察

（七）设思维之境　享数学之美

教学情境是学生掌握知识、形成能力的重要平台，是沟通现实生活与数学学习、具体问题与抽象概念之间的桥梁。《全日制义务教育数学课程标准》指出，要"让学生亲身经历将实际问题抽象成数学模型，并进行解释与应用的过程"，提出"让学生在生动具体的情境中学习数学"。可见，创设有效的数学情境能激发学生的学习兴趣，并为学生提供良好的学习环境。

建构主义学习理论也一直认为，知识不是通过教师传授得到的，而是学习者在一定的情境即社会文化背景下，借助其他人（包括教师和学习伙伴）的帮助，利用必要的学习资料，通过建构意义的方式而获得的。因此该理论强调以学生为中心，认为"情境""协作""会话"和"意义建构"是学习的四大要素。同时，它还强调真实环境的创设和模拟，并把情境创设看作教学设计的最重要内容之一。

细观课改下的数学课堂，有的老师片面地以为只要创设了生活情境就体现了新课程的理念，不管创设的情境是否适当，是否能真正为新课学习服务，就盲目地创设情境。凡此种种，留给我们深深的思考：情境创设为哪般？据此，徐老师认为只有设思维之境，才能让孩子享数学之美。

亮点之一：借助故事情境，引发认知冲突

请看"鸡兔同笼"的新课导入：

师：（微笑着说）我小时候，像你们这么大，一天，在放学回家的路上，一个白胡子老爷爷拦住我，说："小朋友，你上学了，我考考你！"我从小爱动脑筋，就说："老爷爷，您考吧！"白胡子老爷爷说："听着，我出题了。鸡和兔关在同一个笼里，数它们的头共有 5 个，数它们的腿共有 14 条。有几只鸡？有几只兔？"我一听就愣住了，心想太难了！怪不好意思的。白胡子老爷爷说："你现在还小，不会不要紧。记住吧，这叫鸡兔同笼问题。好好读书，以后再学。"我记住了白胡子老爷爷的话。

到了上五年级时，一次在新华书店里见到一本《小学数学趣题巧解》，书上讲了"鸡兔同笼"问题的解法。我学会了，特别高兴。直到今天，我还记得呢！小朋友们，你们愿意自己动手、动脑，想想、画画，解决"鸡兔同笼"这个难题吗？

（接着，教师揭示课题：鸡兔同笼。）

【边听边悟】苏联心理学家鲁宾斯坦曾指出："思维过程最初的时刻通常是问题情境。"而《数学课程标准解读》中明确倡导："我们不能假设孩子们都非常清楚学习数学的重要性，并自觉地投入足够的时间与精力去学习数学，也不能单纯依赖教师或家长的权威去迫使学生们这样做。事实上，我们更需要做的是让孩子们愿意亲近数学、了解数学、喜欢数学，从而主动地从事数学学习，让他们觉得数学就这么简单。"的确，"鸡兔同笼"问题是一道数学名题，高年级的学生都未必能正确解答，何况是二年级的学生？徐老师有何"教学法宝"呢？上课开始，他采用孩子们喜爱的讲故事方式："老师小时候，像你们这么大，一天，在放学回家的路上，遇到一位白胡子老爷爷……"在这样神秘的故事情境中引出数学问题："鸡和兔关在同一个笼里，数它们的头共有 5 个，数它们的腿共有 14 条。有几只鸡？有几只兔？"在故事里徐老师特别强调："老师像你们这么大时还不会做这道题"，既显示解决此类问题有一定的难度，引起认知冲突，又促使学生对老师产生一种心理认同感，拉近了师生间的心理距离，使学生愿意亲近它，并且努力解决它。

亮点之二：创设生活情境，激发学习动机

教学《平移和旋转》一课时，徐老师这样设计：

师：（出示"苏州乐园"的图片，如下图所示）这是什么地方？里面有好多好玩的游乐项目，想看吗？现在我们就一起去看看，注意观察它们是怎样运动变化的。

（分别出示苏州乐园中的一些游乐项目的动态画面，如缆车、小火车、青蛙跳、旋转木马、观览车、豪华波浪等。）

缆车	小火车	青蛙跳
旋转木马	观览车	豪华波浪

师：（同时出示 6 个画面）这几种游乐项目的运动变化方式相同吗？它们分别是怎么运动的？请大家用手势比划比划。

你能根据它们的运动方式把它们分分类吗？先在小组里商量商量吧。

你是怎么分类的？（学生说分类方法）你为什么要这样分类？

接着，教师揭示课题，并且小结归纳：像上面这三种（缆车、小火车、青蛙跳）都是沿着直线运动的，我们把这样的运动方式称为平移（板书：平移）；而像下面这三种（旋转木马、观览车、豪华波浪）都是绕着一个固定的点转动的，这样的运动方式我们就称为旋转（板书：旋转）。今天我们就一起来研究"平移和旋转"。

【边听边悟】福建师范大学余文森教授不久前在《教学情境，犹如美味而富有营养的汤》一文中指出：强调情境创设的形象性，其实质是要解决形象思维与抽象思维、感性认识与理性认识的关系。教学情境，首先应该是感性的、可见的、摸得着的，它能有效地丰富学生的感性认识，并促进感性认识向理性认识的转化和升华；其次，应该是形象的、具体的，它能有效地刺激和激发学生的想象和联想，使学生能够超越个人狭隘的经验范围和时间、空间的限制，既让学生获得更多的知识、掌握更多的事物，又能促使学生形象思维与抽象思维互动发展。"平移和旋转"的教学，徐老师在挖掘文本资源的基础上，巧妙地将学生的生活资源——熟悉的"苏州乐园"的场景自然地运用其中，结合形象生动的画面，提供各种信息，以三个问题情境串联起来。

可见，徐教师创设的问题情境富有形象性，结合图片的观察、问题的思考，学生既感受到数学知识就在我们身边，又把注意力放到观察物体的运动变化中，激发了学习动机。

亮点之三：利用活动情境，诱发学习兴趣

《9 的乘法口诀》课中插曲：

师：刚才，我们一起学习了 9 的乘法口诀。那么我们如何来记忆 9 的乘法口诀呢？

（教师挡住黑板上的得数，学生试背。）

师：如果突然忘记六九是多少，怎么办？

生 1：从 9 开加，一直加 6 次，就知道了。

生2：这样太麻烦，只要想七九六十三，减去一个九，就得到了六九五十四。

生3：还可以看文具盒上的口诀。

生4：六九是多少，只要想六个九比60少6，从60里减去6，就是54。

师：大家想了那么多的办法来记忆9的乘法口诀。其实9的乘法口诀就藏在同学们的身上，你想知道藏在哪里吗？其实就藏在我们灵巧的10个手指上。

（播放录像——手指记忆法。）

师：我们把手放在桌上，手心向上，手放平，依次弯曲每个手指，弯曲手指左面的手指代表十位上的数，右面的数代表个位上的数，看看是不是这样。

（学生模仿尝试。）

师：（录像放到二九十八）谁来告诉大家，十位上的十在哪里，个位上的八在哪里？

师：我们跟着录像一起来试一试。

（学生再次跟着录像练习。）

师：请大家用刚才的方法同桌之间一个人出口诀，另一个人出手势。

（同桌合作练习。）

师：这个方法神奇吗？大家回家后可以考考你的爸爸、妈妈。

【边听边悟】尽管教材给学生提供了精心选择的课程资源，但在细心领会教材的编排意图后，徐老师对教材进行了加工与创新，使"教材"真正成为"学材"。在9的乘法口诀编写后，教师把重点放在让学生探究9的乘法口诀的规律上，引导学生通过观察、比较，探索记忆9的乘法口诀的多种途径。同时，教师根据学生的年龄特征和心理特点，重点介绍了手指记忆法，通过录像播放、定格介绍、模仿尝试、互相交流等方式，为学生营造出了一个色彩缤纷、声像同步、能动能静的教学情境，为学生提供了丰富多彩的教学资源，充分调动了学生的视觉、听觉等多种器官，让他们对枯燥的口诀记忆产生了内在的、自觉的需求，诱发了学习兴趣，把学生在数学课堂上的审美体验推向了高潮。

亮点之四：链接声像情境，强化策略意识

《解决问题的策略》课尾：

师：通过今天这堂课的学习，你觉得用列表的策略解决问题的时候要注意些什么呢？

生 1：注意隐藏信息。

生 2：要选择相关信息。

生 3：要注意对应。

师：其实像这样的高级策略还有很多。你能不能综合应用今天学习的一些策略去解决一些问题？

（出示题目，播放录音。）

师：这是什么信息呀？

生：声音方面的信息。

师：生活中碰到这样的信息时，你怎么办？

生：记下来。

师：说得这么快，怎么记？

生 1：慢慢听，多听几遍。

生 2：写得简单些。

生 3：选择有关信息记。

（出示，小力：我买 3 个文具盒。小红：我买 4 个书包。小芳：我买 10 个卷笔刀。"小红比小芳多付多少元？""小力比小红少付多少元？"）

师：根据自己的喜好选择一个问题，根据选择的问题设计自己的表格。哪些可以先填？

生：姓名，买了几个。

师：现在要记的多不多了？

生：（插嘴）原价不要记，只要记现价就行了。

（播放录音，学生记录。）

师：记录好后，这题就留在课后解决。

【边听边悟】新教材大大增强了数学与现实生活的紧密联系，使数学成为学生经验、常识的提炼与升华的有力工具。让生活问题走进数学课堂，培养用数学思想看待实际问题的习惯已成为众多数学老师的教学追求。徐老师一直强调数学课应当有浓浓的"数学味"，尤其要重视学生数学素养的提高。该片断的教学，徐教师提供了声像情境，将习题用音频信息与文本信息同时呈现的方法，重在指导学生熟练运用列表整理的方法来整理信息，学会从纷繁复杂的外界信息中捕捉筛选出有用的信息，充分体验列表整理信息解决问题的价值，对学生进行了信息收集和处理能力的培养。它紧扣教学内容，凸显学习重点，强化了解决问题的策略意识，既拉近了数学知识与学生之间的距离，又将学生引入了一种渴求参与学习的状态，使学习毫无外部强加或者强迫的痕迹，不失为该课的亮点所在。

不可否认，教学情境是一种特殊的教学环境，是教师为了方便支持学生的学习，根据教学目标和教学内容有目的地创设的教学环境。创设有思维含量的问题情境，不仅能使学生熟练地掌握数学知识和技能，而且还可以让学生获得积极的情感体验，获得学习的成功感。

细数徐老师的数学课堂，我们明显感受到：创设情境不能只图表面上的热闹，更不能让过多的非数学信息干扰和弱化数学知识与技能的学习及数学思维的发展，并不是所有的数学教学都必须从生活中找"原型"，选择怎样的教学方式完全取决于教学的内容特点和学生的学习起点。数学课上的情境创设应该为学生学习数学服务，应该有利于学生用数学的眼光关注现实生活，应该为学生学习数学知识与技能提供支撑，为数学思维的发展提供土壤。只有创设数学思维之境，才能享受数学学习之美。一句话，情境创设是为了有效学习，为学生的数学学习服务！

与北师大教授刘坚先生一起

（八）为学生的数学学习服务

当你点击教育在线论坛（http：//www.eduol.cn/）时，会发现一个《为学生的数学学习服务》的主题帖。细细一看，帖子的主人正是徐斌老师（网名"斌山来客"）。

2002 年 11 月 28 日，徐斌在论坛正式注册，他的"加盟"，使本来热闹的教育论坛再次"升温"。在第一时间，一位网名"呼拉拉"的老师跟帖求助：

徐老师，这个星期我要开一节《8 加几的进位加法》的课，能否提点建议，谢谢！

徐斌很快回复——

呼拉拉老师，我今天正好也上了《8、7 加几的进位加法》。我觉得这一课应当体现"算法多样化"的思想。在算 8＋7 时，有学生是把 8 凑成 10，有的是把 7 凑成 10，有学生是想 9＋7＝16、16－1＝15，还有学生想 10＋7＝17、17－2＝15，甚至有个学生想 8＋8＝16、16－1＝15。为学生的数学学习服务，就是从学生的学习起点出发，创设适合于学生积极动手动脑的活动环境，放手让学生展示自己的学习过程，让学生在自己的已有知识经验和生活经验基础上展开学习。在这节课上，我想不必强求学生一定要用哪种方法，哪种方法最好，可以说"你喜欢用哪种方法就用哪种方法"。一孔之见，请指正。

一小时后，他又加上了一帖——

刚才在课间匆匆写了几句，尚觉不过瘾。关于"算法多样化"，我还想再说几句。在一年级教学《20 以内进位加和退位减》时，可以较好地体现《数学课程标准》中对计算教学的要求。半个月之前，我在江苏省电教馆拍了录像课《9 加几》，现将其中一个片断贴上，请指教。

自此一"帖"不可收拾。如今，他的"为学生的数学学习服务"主题帖已由（一）发展到（七）。跟帖回帖计 4003 个，浏览数高达 63620 人次。这一主题帖已经成为小学数学老师们交流与研讨的温馨家园，而"为学生的数学学习服务"也成了徐老师的教学理念。

尽管在工作最初的几年里，他就已经阅读了《九章算术》《尝试教学法》《儿童心理学》《给教师的建议》等 50 多部理论书籍，2000 多本教育期刊，与布鲁姆、苏霍姆林斯基、陶行知的"亲密接触"，使他开阔了视野，提升了理念，但随着信息技术的发展，随着课改的深入，为了自身专业化成长的需要，尤其是在论坛上，见到朋友们的读书交流贴时，他时时感觉需要补充精神的养料。于是，业余，他又捧起了《教育的理想与信念》《数学教育，从理论到实践》《教育的 55 个细节》《学习的革命》《数学教育展望》……夜深人静之时，正是读书享受之时。与数学大师的对话，渐渐丰厚了他的底蕴，磨砺了他的底气。同时，利用网络快捷学习，促进了他对数学教育更深入的思考。

借助于教育在线的主题帖，徐老师认为有更多机会去关注青年教师，去指导和帮助他们。所以，对于老师们提出的问题，他总是有问必答。

记得有一天，网名是"钻石天空"的老师问：徐老师您好，请教《小数的初步认识》这节课怎样创新呢？青岛版教材《小数的初步认识》是以家居中的学问作为情境引入，如 40 瓦白炽灯与桌面的适宜距离是 0.5 米，0.5 米有多长呢？教材改变了传统的教学模式，教学中让学生通过纸条的折叠演示，把 1 米平均分成 10 份、100 份，自助构建起小数与分数的联系。我想上这节课，怎样才有所突破呢？也许出现这样的问题带有普遍性，平时的教学研讨活动中，我常常觉得青年教师在解读教材方面有些困难，如果能正确理解教材，真正把握教材的意图，研究教材，再来创造性地使用教材，那么设计的教学流程应该可以更好地体现新的课改理念。

课间，徐老师马上给予回复：

谢谢信任！

最近我也上了《认识小数》，我们苏教版教材在编排上比较有特色。教材安排了让学生从生活中认识小数，同时更注重了小数的来源和本质。教材通过测量，让学生了解小数产生的需要，并且沟通了整数、分数和小数的内在联系。这节课是初步认识，我觉得如果要突破的话，应该从数学的角度让学生经历小数产生的过程，了解知识间的内在联系。但又要注意，不要上成小数的意义。个人意见，仅供参考。

"钻石天空"随即回复说：谢谢您的指教，听说您上了苏教版《认识小数》这节课，能否上传您的教案，我学习一下。

徐老师二话没说，就把自己《认识小数》的教学预案贴在了论坛里，供他们参考。

如果最初进入教育在线是一种偶然，给"梦"插上了飞的翅膀，那么，网络学习、课堂交流无疑给了他更多的动力，让他不禁想跑出最快的速度，而且想飞得更高，走得更远。同时，借助教育在线的这般神力，他要引领更多的青年教师，朝着理想的、充满智慧的数学课堂飞奔而去！这里，有个故事不得不提。

2003 年 1 月 23 日晚上，徐斌老师结合自己的研究专题"课堂教学评价标准"和"小组合作教学问题"，约上好友夏青峰（江苏省特级教师）在小学教育论坛里组织了一次专题沙龙研讨活动。主题是："怎样改善学生的学习方式才是有效的？"当他在小学教育论坛里抛出问题后，如平静的湖面掀起了思维的浪花，那些爱好数学的老师们聚集在一起，叽叽喳喳，热闹极了！

盛伟华：儿童本能地对一切事物和现象感兴趣，他们具有自然而又旺盛的探索精神和强烈的求知欲，会想方设法弄清楚这些新奇事物背后究竟隐藏着什么。教师就可以利用这一可贵的动力和心理资源，在课堂上指导学生如何观察、如何提问、如何收集资料，教给他们发现数学变化规律的一般思维方法，引导学生自主探究的方法和形成善于听取各种不同的建议及随时发现新事物、敢于保持自己富有个性的独特意见等好习惯。

莫国平：我觉得学生首先要喜欢、要会看数学课本！然后在看书的基础上提出自己的问题，师生把学生提出的问题进行归类，然后让学生进行探究（当然需要老师的指导）。

缪建平：一种新的学习方式的掌握和运用，需要依托相应的课程载体。只有教学处理得当，原有的课程内容才能在一定程度上支持学生研究性学习的展开。我们的许多优秀教师，正是在原先的学科课程教学中，既有效地指导学生掌握了基础知识和基本技能，又培养了学生主动学习、积极探究的意识和能力。学生学习方式的改变，最终也应当在各类课程实施的过程中得以体现。记得一次听冯恩洪的报告，说到中国一个代表团一次到美国去进行教育考察，最后提出一个要求就是：请当地学校校长提供一个课程表，结果是令人啼笑皆非的——因为在美国根本就没有学校给师生的课程表，只有学生自己给自己安排的课程表。这说明什么？我想，也许当我们到了那一天，学生的学习方式才会真正显示出自己的个性！

……

精彩的发言不能一一呈现。这次活动，吸引了一百多位网友的积极参与，这种群体反思的形式极具价值，也引发了他不断追问自己课堂的愿望。由此整理的论文和案例分别被《小学数学教师》《陕西教育》《江苏教育》等教育期刊录用。

更幸运的是，2006 年 5 月 18 日晚，徐斌与广大教师在"教学 110 教研联盟"

开展网络交流活动，讨论主题为"计算教学的主要矛盾及处理策略"，当晚的场面有点像记者招待会。老师们把平时在计算教学中遇到的问题或疑虑都提了出来，要求徐老师给予把脉。

很多老师困惑的是：计算教学中存在哪些问题？主要问题是什么？徐老师把当前计算教学中主要存在的四大矛盾及处理对策细细说来。他的这些想法点燃了老师们的思维火花，大家对情境创设与复习铺垫、算法的多样化与优化、算理直观与算法抽象、解决问题与技能形成之间的关系渐渐清晰起来。

如果说老师的自我学习是一种"吸收"，那么这样的沙龙对话无疑就是一种"倾吐"，必要的"倾吐"能促进更多的"吸收"。与老师们的漫谈，建立了高层次的共识，达到了研究问题、交换信息、经验共享的目的。做客《福建教育》110 论坛，徐老师再次当了一回"嘉宾"，网络撞腰，撞出了他生命的激情与内在涌动的活力。

著名的心理学家马斯洛需要层次学说指出："人都有归属和尊重的需要"。确实，每个人都有被尊重的需要，有发展自我和被认可存在价值的需要。

在小学教育论坛，除了回答老师们的提问，徐老师也发了不少文章，当他把平时写的数学教学随笔与大家分享时，赢得了同行的不少赞誉。在朋友的赏识与鼓励中，他走得温暖而自信，也找到了做一个思考着的行者的乐趣与意义。于是，就这样一路坚持着，一路收获着。

鼓励的价值不容小觑，争鸣的氛围更是财富。

"吾爱吾师，吾更爱真理。"

"道之所存，师之所存。"

因为网络，因为论坛，现实中严格的等级序列消减了它的力量——你根本不需要在意发帖人是个什么级别的什么"长"，什么"主任"，想说什么尽可以说，如果在意，可以套用"马甲"。真实的声音，就是这样发出来的。

例如评课。现实中的传统评点，需要大家围坐下来进行研讨，且常常是众人说说好话不痛不痒地走个过场。对于他的课堂，碍于特级教师的光环，如果想和大家当面交流一下，那收获的大多是"沉默"。而网络评点，去除了时间和空间的同一性，也去除了话语霸权，在这个平等的空间里，他读到了宝贵的带着温度的思考——

2003 年 10 月 12 日，徐老师到海门实验小学执教《确定位置》一课。一位网名"云开雾散"的老师在论坛上给他一下子提了 6 条建议：

（1）预设学生坐定座位后，再根据票调整座位，孩子比较乱，有时还会丢东西。

（2）请每个同学找到自己最好的朋友这一环节改成：请你说出你好朋友的位置，让大家猜猜他是谁。

（3）在解决问题时可以将其中两个窗户关上，学生用鼠标指向选定的窗户，窗户打开出现小动物头像。

（4）书橱图可以增加一个层次，让学生明白，位置是相对的，而不是固定不变的。

（5）将扫雷游戏改成寻宝或救援行动，可以培养学生克服困难的健康思想，而不只是期待炸雷时的快乐。

（6）在电影院找位置这部分可以这样设计……

诸如这样的帖子，不再一一枚举。也许帖子的主人只是个无名小卒，但徐老师无比珍视这些独特的见解和看法，喜欢这些另类的声音。这些或长或短的帖子，都见情见性，是真理烛照下的珍珠。读着老师们真切的评语，他常常心存感激。以后，每逢外出上课，他都习惯将教学预案张贴在论坛上，让大家提建议，说感想。然后结合学生的实际情况不断修改完善教学预案，一堂堂好课就这样诞生了。老师们的互动交流，收获在那些被鼠标激活的日子里。他课堂技艺的日臻完善，也许离不开这些与众不同的声音。

诚然，上教育在线之前，他便是一名特级教师。作为特级教师，是功成名就后的泯然众矣，还是跃马扬鞭自奋蹄的不断超越呢？庆幸的是，他遭遇了"教育在线"——读书、实践、思考、写作，他的专业发展又有了新的平台与方向，他感觉应该跑出自己的速度。

当新理念铺天盖地涌来时，当新课改到来时，徐老师越来越强烈地感受到老师们在课堂上的缩手缩脚、手足无措。在梳理新课堂的过程中，他觉得掌握新的教育理念不是在口头上，而要在行动上真正去引领教师一路前行！于是，他把研究目标锁定在课堂，在推敲课堂的细节中寻觅教学的智慧。把"如何构筑理想与智慧的课堂"作为自己的研究课题。

2005年1月15日，来自全国的300余位教育名流云集张家港市沙洲小学，参加了由新教育实验总课题组主办、《苏州教育研究》编辑部和沙洲小学承办的"构筑理想课堂"专题沙龙活动。徐老师作了《理想课堂——心中永远的梦》主题演讲，赢得了与会者的一致好评。

2005年5月17日，在苏州工业园区第二实验小学，由理想课堂项目组负责人孟丽华主持，常州实小、常熟实小与园区二实小共同签署了构筑理想课堂"互助研究共同体"纲领。朱永新教授代表总课题组签字，并做了重要讲话。这次标志性的签署活动，徐老师觉得在构筑理想课堂方面已经从表面走向深层，他认为每个教师都应该真正行动起来，研究起来。

在教育在线，徐老师有幸成为理想课堂的一名忠实实践者。2005年6月3日，在新教育实验总课题组主办、常熟市实验小学承办的"新教育实验的实践与反思暨'构筑理想课堂'主题沙龙活动"中，徐老师上了《解决问题的策略——列表》一课（三位老师同题作课）。活动中，徐老师不仅把教学设想与老师们进行交流，还就理想课堂谈了自己的一些思考，引发了大家的共鸣。

2005年6月10日，由福建教育出版社主办、明日教育研究所和仓山区教育局协办的"新教育实验"和"生命化教育"学术研讨会在福州仓山小学举行，他又献上了一节数学课供大家探讨。

2005年7月，在四川成都召开的新教育实验第四届研讨会和2005年12月在吉林召开的新教育实验现场会上，他都有幸走上讲台，现身说法，以真实的数学课堂与老师们一起交流，以自己的实际行动逼近理想课堂。

"每一课都是唯一的、不可重复的、丰富而具体的综合。一堂好课，不应追求讲授技巧的滴水不漏，教学环节的天衣无缝，细枝末节上的精雕细刻，而应在先进的教育理念指导下，面向全体学生，关注学习过程，注重学用结合，着眼全面发展，使学生真正成为学习的主人！"徐斌老师是这样说的，也是这样做的。一路走来，理想课堂如今已成为论坛上一则最美的"童话"。而因为网络，徐老师也迈上了专业化成长的快车道。

现在，他常常会在论坛短消息里收到一些教育媒体编辑发来的录用通知或者约稿信函。

2005年1月，《湖南教育》杂志推出了课改专栏"100个怎么教"，他有机会将自己在课改中的一些思考寄予笔端，写出了《当前小学数学课堂教学误区及对策》十个部分连载，与大家分享。

2005年，《现代教育报》的编辑雷玲老师约他主编了《听名师讲课》《另类课堂》等书，使他有机会把数学方面的收获、思考与大家分享。

他的教育教学随笔还出现在各级各类的报纸杂志上：《确定位置》教学实录被《教师之友》录用，《一位数乘两位数》教学反思被《中国教师报》录用，教育随笔被《成才导报》录用……

2005 年 8 月的《中国教育报》上刊登了徐斌教育教学艺术系列报道，该文被众多网站转载，引发了一场理想课堂的大讨论。

近年来，徐斌应邀到广东、广西、山东、浙江、上海等 20 多个省市作公开教学300 多次，有 5 节课被中央教育电视台摄成录像，通过卫星向亚太地区播出。2005年，中国名师系列——徐斌小学数学教学专辑由山西教育音像出版社正式发行。整个专辑收录了他的一个报告（两张光盘）和 10 堂经典课例，整套由教育音像出版社专业录制，音像效果堪称一流。2006 年 3 月，专著《走近徐斌：为学生的数学学习服务》由福建教育出版社出版。该书是新教育文库新生代名师课堂探索丛书中的一本，由中国小学数学教学专业委员会学术委员、苏教版小学数学主审盛大启作序，在数学界引起了很好的反响。

2005 年，徐老师成立了徐斌工作室，有更多的青年教师在这种特殊的交往、交流、合作的空间氛围里自由成长。同时，他也尽可能地发挥自己的研究专长，以实际行动引领教师，促进他们对专业化成长的内在需求、内化的过程和内涵的提升！

这样的例子还有很多。一直到今天，网络研究依然是徐老师最钟情的研修方式之一。

当然，作为一个特级教师，作为一个校长，可以想象其工作的紧张忙碌。清楚地记得，每年的寒暑假期，徐老师都放弃休息，忙碌着青年教师的业务培训活动。为了学生，为了青年教师的快速成长，为了他所钟情的数学教育事业，他常常乐此不疲。有时苏州市教科院举办一些数学教研活动，徐老师都会亲自上观摩课、开设讲座、组织主题研讨；徐老师还担任了苏州市小学数学新课程研究组组长，定期组织实验教师研究新教材、反思新课程；他甘愿做"人梯"，借助网络平台，实践"为学生的数学学习服务"教学理念，为青年教师指点迷津、热情导航。

天道酬勤。付出爱，便会收获爱。

他的学生吴寅寅说："徐老师可真神，枯燥无味的数学知识经他一讲解，就变得生动有趣了！一次，徐老师给我们讲'混循环小数'。他先在黑板上写了一个循环小数 0.63232……，并说，这个循环小数中的'32'会连续不断地重复出现，但'6'是局外人，是'混'进去的。我们今天一起来认识混循环小数。咱班每个同学都喜欢上数学课，我们几个小孩子常在一起说，长大后要成为像徐老师一样的好老师！"

学生赵可心的家长说："随着孩子一天天长大，我们深深地感到，孩子的每一点进步都凝聚着徐老师的心血，所取得的每一点成绩都与徐老师的悉心培养分不开。徐老师的教学在省内外已颇有名气，却依然谦和质朴，本本色色，没有任何锋芒和矫饰。与家长交谈时，他总是恰如其分地评价学生，推心置腹地交换看法，真诚相待，仿佛知心朋友。"

同事胡娴老师说："徐老师的一颦一笑都透着浓浓的亲近学生的情谊。"自己的参赛课《数学活动课——小小商店》，得到了徐校长的多次精心指导，使自己体会到了如何更好地体现教学理念，如何把教学理念和教学程序有机结合，相得益彰。能获得优质课奖，一半都是徐老师的功劳啊！

都说人生像一本书，是一本永远读不完的厚书。每个人都是一本书，一个故事，一个惊心动魄的传奇，一部脍炙人口的小说……肖川教授也曾说过："只有用思想才能滋养丰富的心灵和厚重的人格。"在教育世界中，倘若有丰富的思想熠熠生辉，倘若有丰富的思想相互碰撞，倘若有高尚、丰富、独到、深刻的思想来鼓舞人心，我们的事业，才更有趣味，更有魅力。是呀，一个有思想的人，书的每一页都将是精彩纷呈的。徐斌老师的成长经历和教学实践告诉我们：课堂，是个有魅力的地方。让我们携手努力，跃马扬鞭在教育事业中，为学生的数学学习服务吧！

夫子庙小学的夫子像

三、媒体报道

与知名专家周玉仁、吴正宪、刘德武一起录制教学节目

稳健厚实

——徐斌老师课堂教学艺术美学解析

二十一世纪初，当自上而下的新课程改革在神州大地全面铺开的时候，一场以主体性和建构性为基本特质的教育革命撼动着传统教育的基础。从国家到地方，组成了各级别、不同形式的培训，对于尚处在传统教育惯性中的一线教师来说，无疑是"乱花渐欲迷人眼"，似乎，大多数教师只记住了课程理论的关键词，还来不及把新的理念内化为行动，也有的依样画葫芦，那也是形似神不似。就在这样的背景中，人们观摩了徐斌等名师的课，人们以"原来数学课也可以上得如此的美"来表达质朴的崇敬与惊奇。是的，徐斌的数学课是美的。美在学生有如搭建积木般轻松经历数学的学习，美在教者有如引来清泉活水般让学生自由吮吸的数学活动组织，美在课堂上生命之花绽放得如此亮丽与舒适……稳健厚实或许能够表征徐斌的数学课的

美学特征。

稳健厚实之境，似推窗观大江，看"巫峡千寻，走云连风"，而生"饮真茹强，蓄素守中"的理性遐想，听"两岸猿声啼不住"，而历"轻舟已过万重山"的惬意与惊喜，极目"浩荡清淮天共流"，领略"长风万里送归舟"之意气风发……

观徐斌的课，我们感受到的是"开窗放入大江来"的艺术享受。

1. 以冷静的反思而致教学思想的深邃

课程的运行，总是先经历"理想课程"状态。任何美好的理想，在一定时段，也总会与现实存在一定距离，从这个角度讲，有效的实际行为，往往可以激活理想、丰富理想。在中国当代名师中，徐斌无疑在新课程改革过程中起到了这样的作用。这份作用，体现在他较早反思和剖析新课标下数学课堂的误区和偏离。

针对新课程背景下小学数学教学的极端化，徐斌列出了八个突出问题："情境创设为哪般""调动积极性是教学目的吗""'生活味'大于'数学味'吗""合作交流等于小组学习吗""算法多样化还是形式化""活动越多越好吗""'三无'现象""过程比结果重要吗"。在这些结合课标、有例证的深入分析中，其实聚合了徐斌的教学思想。例如，在论及"情境创设为哪般"时，徐斌肯定了课标"让学生在生动具体的情境中学习数学"，但对于课堂教学中所表现出缺乏数学味的所谓"情境创设"，提出了"是在上数学课还是在上看图说话课"的质疑，并进而指出"数学课上的情境创设应该为学生学习数学服务"的观点。又如，在"调动积极性是教学目标吗"的剖析中，徐斌指出，"充分调动学生的积极性，对于上好一节课来说是十分重要的。但更重要的是学生在课上学到了哪些数学知识，受到了什么启发，获得了哪些发展，而不仅仅是为了形式上的需要，不仅仅是为了学生表面上的兴高采烈、其乐融融。调动积极性不是教学目的，调动积极性只是为了促进学生更好地学习和发展的手段"。就一些教师为调动学生积极性而采用的片面做法，如"过多廉价表扬""过分模糊评价""大搞物质刺激"等，徐斌指出其后果，"过多的廉价表扬会导致学生的浅尝辄止和随意应付，过分的模糊评价会导致学生的知识缺陷和是非不分，大搞物质刺激会导致学生急功近利和情绪浮躁"。应在深入剖析的同时，提出较为独到的见解。可见，徐斌不仅有深厚的课堂经验，更有善思、巧思的理论敏锐。徐斌给我们的启示是，内涵来自智慧和修为，而不是来自满头珠翠。

在剖析中，徐斌提出以"执其两端而用之"的哲学态度，寻找传统教学与当代教学的平衡点。换句话说，徐斌剖析的8大课堂教学误区，是要提醒教师在这八个方面有一个哲学范畴的"度"的把握。正是在对当今课堂的纠偏中，徐斌老师的课一扫表面的浮华浮躁，以稳健的姿态解放新课程理念。诚如著名特级教师吴正宪对他的评价："超越传统的起跳点，在推敲中寻觅教学的智慧。"

既探骊珠，必得精华。我以为，正是有深厚的教育理解和执行能力，有哲学审视的高度和深度，徐斌对新课程的贡献在于激活与解放，而不是移植与复制。

值得一提的是，其著作除《为学生的数学服务》外，由徐斌主编的《推敲新课程课堂（数学卷）》和《另类课堂（数学卷）》都主要为对新课程数学课堂教学的探究和反思，加强了技术的实用价值。

2. 服务学生学习数学的思想建构

徐斌在《追寻理想的数学课堂》一文中，描述了自己课堂境界的三次飞跃，即"第一阶段：精雕细琢、完美无缺""第二阶段：多层并进、快乐交流""第三阶段：真实有效、互动生成"，从中，我们可以看到，一个以课堂而立的名师的成长与经历，同时，也能够看到近二十年来中国教育的课堂审美趋向。在第三阶段的描述中，徐斌提出了"为学生的数学学习服务"的思想，可以说，这是他建构课堂的指向基础。

那么，怎样的课堂教学是"为学生的数学学习服务"呢？

徐斌提出了构成"真实有效、互动生成"的理想课堂四要素："真实的课堂摈弃演练和作假""有效的课堂追求简单和实用""互动的课堂讲求对话和共享""生成的课堂需要耐心和智慧"。

我以为，"为学生的数学学习服务"这一观念具备三个层次的内核：为学生服务、为学生学习服务、为学生学习数学服务。"为学生服务"，就要充分尊重学生，尊重学生的个体人格，尊重学生生命运行的规律，教师就应俯下身去，与学生一起探究，一起思考，一起享受问题解决后的快乐；"为学生学习服务"，就要使课堂承载学习的内容和氛围，并且让学生自主建构，教师要充分发掘贴近学生生活实际的教学资源，让学生在遇到困难时有教师的帮助；"为学生的数学学习服务"，就要使课堂承载的明显是数学课的，而非语文课的、品德课的因子，课堂流动的是感性与理性共融的思维演进，教师在这个进程中需以自己深厚的数学修养激活学生潜藏的数学因子。

"为学生的数学学习服务"不是一句简单的口号，而要实实在在地落到实处。2005年冬，徐斌在成都为西部教师上了《确定位置》示范课。课始，他设计了学生按"座位卡"找座位的活动，学生手中拿着座位卡，按从左到右、从前到后的顺序，自己找座位。大部分学生都找到了，可有三个学生没有找到，急得面红耳赤，徐斌拉住其中一位，问："你需要帮助吗？"原来他们的卡上或只有组号、没有座码，或只有座码、没有组号。

这个细节，首先是设计情境的真实性。在新的环境，必定有一个先入座问题，这一设计，自然而又切教学目标。其次是化生活问题成数学问题。没有找到座位的学生，自然提出了对卡的质疑，教师在此基础上，提出数学课题，设计巧妙，让人钦佩。

"为学生的数学学习服务"这一观念具备三个层次的内核：为学生服务、为学生学习服务、为学生学习数学服务，都在这小小的细节中得以集中体现。

就是这样完美的课，在肖川主编的《名师备课经验》一书中，徐斌"为学生的数学学习服务"的反思精神让我感动："反思这节课，我觉得至少有如下几点需要改进：生活中，学生到电影院看电影的经历其实很少，即使去看电影，要么是家长替学生找座位，要么随意坐（曾经一段时间电影院不景气是普遍现象），这样就增加了教学过程中在电影院找座位的难度；生活中确定楼房（特别是居民住宅小区）房间的方法一般不说'第几层第几号'，而是直接说'几零几'，在教学中我没有适时进行有效沟通……"

在真实质朴的反思中，我们看到的不是掩饰自己曾经的缺陷和遗憾，更看到这样一个为我们呈现过丰饶、奇诡、深邃的数学世界的名师的养成背景。

3. 让学生在形象中学习数学

以"为学生的数学学习服务"为基础，徐斌长于形象地构建课堂。

首先，徐斌致力于小学生数学形象思维能力的研究。他认为："数学形象思维能力是数学思维中必不可少的重要组成部分。"他从小学生的数学形象思维能力中的数形转化能力、形象记忆能力、形象识别能力、空间想象能力和运用能力五个方面进行了卓有成效的调查研究。在此基础上，提出以"数形结合"的教学方法促进学生立体的数学思维和谐发展。他指出："教师要充分发挥线段图的作用。线段图具有半具体半抽象的特点，它既能舍去应用题的具体情节，又能形象地揭示出条件与条件、条件与问题之间的关系，把数转化为形，明确显示出已知与未知的内在联系，激发学生的再创造想象，激活学生的解题思路……实现形象思维和抽象思维的互助互补，相辅相成。"

应该说，小学生的形象思维是其思维的主要成分，放大它在学习中的作用，必然能够使学习轻松和更具成效。在徐斌的众多经典课例中，这种"数形结合"的教学方法被普遍运用。像《确定位置》中"地雷阵"的游戏设计，《认识小数》中"配钥匙"和"想想做做"两个环节，《解决问题的策略》中"文具店"购物环节等，都巧妙地化数为形，让学生形象地进行数学的学习。

其次，徐斌精于活动教学。或许，在今天讲活动教学不为新鲜，但我想说，徐斌的课堂活动设计匠心独运。

贴近学生生活实际，甚至活动情节都颇具童话意味，这是徐斌的数学活动设计的第一大特色。前面，我们已经从《确定位置》的反思中，看出徐斌对活动设计的严谨要求。《解决问题的策略》中，"文具店购物"活动，与一般设计"超市购物"的区别，就在于前者更贴近学生生活实际。《统计》一课，贯穿全课的"森林里的生日"情景活动，让学生在童话世界里进行学习之旅。《确定位置》设计了"小动物做操""小动物的房间"两个情景活动。《一位数乘两位数》设计了"大象搬木头"等情景活动。这些活动不仅给课堂带来了趣味，更主要的是为学生的学习注入了实效。这种实效，既体现在充分调动课堂的参与度，也体现在课堂呈现的形象性上。

有递进的梯级，能够激发学生思维的渐次演进，这是徐斌的数学活动设计的第二大特色。一节课中，无论是贯穿全课的主体情景活动，还是以时间延伸的多个活动群，学生经历活动就是在经历学习的历程、思维的递进，或由单一到复杂，或由形象到抽象，或由模仿到探究，活动不仅仅是机能的调节，也不仅仅是新知的强化，更是学习轨迹的形象伸展。例如，《一位数乘两位数》中，"复习铺垫"环节设计的是单一的大象，目的是让学生复习一位数乘一位数的知识，在"学习新知"环节设计的是3头大象搬木头，后来又是5头大象搬木头，这样的情景活动，就不仅仅是一种道具了，而是负载学习内容和知识建构的形象文本了。无怪乎有人说徐斌的课堂是"用智慧积木搭建数学乐园"。

此外，徐斌的课堂数学活动还常常预设问题情景，让学生在其中生发新问题，从而指向学习目标。

4. 删繁就简、稳健沉雄的课堂驾驭艺术

课堂的驾驭能力往往反映一个教师的职业功底。观名师的课，我们常常会有暖流轻送、如沐春风的感觉。其实名师大家的课，也因其不同的驾驭艺术而呈现出不同的韵味。徐斌的课堂驾驭基本倾向于删繁就简、稳健沉雄的境界。

徐斌的课，教师巧于引领、化繁为简、化难而易，让学生在不经意间得到包括知识、能力、情感、态度、价值观的浸润，而在这样的过程里，师生的经历是在互动和交流中形成经验的快乐。

《解决问题的策略》一课，江苏省张家港市数学名师陈惠芳在观后有这样的评析："也许'归一'应用题解答本身而言，学生并不困难，但是，要在解决简单实际问题的过程中，让学生初步体会用图画或列表的方法整理相关信息的作用就比较难。整堂课上，徐老师不是靠语言的描述来突出教学的重点，而是不着痕迹地让学生在不断的尝试、观察、比较中，体会列表法整理实际问题所提供信息的重要性。教师为学生学习提供了充分的心理自由度，使学生一直处于积极、活跃、自由的状态，有力地促进了学生思维的发展。"

课堂上的徐斌，声音不高，神闲气定，娓娓道来，却极富磁性。教师体态动作，也不是那么大起大落，却极具节奏性。在徐斌的引领下，学生像步入了一个无形的磁场，没有分心与走神，步步为营，携手向课堂教学的目标迈出稳健的步伐。

《鸡兔同笼》一课，徐斌以故事情境引出数学问题，并特别强调"老师像你们这么大时还不会做这道题"，引发学生的探究欲，然后分析题意，让学生通过画图来自主构建数学模型。在这一教学环节中，教师逐层引领学生理解题意，指导学生画简单的图形帮助思考，学生很快有头和腿的图形表示办法，诚如著名特级教师钱守旺评析的那样："这时，鸡和兔各自的颜色不见了，它们的生动形态也不见了，甚至连它们的躯体也被忽略了，而只抽取了与数学有关的'头'和'腿'的数量特征，得到的这些'符号画'既是形象的图画，又是抽象的符号。这一过程是儿童将头脑中的表象概括化的过程。如果说抽象思维的细胞是概念，形象思维的细胞则是表象，而这种'符号画'就是形象思维运演的'算子'，也是形象思维过渡到抽象思维的

'脚手架'。"在建立了数学模型后，又以自行车和三轮车问题来巩固，并解决生活中的实际问题，使数学模型"数学化"。全课充分体现了徐斌稳健厚实与娴熟的教学技艺。

作为实力派名师，徐斌的课堂教学艺术是多方面的。我想，徐斌对新课程改革的贡献不仅仅在于他呈现的丰富多彩的课例，更在于他求真的精神。

（该文发表于 2007 年第 5 期《四川教育》，作者为《四川教育》首席记者余小刚）

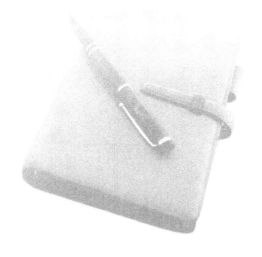

附　录

近十年个人专著出版和代表性论文发表索引

一、个人专著

2005 年	福建教育出版社	专著	《为学生的数学学习服务》
2010 年	吉林音像出版社	专著	《追寻无痕教育》
2011 年	首都师范大学出版社	专著	《无痕教育》
2004 年	广西教育出版社	主编	《听名师讲课》
2006 年	广西教育出版社	主编	《推敲新课程课堂》
2006 年	广西教育出版社	主编	《另类课堂》
2010 年	吉林大学出版社	主编	《追求与众不同的课堂》
2010 年	吉林大学出版社	主编	《理念与智慧的博弈》
2012 年	教育科学出版社	主编	《小学数学名师名课——成名篇》
2005 年	山西电子音像出版社	主讲	《"中国名师"教学光盘》
2008 年	中国电子音像出版社	主讲	《"特级教师辅导"教学光盘》

二、代表论文

刊物名称	文章标题
2004 年	
《小学数学教师》第 1～2 期	《"确定位置"教学预案》
《陕西教育》第 1 期	《追寻理想的数学课堂》
《小学教育科研论坛》第 3 期	《让学生享受数学学习的快乐》
《小学教学参考》第 4 期	《让学生分享数学活动的快乐》
《小学数学教师》第 4 期	《追寻真实有效与互动生成的课堂教学》
《小学教育科研论坛》第 4 期	《"鸡兔同笼"教学实录与反思》
《江苏教育》第 5 期	《当前小学数学课堂教学误区及对策（一）》
《教师之友》第 5 期	《解读幸运》

《教师之友》第 6 期	《兴趣指引　教育自觉》
《教师之友》第 6 期	《评张齐华〈圆的认识〉一课》
《小学教学参考》第 7~8 期	《"统计"教学实录与解读》
《小学教学设计》第 7~8 期	《让学生分享数学活动的乐趣》
《江苏教育》第 9 期	《当前小学数学课堂教学误区及对策（二）》
《人民教育》第 12 期	《名师人生》

2005 年

《湖南教育》第 1 期	《合作交流＝小组学习?》
《湖南教育》第 2 期	《情境创设为哪般?》
《湖南教育》第 3 期	《调动学生的积极性是教学目的吗?》
《湖南教育》第 4 期	《生活味＞数学味?》
《湖南教育》第 5 期	《算法越多就是多样化吗?》
《湖南教育》第 6 期	《活动越多越好吗?》
《湖南教育》第 7 期	《关注数学课堂中的"三不"现象》
《湖南教育》第 8 期	《过程比结果重要吗?》
《小学数学教学》第 1 期	《从学生的已有经验出发》
《小学数学教学》第 1 期	《尊重　理解　创造》
《教师之友》第 2 期	《追寻有效的数学课堂》
《江苏教育》第 2 期	《"吨的认识"教学评价》
《小学教学参考》第 3 期	《教学无痕　精彩有痕》
《小学教学参考》第 3 期	《解读我的幸运》
《小学数学教育》第 4 期	《新课程理念下的计算教学》
《小学数学教学》第 6 期	《理想课堂——心中永远的梦》
《中国教育报》4 月 12 日	《教学无痕　精彩有痕》
《现代教育报》5 月 9 日	《用活教材　教活学生》
《现代教育报》6 月 13 日	《情理之中　意料之外》
《教师博览》第 7 期	《过程比结果更重要吗》
《中国教育报》7 月 26 日	《让数学与生活相融》
《江苏教育》第 8 期	《从第一节公开课到形成教学风格》

《江苏教育》第 8 期　　　　　《数学专题研究的"基地"》

《江苏教育》第 8 期　　　　　《教学因她而更加精彩》

《中国教师报》8 月 17 日　　　《追求有效而快乐的课堂》

《小学教学参考》第 9 期　　　《当前小学数学课堂教学误区剖析（一）》

《小学教学参考》第 10 期　　　《当前小学数学课堂教学误区剖析（二）》

《小学教学参考》第 11 期　　　《当前小学数学课堂教学误区剖析（三）》

《信息技术教育》第 11 期　　　《"万以内数的读法"教学实录》

2006 年

《福建论坛》第 1 期　　　　　《理想课堂三境界》

《湖南教育》第 1 期　　　　　《用活教材　教活学生》

《现代教育报》3 月 20 日　　　《情境创设为哪般?》

《现代教育报》3 月 27 日　　　《调动积极性是教学目的吗》

《现代教育报》4 月 3 日　　　《"三无"现象》

《小学教学设计》第 6 期　　　《〈认识小数〉教学设计与点评》

《四川教育》第 6 期　　　　　《情境创设是为了有效学习》

《小学数学教师》第 7 期　　　《算理直观　算法抽象》

《福建教育》第 7 期　　　　　《计算教学的基本矛盾和处理策略》

《人民教育》第 8 期　　　　　《把握基本矛盾　走向有效教学》

《小学青年教师》第 9 期　　　《"9 的乘法口诀"教学实录与分析》

《教育文摘周报》9 月 27 日　　《用智慧积木搭建数学乐园》

《现代教育报》12 月 25 日　　　《十年磨一课（之一）》

2007 年

《现代教育报》1 月 1 日　　　《十年磨一课（之二）》

《现代教育报》1 月 8 日　　　《十年磨一课（之三）》

《福建论坛》第 1 期　　　　　《有效课堂三举措》

《小学教学设计》第 2 期　　　《〈三位数除以一位数〉的教学对比分析》

《福建论坛》第 3 期　　　　　《追寻富有魔力的课堂语言》

《小学教学》第 4 期　　　　　《"找规律"教学实录与评析》

《福建论坛》第 5 期　　　　　《触摸数学　激活灵性》

《四川教育》第 5 期	《名师课堂专题报道》
《福建论坛》第 7 期	《设思维之境　享数学之美》
《福建教育》第 7~8 期	《冰冷的美丽与火热的思考》
《中小学信息技术教育》第7~8期	《学简单的数学、有趣的数学、鲜活的数学》
《中国教师报》7 月 11 日	《从具体到抽象》
《小学教学》第 9 期	《"两位数加法"教学实录分析》
《中国教师报》9 月 26 日	《因为阅读　所以成长》
《福建论坛》第 9 期	《给计算教学加点"甜味"（上）》
《福建论坛》第 11 期	《给计算教学加点"甜味"（下）》
《福建教育》第 11 期	《例谈解决问题教学的要点》
《江苏教育》第 11 期	《先生之风　天高水长》
《信息技术教育》第 12 期	《数形结合中发展学生思维能力》

2008 年

《小学教学设计》第 1 期	《〈9 加几〉教学设计与说明》
《中国多媒体教学学报》第 2 期	《"认识乘法"教学设计》
《小学数学教学》第 3 期	《"两位数加一位数"教学设计与思考》
《福建教育》第 4 期	《追寻理想的数学课堂》
《小学数学教学》第 5 期	《以理驭法，发展思维》
《福建论坛》第 5 期	《网络教研：给梦想插上飞翔的翅膀》
《江苏教育》第 5 期	《网络作业：让学生告别"纸上谈兵"的时代》
《长三角教育》第 6 期	《日积跬步　行至千里》
《小学教学参考》第 7 期	《小学数学"解决问题"教学例谈（一）》
《福建教育》第 8 期	《过程　价值　思想》
《小学教学参考》第 8 期	《小学数学"解决问题"教学例谈（二）》
《小学教学》第 8 期	《"解决问题的策略——替换"教学实录与反思》
《小学教学》第 10 期	《享受宁静》
《小学教学》第 10 期	《尊重　理解　创生》

《小学教学》第 10 期 　　　　　　　《"9 加几"教学实录与反思》
《小学教学设计》第 11 期 　　　　　《"解决问题的策略"教案点评》

2009 年

《中国信息技术教育》第 1 期 　　　　《〈圆的认识〉教学点评》
《教育研究与评论》第 2 期 　　　　　《从学生的学习需要出发》
《江西教育》第 3 期 　　　　　　　　《如何把握"解决问题的策略"的教学目标》
《江苏教育》第 4 期 　　　　　　　　《引领学生走上数学思维之旅》
《教育研究与评论》第 4 期 　　　　　《需要　过程　价值　思想》
《小学教学参考》第 4 期 　　　　　　《"解决问题的策略——画图"教学设计》
《小学教学研究》第 4 期 　　　　　　《由〈解决问题的策略：画图〉一课引发的思考》

《教育科研论坛》第 5 期 　　　　　　《"折线统计图"教学设计评析》
《中国信息技术教育》第 5 期 　　　　《情境　活动　反思　创造》
《中国信息技术教育》第 5 期 　　　　《操作　沟通　突破　发展》
《中国信息技术教育》第 5 期 　　　　《来源　本质　联系　应用》
《课程教学与研究》第 6 期 　　　　　《追寻理想的数学课堂》
《小学教学设计》第 6 期 　　　　　　《〈用画图的策略解决问题〉教学与思考》
《小学教学》第 8 期 　　　　　　　　《"用画图的策略解决问题"教学实录与心理学思考》

2010 年

《江苏教育》第 1 期 　　　　　　　　《不能再下降的口算能力》
《教育研究与评论》第 2 期 　　　　　《我的好课发展观》
《数学教育学报》第 2 期 　　　　　　《一年级新入学儿童 20 以内加减法基本口算能力调查报告》

《小学数学教育》第 3 期 　　　　　　《确定位置教学实录评析》
《教育研究与评论》第 4 期 　　　　　《寻求算理与算法的平衡》
《中国信息技术教育》第 5 期 　　　　《数学教学的艺术在"进""退"之间》
《小学教学参考》第 6 期 　　　　　　《"解决问题的策略——倒推"教学设计》
《小学数学教师》第 7～8 期 　　　　《"解决问题策略"教学设计与评析》

《教育科学论坛》第 7～8 期	《巧玩扑克牌激活抽象数学模型建构的情趣》
《小学教学》第 7～8 期	《"一一列举"教学实录》
《福建教育》第 10 期	《解决问题策略教学及心理学思考》
《教育科研论坛》第 11 期	《"构筑和谐课堂的实践研究"结题报告》

2011 年

《福建教育》第 1 期	《我的无痕数学教育》
《广西教育》第 2 期	《为学生的数学学习服务》
《教育科研论坛》第 4 期	《反思，沸水出茶香（上）》
《教育科研论坛》第 5 期	《反思，沸水出茶香（下）》
《江西教育》第 5 期	《沸水出茶香——反思为我的成长奠基》
《小学教学》第 7 期	《"解决问题的策略：转化"教学实录与评析》
《江苏教育》第 7 期	《追寻数学无痕教育》
《江苏教育》第 7 期	《从简单出发，向本质迈进》
《教育研究与评论》第 10 期	《"解决问题的策略"教学点评》
《福建教育》第 12 期	《他们，让我做更好的自己》

2012 年

《江西教育》第 1 期	《发挥数学课本的"阅读"价值》
《小学教学研究》第 2 期	《品质教研　智慧发展》
《小学教学设计》第 4 期	《〈解决问题策略——转化〉教学实录》
《江西教育》第 5 期	《〈义务教育数学课程标准（实验稿）〉的修订及其对比分析》
《教育研究与评论》第 6 期	《重视过程，积累数学基本活动经验》
《课程教学与研究》第 6 期	《"解决问题的策略"教学点评》
《小学教学参考》第 7 期	《数学课程标准修订的十大变化与教学指引》
《福建教育》第 7 期	《突出本质　注重能力　提升素养》
《江西教育》第 7 期	《"画图"在问题解决中的策略应用》
《小学教学设计》第 7 期	《关注"四基"　提升素养　培养能力》
《小学教学研究》第 8 期	《教育"无痕"，精彩"有迹"》

《小学教学设计》第 9 期　　　　　　《"进"与"退"的智慧》

《小学数学教育》第 9 期　　　　　　《着力培养学生的"问题意识"》

《小学数学教师》第 10 期　　　　　　《让学生在过程中体验画图价值》

《江苏教育研究》第 10 期　　　　　　《在概念学习中提升数学素养》

《江苏教育》第 10 期　　　　　　　　《义务教育课程标准教学指引》

《小学教学设计》第 11 期　　　　　　《着力培养学生的运算能力》

2013 年

《小学教学》第 2 期　　　　　　　　　《从"解决问题"到"问题解决"》

《小学教学研究》第 3 期　　　　　　《在研究中成长》

《阅读教学研究》第 3 期　　　　　　《追寻无痕的数学课堂》

《江苏教育》第 3 期　　　　　　　　　《注重知识本源，迈向数学本质》

《江苏教育》第 4 期　　　　　　　　　《引领学生在活动体验中发展数学素养》

《教育科研论坛》第 4 期　　　　　　《做一个研究型老师》

《小学教学设计》第 6 期　　　　　　《无痕教学　促进学生主动建构的理想境界》

《小学教学研究》第 7 期　　　　　　《小学数学教材资源开发策略例谈》

《小学教学》第 7～8 期　　　　　　　《"倍的认识"教学案例与思考》

《江苏教育》第 7～8 期　　　　　　　《老子智慧与无痕教育》

《小学教学》第 9 期　　　　　　　　　《一路同行，共追教育梦想》

2014 年

《小学教学研究》第 2 期　　　　　　《为概念的理解而教》

《江西教育》第 3 期　　　　　　　　　《追寻教育的无痕境界》

《教育研究与评论》第 4 期　　　　　　《在面积公式的探索中发展空间观念》

《新教育》第 4 期　　　　　　　　　　《追寻教育的无痕境界（一）》

《新教育》第 5 期　　　　　　　　　　《追寻教育的无痕境界（二）》

《江苏教育报》4 月 25 日　　　　　　《无痕之美：数学教育的理想境界》

《江苏教育》第 6 期　　　　　　　　　《让数据变得"亲切"起来》

《江西教育》第 9 期　　　　　　　　　《在概念学习中培养学生数感》

《教育视界》第 9 期　　　　　　　　　《关于"运算能力"的分析与思考》

2015 年

《小学教学》第 4 期	《教无痕　学有迹》
《教育视界》第 4 期	《教育无痕　道法自然》
《小学教学设计》第 6 期	《在回顾中梳理　在建构中发展》
《小学数学教育》第 8 期	《形象支撑　猜想验证　分析应用》
《小学教学》第 8 期	《为理解而教》
《小学教学研究》第 9 期	《教育"无痕"　精彩"有迹"》
《小学数学教师》第 11 期	《教育无痕》

后 记

有人说，每个男人心中都有一个武侠梦。

三十年前，我还在就读南通师范学校的时候，酷爱武侠小说，曾经读过数百本之多，算是一个"骨灰级"的武侠小说痴迷者。记得在金庸所著的《笑傲江湖》中，主人公令狐冲得到了华山派宗师风清扬的点化——"无招胜有招"，从此武功进入一个出神入化的境界。古龙在其系列武侠小说《七种武器》中列出了最厉害的武器——拳头，即没有武器，"手中无剑，剑在心中"。从武侠梦到教育梦，朦朦胧胧中，我不由联想到教育的至高境界也应该是朴素无痕的。

二十年前，我刚刚踏上工作岗位不久，有机会参加了一系列数学观摩课比赛，尤其是代表江苏参加了全国第一届小学数学观摩课评比大赛之后，开始应邀到全国各地讲课，不少一线教师和教学专家在点评我的课堂时，经常会提到课堂艺术的无痕之美。北京师范大学教授周玉仁听了我的研究课后评价"如春风化雨般渗入学生的心田"，时任全国小学数学教学研究会理事长的张卫国主任点评我的课使"学生在轻松愉悦的环境中不知不觉地学到知识，得到发展"。现在想来，这些早期的实践算是我对无痕教育的初步探索。

十年前，我的第一本个人专著《为学生的数学学习服务》正式出版，恩师盛大启先生在序言中评价我的课堂风格是"朴素、无华、灵动"，给了我极大的肯定和鼓励。特约记者陈惠芳老师在深度采访我之后，撰写了8篇专题性报道，《中国教育报》以"徐斌教育教学艺术系列"为题，用两个月的时间进行了连载，全国著名特级教师吴正宪在点评这组系列报道时所用的文章标题是"教育无痕：师生的智慧之旅"。由此，进一步坚定了我对无痕教育的不懈追求。

五年前，在福建教育报刊社钟建林副主编的精心筹划之下，"徐斌与无痕教育艺术研讨会"在福州隆重举办，来自全国各地的近千名数学骨干教师参与了专题研讨。会上，我正式提出了无痕教育的理论内涵和哲学、美学基础，规划了研究无痕教育的方向和路径。同年，我的第二本专著《追寻无痕教育》正式出版。我在内心立下誓愿：在我的有生之年，我将不断追寻教育的无痕境界，以构建自己的教育哲学，书写自己的教育人生。

如今，当我静下心来，整理自己近五年的实践与思考时，我才发现，对无痕教育的探索才刚刚起步，距离理想中的境界还有很长的路要走。好在哲学家康德在其《论教育学》一书中早就指出："对一种教育理论加以筹划是一种庄严的理想，即使我们尚无法马上将其实现，也无损于她的崇高。"

本书的结构体系如下：第一部分"我的成长之路"，简要回顾了自己的成长历程，列举了一些关键事件和关键人物；第二部分"我的教育观"，具体阐述了无痕教育的目标、宗旨、内涵、价值和实施策略，并用案例分析的方式对无痕教育的课堂艺术进行了系列研究，同时以一组文章畅谈了"我理想中的数学教育"；第三部分"走进课堂"，精心选取了近五年中我执教过的一至六年级各一节研究课，并分别选取了活动课、成名课、经典课、计算课、概念课各一节，以设计与分析、实录与反思、评价与对比等方式分别进行了深度解读；第四部分"社会反响"，选取了《中国教育报》连载过的一组"徐斌教育教学艺术"系列文章，同时呈现了"权威评价"（由全国小学数学教学专业委员会理事长吴正宪、河北省特级教师唐爱华、张家港市教研室陈惠芳撰写）和"媒体报道"（由《四川教育》首席记者余小刚撰写），分别对"无痕教育"理念及个人教学风格进行了提炼和解析；第五部分"附录"，包括两个内容，一是由我撰写和主编（主讲）的部分专著（光盘），二是近十年来我在省级以上教育刊物发表的百余篇文章标题、刊物名称与发表时间，供感兴趣的老师参考。

在本书即将付梓印刷之际，还要特别感谢国家督学成尚荣先生为本书作序，感谢中国教育报刊社张新洲先生的垂青与信任，使得本书成为"教育家成长丛书"之一，感谢蔡李萍老师利用暑假通读书稿并做了文字校对。借此机会，谨向多年来关心、支持、帮助我的诸位师长、领导、朋友表示诚挚感谢！

　　由于水平有限，错误与不当之处，恳望读者赐教，不胜感激。

徐 斌

于苏州金鸡湖畔

2016 年 1 月 10 日